Bydlinski | Kneihs | Vollmaier

Einführung in das österreichische Recht

Bydlinski | Kneihs | Vollmaier

Einführung in das österreichische Recht

3., überarbeitete Auflage

Wien 2021

facultas

Bibliografische Information Der Deutschen Nationalbibliothek

Die Deutsche Nationalbibliothek verzeichnet diese Publikation in der Deutschen Nationalbibliografie; detaillierte bibliografische Daten sind im Internet über http://dnb.dnb.de abrufbar.

facultas.wuv Universitätsverlag, 1050 Wien, Österreich

Satz: Wandl Multimedia-Agentur
Druck: Facultas AG
ISBN: 978-3-7089-2116-7
e-ISBN: 978-3-99111-385-0

Inhaltsverzeichnis

Abkürzungsverzeichnis

ABGB	Allgemeines bürgerliches Gesetzbuch JGS 946
Abs	Absatz
AEUV	Vertrag über die Arbeitsweise der Europäischen Union
AG	Aktiengesellschaft
AGB	Allgemeine Geschäftsbedingungen
AktG	Aktiengesetz 1965 BGBl 1965/98
AMS	Arbeitsmarktservice Österreich
AngG	Angestelltengesetz BGBl 1921/292
ArbVG	Arbeitsverfassungsgesetz BGBl 1974/22
ARGE	Arbeitsgemeinschaft
Art	Artikel
ASGG	Arbeits- und Sozialgerichtsgesetz BGBl 1985/104
ASVG	Allgemeines Sozialversicherungsgesetz BGBl 1955/189
AußStrG	Außerstreitgesetz BGBl I 2003/111
AuvBZ	Akt unmittelbarer verwaltungsbehördlicher Befehls- und Zwangsgewalt
AVG	Allgemeines Verwaltungsverfahrensgesetz 1991 BGBl 1991/51
BAO	Bundesabgabenordnung BGBl 1961/194
BauO	Bauordnung
BauRG	Baurechtsgesetz RGBl 1912/86
BG	Bezirksgericht
B-KUVG	Beamten-Kranken- und Unfallversicherungsgesetz BGBl 1967/200
BSVG	Bauern-Sozialversicherungsgesetz BGBl 1978/559
B-VG	Bundes-Verfassungsgesetz BGBl 1930/1
bzw	beziehungsweise
dh	das heißt
DSU	Understanding on Rules and Procedures Governing the Settlement of Disputes
EAG	Europäische Atomgemeinschaft
E-Commerce-Gesetz	Bundesgesetz, mit dem bestimmte rechtliche Aspekte des elektronischen Geschäfts- und Rechtsverkehrs geregelt werden BGBl I 2001/152
ECOSOC	Economic and Social Council
EDV	Elektronische Datenverarbeitung
EGKS	Europäische Gemeinschaft für Kohle und Stahl
EGMR	Europäischer Gerichtshof für Menschenrechte
EGVG	Einführungsgesetz zu den Verwaltungsverfahrensgesetzen 2008 BGBl I 2008/87
EheG	Ehegesetz dRGBl I 1938, 807

EKHG	Eisenbahn- und Kraftfahrzeughaftpflichtgesetz BGBl 1959/48
ElWOG	Elektrizitätswirtschafts- und -organisationsgesetz 2010 BGBl I 2010/110
EMRK	Europäische Konvention zum Schutz der Menschenrechte und Grundfreiheiten (Europäische Menschenrechtskonvention)
EO	Exekutionsordnung RGBl 1896/79
eP	eingetragener Partner
EP	Europäisches Parlament
EPG	Eingetragene Partnerschaft-Gesetz BGBl I 2009/135
etc	et cetera
EU	Europäische Union
EuG	Gericht der Europäischen Union I. Instanz
EuGH	Europäischer Gerichtshof
EUV	Vertrag über die Europäische Union
EWG	Europäische Wirtschaftsgemeinschaft
EZB	Europäische Zentralbank
f	folgende (und der, die)
FAGG	Fern- und Auswärtsgeschäfte-Gesetz BGBl I 2014/33
ff	folgenden (und der, die)
F-VG	Finanzverfassungsgesetz 1948 BGBl 1948/45
G	Gesetz
GAG	Allgemeines Grundbuchsanlegungsgesetz BGBl 1930/2
GATS	General Agreement on Trade in Services
GATT	General Agreement on Tariffs and Trade
GBG	Allgemeines Grundbuchsgesetz BGBl 1955/39
gem	gemäß
GenG	Genossenschaftsgesetz RGBl 1873/70
GesbR	Gesellschaft bürgerlichen Rechts
GewO 1859	Gewerbeordnung 1859 RGBl 1859/227
GmbH	Gesellschaft mit beschränkter Haftung
GmbHG	Gesetz über Gesellschaften mit beschränkter Haftung RGBl 1906/58
GSVG	Gewerbliches Sozialversicherungsgesetz BGBl 1978/560
GUG	Grundbuchumstellungsgesetz BGBl 1980/550
idR	in der Regel
ieS	im engeren Sinn
IGH	Internationaler Gerichtshof
insb	insbesondere
IO	Insolvenzordnung BGBl I 2010/29
iSd	im Sinne des (der)
iVm	in Verbindung mit
iwS	im weiteren Sinn

JN	Jurisdiktionsnorm RGBl 1895/111
KFG	Kraftfahrgesetz 1967 BGBl 1967/267
KG	Kommanditgesellschaft
KSchG	Konsumentenschutzgesetz BGBl 1979/140
LG	Landesgericht
MRG	Mietrechtsgesetz BGBl 1981/520
NotAktsG	Notariatsaktsgesetz RGBl 1871/76 (Abkürzung: BGBl I 2001/98; früher: Notariatszwangsgesetz)
Nr	Nummer
oä	oder ähnliche(s)
OG	Offene Gesellschaft
ÖGB	Österreichischer Gewerkschaftsbund
OGH	Oberster Gerichtshof
OLG	Oberlandesgericht
ÖZVV	Österreichisches Zentrales Vertretungsverzeichnis
PersFG	Bundesverfassungsgesetz vom 29. November 1988 über den Schutz der persönlichen Freiheit BGBl 1988/684
PHG	Produkthaftungsgesetz BGBl 1988/99
ReO	Bundesgesetz über die Restrukturierung von Unternehmen (Restrukturierungsordnung) BGBl I 2021/147
RSa-Brief	Rückscheinbrief blau
RSb-Brief	Rückscheinbrief weiß
RTR-GmbH	Rundfunk- und Telekom-Regulierungs-GmbH
Rz	Randzahl
S	Satz, Seite
s	siehe
SE	Societas Europaea
sog	sogenannt, -e, -er, -es
StGB	Strafgesetzbuch BGBl 1974/60
StGG	Staatsgrundgesetz über die allgemeinen Rechte der Staatsbürger RGBl 1867/142
StV	Staatsvertrag
StVG	Strafvollzugsgesetz BGBl 1969/144
StVO	Straßenverkehrsordnung 1960 BGBl 1960/159
TKG	Telekommunikationsgesetz 2003 BGBl I 2003/70
TRIPS	Agreement on Trade-Related Aspects on Intellectual Property Rights
UGB	Unternehmensgesetzbuch dRGBl 1897, 219 (Abkürzung: BGBl I 2005/120; früher: Handelsgesetzbuch)
UNESCO	United Nations Educational, Scientific and Cultural Organization
UNHCR	United Nations High Commissioner for Refugees
UNIDO	United Nations Industrial Development Organization

UN-Kaufrecht	Übereinkommen der Vereinten Nationen über Verträge über den internationalen Warenkauf BGBl 1988/96
UNO	United Nations Organization
UNO-Charta	Charta der Vereinten Nationen vom 26. Juni 1945
usw	und so weiter
uU	unter Umständen
VerG	Vereinsgesetz 2002 BGBl I 2002/66
VersVG	Versicherungsvertragsgesetz 1958 BGBl 1959/2
VfGH	Verfassungsgerichtshof
VGG	Verbrauchergewährleistungsgesetz
vgl	vergleiche
VKrG	Verbraucherkreditgesetz BGBl I 2010/28
VN	Vereinte Nationen
VStG	Verwaltungsstrafgesetz 1991 BGBl 1991/52
VVG	Verwaltungsvollstreckungsgesetz 1991 BGBl 1991/53
VwGH	Verwaltungsgerichtshof
VwGVG	Verwaltungsgerichtsverfahrensgesetz BGBl I 2013/33
WEG	Wohnungseigentumsgesetz 2002 BGBl I 2002/70
WHO	World Health Organization
WTO	World Trade Organization
Z	Ziffer
zB	zum Beispiel
ZDG	Zivildienstgesetz 1986 BGBl 1986/679
ZP	Zusatzprotokoll
ZPO	Zivilprozessordnung RGBl 1895/113
zT	zum Teil

Vorwort zur dritten Auflage

Das Recht wird von Menschen für Menschen gemacht. Unsere Rechtsordnung setzt dabei vor allem in ihren Vorschriften über die Gesetzgebung die Ermächtigung des Parlaments voraus, vorgefundenes Recht aufzuheben oder abzuändern. Von dieser Ermächtigung hat der Gesetzgeber seit der zweiten Auflage dieses Werkes in erheblichem Umfang Gebrauch gemacht.
Außerdem ist seit damals in beachtlichem Ausmaß neues Anschauungsmaterial, insbesondere zur Bewährung der Österreichischen Bundesverfassung in der Krise, aufgetreten.
Aus diesem Grunde legen wir die nunmehr bereits dritte, zum Stand des 30. Juni 2021 – und zum Teil sogar darüber hinaus – aktualisierte Auflage vor. Bereits berücksichtigt wurde das neue Gewährleistungsrecht, dessen rechtzeitige Gesetzwerdung europarechtswidrig an parteipolitischem Hickhack gescheitert ist, das aber ab 1.1.2022 geltendes Recht sein wird.
Im Zuge der Überarbeitung haben wir auch da und dort Präzisierungen vorgenommen und allzu Detailliertes gekürzt.
Von großer Hilfe waren bei alledem Frau Mag.ª Laura Höller, Frau Mag.ª Anica Karlic, Herr Mag. Lorenz Kern und Frau Mag.ª Lisa-Sophie Sönser. Ihnen gilt unser herzlicher Dank.

Graz und Salzburg, im August 2021

Peter Bydlinski | Benjamin Kneihs | Peter Vollmaier

Politik, Recht, Sprache

1. „Ubi societas, ibi ius." (Wo Gesellschaft, dort Recht)

Das menschliche Leben folgt zwar nicht immer nur den vorgegebenen Normen; die Menschen machen sich immer wieder „selbständig". Trotzdem kann man sagen, dass sie Regeln gehorchen und dass sie wollen, dass andere Regeln gehorchen. Die Fähigkeit, durch Regeln in Gruppen zusammenzuarbeiten, bedeutet soziales Kapital und (Über-) Lebenschancen. Kooperation und reziproker Altruismus bringen Vorteile. 1

Ordnungen können aus vielen Quellen entstehen, von hierarchischen und zentralen Autoritäten (Vorschriften, heiligen Schriften, Organisationsplänen) bis zu dezentralisierten und spontanen Interaktionen von Individuen. Der erste Gipfelpunkt der Entwicklung menschlicher Ordnungen war die neolithische Revolution. In ihrem Verlauf kamen Bodenkultur, Recht, Städte und gesellschaftliche Hierarchien auf. Sie ereignete sich unabhängig voneinander in verschiedenen Teilen der Welt. Seit der Neuzeit haben sich weltweit Staaten als jene sozialen Verbände herausgebildet, denen kraft ihrer Souveränität die Regelsetzung obliegt.

Die Neuzeit brachte damit eine weitere Revolution der menschlichen Entwicklung mit sich. In staatlichen Ordnungen verfasste Gemeinschaften regeln verbindlich das Zusammenleben ihrer Mitglieder. Solche verbindlichen Regeln nennen wir Recht. Das Recht unterscheidet sich dabei von Sitte, Moral und Religion: Recht wird von Menschen erzeugt und für Menschen geschaffen, es wird notfalls mithilfe organisierten Zwangs durchgesetzt; seinen Befolgungsanspruch bezieht es nach der hier zu Grunde gelegten Auffassung aus sich selbst, ohne auf eine Autorisierung durch (Glauben an) höhere Mächte oder gemeinsame Überzeugung angewiesen zu sein.

Die Zentralisation der Rechtsetzung hängt mit der Entstehung des modernen Staates und seiner Souveränität nach innen und außen zusammen. Der Begriff der Politik leitet sich aus der griechischen „Polis", dem Stadtstaat, ab, also aus einer städtischen Gemeinschaft, die ihre spezifische rechtliche Verfassung hatte. Dabei bezeichnet „Politik" die Steuerung des Schicksals dieser Gemeinschaft, während das Recht (wenigstens nach innen) das Mittel dieser Steuerung ist (auch die äußeren Beziehungen der Gemeinschaft lassen sich rechtlich regeln, siehe dazu Kapitel 3 über das Völkerrecht). 2

2. Politik und Recht

3 **Politik** ist demnach gesellschaftliches Handeln, das auf die Regelung des Zusammenlebens in der Gemeinschaft und des Gemeinwesens mit anderen Gesellschaften abzielt. Es geht um die Ordnung der materiellen und immateriellen, der wirtschaftlichen und gesellschaftlichen Verhältnisse.

Wenn es dabei um Veränderung der Gesellschaft ohne Gewalt gehen soll, dann geht das nur durch Sprechen und Sprache. Politik und ihre zu Recht geronnenen Produkte gehören zu jenen Sprachwerken, die über eine Gesellschaft, insbesondere über ihre Werte, Versuche und Irrtümer, Wollen, Wissen und Wirken, Auskunft geben. Sie sind ein besonderer Kulturbereich. **Recht** ist das (Zwischen-) Ergebnis sprachlich kristallisierter und kodifizierter Politik.

3. Sprache und Recht

4 Politische und juristische Probleme sind daher immer auch sprachliche Probleme (Fragen der Formulierung, der Auslegung, des Verständnisses). Rechtsordnungen gebieten, verbieten oder erlauben den ihnen unterworfenen Mitgliedern der Gesellschaft sowie ihren Funktionären und Repräsentanten bestimmte Verhaltensweisen. Diese Gebote, Verbote und Erlaubnisse (die wir bei staatlichen Organen auch „Ermächtigungen" nennen) müssen nicht immer in sprachlich gefasster Form in Erscheinung treten. Manche Rechtsordnungen enthalten größere oder kleinere Anteile von sogenanntem Gewohnheitsrecht, das bloß durch Übung und Rechtsüberzeugung entsteht. Aber auch im Wesentlichen schriftlich verfasste Rechtsordnungen enthalten nicht-sprachliche Gebote, Verbote und Erlaubnisse, man denke bloß an Flächenwidmungspläne oder Verkehrszeichen, die – wenn auch in Verbindung mit einem Text (zB mit einem Raumordnungsgesetz oder der Straßenverkehrsordnung) – in Zeichnungen und Piktogrammen ausdrücken, was jeweils angeordnet sein soll.

In aller Regel treten uns aber moderne Rechtsordnungen wie die österreichische in Gestalt schriftlich ausformulierter, also sprachlicher Sollenssätze gegenüber. Solche sprachlichen Äußerungen des Rechtsetzers sind nicht immer allgemein verständlich. Die Rechtssprache hat sich vielmehr über weite Strecken zu einer Fachsprache entwickelt, die nur mehr ausgebildeten Juristen zugänglich ist.

5 Allerdings geben auch scheinbar klare und eindeutige Anordnungen Anlass zu Zweifelsfragen: In § 33 des Forstgesetzes ist beispielsweise verfügt, dass jedermann den Wald zu Erholungszwecken betreten darf. Um den Sinngehalt dieser Anordnung richtig zu verstehen, muss man

- wissen, was „Wald“ im Sinne des Forstgesetzes ist. Schon hier kann man Überraschungen erleben, weil auch vorübergehend unbestockte Flächen unter bestimmten Voraussetzungen im forstrechtlichen Sinne als „Wald“ anzusehen sind;
- in Erfahrung bringen, was das Forstgesetz unter „betreten“ versteht – ob darunter etwa auch Bereiten oder das Befahren mit Fahrrädern oder auch mit Rollstühlen subsumiert werden kann, ist nicht ohne Weiteres klar.
- Schließlich hängt der Sinngehalt der Anordnung auch davon ab, was „Erholungszwecke“ im Sinne des Forstgesetzes sind. Wer sich etwa in seiner Freizeit gerne beim Sammeln von Brennholz oder Pilzen entspannt, könnte enttäuscht sein, wenn das Forstgesetz diese Art der Erholung nicht schützt.

Schon dieses einfache Beispiel zeigt, dass Rechtsvorschriften, mögen sie auch auf den ersten Blick eindeutig erscheinen, stets der **Auslegung** bedürfen.

Auslegung (Interpretation) – Methoden

Auslegung (Interpretation) ermittelt den Sinn von Texten, im vorliegenden Zusammengang von Rechtsvorschriften. Ausgangspunkt und äußerste Grenze jeder Interpretation ist dabei der **Wortlaut** der jeweiligen Bestimmung. Er wird nach grammatikalischen und semantischen Regeln auf seine Bedeutung befragt. Auch die juristische Auslegung kommt dabei nicht ohne den allgemeinen Sprachgebrauch aus: Im Zweifel ist Rechtstexten als sprachlichen Äußerungen jener Sinn zu unterstellen, den sie auch im alltäglichen Sprachgebrauch entfalten würden – der Gesetzgeber bedient sich der Sprache, weil er verstanden werden möchte. Ihm ist dann aber auch zuzusinnen, dass er die Worte des Gesetzes – wenn er nicht erkennbar anderes sagt – in dem Sinn gebraucht, in dem sie üblicherweise verstanden werden. 6

Bei der **einschränkenden (restriktiven)** Auslegung wird ein Wort oder Ausdruck enger, bei der **ausdehnenden (extensiven)** weiter ausgelegt als im Sprachgebrauch.

Die **systematisch-logische** Auslegung prüft, welchen Sinn die Rechtsnorm im sachlichen Zusammenhang mit dem übrigen Text der Vorschrift und dem Rechtssystem hat. Die **historische** Auslegung fragt nach dem entstehungszeitlichen Verständnis der Vorschrift. Ihr dienen sogenannte Materialien, die über Absichten (Motive) der Rechtsetzer informieren (Motivenberichte zu Gesetzesinitiativen, Stenographische Protokolle der Parlamente). Historisch kann aber eine Rechtsnorm auch ohne solche Materialen interpretiert werden, wenn aus ihrem entstehungsgeschichtlichen Zusammenhang eine bestimmte Lesart ableitbar ist. Die **teleologische** Auslegung forscht nach dem Zweck einer Regelung.

Häufig sind verschiedene Sachverhalte in wesentlichen Elementen gleich gelagert. Manches Mal will der Gesetzgeber diese Sachverhalte mit guten Gründen trotzdem unterschiedlich behandeln. Manches Mal übersieht er aber auch die Ähnlichkeit und erfasst den einen Sachverhalt ganz ohne Regelungsabsicht nicht, obwohl dieser dem anderen gleicht. Eine solche – unbeabsichtigte, „planwidrige" – Lücke kann durch **Analogie**, also durch Übertragung der vorhandenen Regelung auf den nicht geregelten Sachverhalt, geschlossen werden. Eine Subform der Analogie ist der **Umkehrschluss** (argumentum e contrario): Die für einen bestimmten Tatbestand geregelte Rechtsfolge wird auf einen anders gelagerten Sachverhalt gerade nicht angewendet.

Sonderformen solcher Schlüsse vom Geregelten auf das Ungeregelte sind der Schluss „vom Größeren aufs Kleinere" (argumentum a maiori ad minus – wenn schon für die Pflege naher Angehöriger Pflegeurlaub vorgesehen ist, muss auch die eigene Krankheit von der Arbeitspflicht entschuldigen) und der „vom Kleineren aufs Größere" (argumentum a minori ad maius – wenn schon Körperverletzung strafbar ist, dann erst recht auch Mord).

(Weitere) Interpretationsregeln für Gesetze, aber auch für Verträge enthält das ABGB (§§ 6, 7, 914, 915).

Art 18 Abs 1 B-VG bestimmt, dass die „gesamte staatliche Verwaltung ... nur auf Grund der Gesetze ausgeübt werden" darf. Ist deshalb nur die Verwaltung an das Gesetz gebunden? Gilt das wirklich für die gesamte staatliche Verwaltung, also auch für die Privatwirtschaftsverwaltung des Staates oder nur für die Ausübung von Hoheitsgewalt? Was bedeutet „auf Grund"? Nach dem **Wortlaut** erfasst Art 18 Abs 1 B-VG die Gerichtsbarkeit nicht. **Systematisch** wäre aber eine Freistellung der *Gerichte* von der Gesetzesbindung bei der *Bundesverwaltung* falsch eingeordnet. **Teleologisch** wäre sie verfehlt. **Historisch** war eine Freistellung der Gerichte auch nicht gewollt, die Gesetzesbindung der Gerichte war vielmehr *Vorbild* für die Bindung der Verwaltung an das Gesetz. Ähnlich lassen sich auch die **Freistellung der Privatwirtschaftsverwaltung** von der strikten Gesetzesbindung und das Angewiesensein der Verwaltung auf eine gesetzliche **Grundlage** begründen.

Sachverhalt, Tatbestand und Rechtsfolge

7 Rechtsvorschriften erfassen typische Vorgänge aus der Lebenswirklichkeit und versehen sie mit den jeweils vom Rechtsetzer erwünschten Sanktionen: Typischerweise kommt es in menschlichen Gesellschaften vor, dass Dinge gestohlen oder beschädigt werden. Dann soll bestraft bzw der Wert zurückerstattet werden. Typischerweise kommt es vor, dass jemand Einkommen erwirbt. Dann soll davon Steuer gezahlt werden.

Den Vorgang, der sich in der Lebenswirklichkeit tatsächlich abspielt, nennt man den **Sachverhalt** (zB: Jemand betritt den Wald). Er gibt an, wie sich die Sache verhält. Die gesetzliche Erfassung typischer Lebenssachverhalte nennt man einen **Tatbestand** (zB das Betreten des Waldes zu Erholungszwecken). Die vom Rechtsetzer erwünschte Sanktion, die jemanden von einer Handlung abhalten oder ihn zu ihr motivieren soll, heißt **Rechtsfolge**.

Die Rechtsfolge ist aber nur für den Fall vorgesehen, dass ein Sachverhalt alle Merkmale eines Tatbestandes erfüllt.

Wenn zB die Strafdrohung für die Tötung eines anderes für den Totschlag (§ 76 StGB) niedriger angesetzt ist als für den Mord (§ 75 StGB), dann deshalb, weil der Totschlag

- aus einer allgemeinen begreiflichen
- heftigen
- Gemütsbewegung heraus

entsteht (Affekttat). Die verminderte Strafe kann aber nur ausgesprochen werden, wenn auch im konkreten Sachverhalt eine allgemein begreifliche, heftige Gemütsbewegung vorliegt.

Juristische Arbeit besteht daher nicht nur aus Interpretation, sondern auch aus Erforschung und Bewertung tatsächlicher Ereignisse: Es muss überprüft werden, ob der Sachverhalt alle Elemente des Tatbestandes erfüllt. **Dieser Vorgang heißt Subsumtion.**

Konsequenzen für die Rechtswissenschaft und ihre Methoden

Über die vielfältigen tatsächlichen und potenziellen Lebenssachverhalte 8
kann die Rechtswissenschaft klarerweise keine Auskunft geben. Wenn sie für den Rechtsanwender wesentlich sind, muss er sich von ihnen jeweils selbst und nötigenfalls unter Zuhilfenahme fremder Disziplinen, etwa naturwissenschaftlicher Gutachten, überzeugen. Die Rechtswissenschaft gibt dem Rechtsanwender lediglich das Rüstzeug für die Interpretation der einschlägigen Rechtsvorschriften, welche Voraussetzung für die richtige Subsumtion und damit für die richtige Wahl der Rechtsfolgen ist, die ein bestimmter Sachverhalt nach sich ziehen soll:

Bevor wir etwa wissen, ob der Mensch, der in unserem Beispiel den Wald betritt, dies auch darf oder ob er durch ein Forstaufsichtsorgan des Waldes verwiesen werden soll, müssen wir den Sachverhalt dem Tatbestand subsumieren. Dazu müssen wir aber bereits § 33 Forstgesetz interpretieren: Wir müssen die oben skizzierten Fragen klären, also in Erfahrung bringen, was ein „Wald" im Sinne des Forstgesetzes ist, was das Forstgesetz unter „betreten" und was es unter „Erholungszwecken" versteht. Erst wenn wir diese Parameter kennen, können wir entscheiden, ob der Waldbesuch in unserem konkreten Fall dem § 33 Forstgesetz subsumiert werden kann.

Diese Facette rechtswissenschaftlicher Arbeit, die sich mit der Auslegung der Normen befasst, nennen wir **Rechtsdogmatik**. Sie stellt die Auslegungs- und Argumentationstechniken bereit, die für das richtige Verständnis und damit für die richtige Anwendung von Rechtsvorschriften Voraussetzung sind (siehe oben: neben der grammatikalischen zB systematische, teleologische, historische Interpretation). Die Ermittlung des Sinns der Rechtstexte und die systematische Darstellung der Rechtsbereiche sind ihre Hauptaufgaben.

Dieser **normwissenschaftliche** Zweig der Rechtswissenschaft steht aber nicht für sich allein und ohne Einbindung in einen größeren Kontext. Die Rechtswissenschaft erschöpft sich also nicht darin, dem Sinn jener Worte nachzugehen, die der Rechtsetzer für seine Anordnungen wählt. Vielmehr versucht sie auch als **Wertewissenschaft**, sich Rechenschaft über die hinter den Regelungen stehenden Ziele und Anliegen und ihre Berechtigung abzulegen, und als **Erfahrungswissenschaft** befasst sie sich mit den tatsächlichen Voraussetzungen und Folgen des Rechts sowie mit dem Funktionieren des Rechtssystems:

9 Die **Rechtsphilosophie** untersucht Werte (Ziele) des Rechts. Sie stellt Fragen nach Frieden, Freiheit, Gerechtigkeit, Rechtssicherheit, Sachgemäßheit, Zweckmäßigkeit, kurz nach der Rechtsidee auch in ihrer jeweiligen Zeit.

Die **Rechtssoziologie** untersucht als **Erfahrungswissenschaft** die Entstehung des Rechts aus dem Gesellschaftsleben und begreift es als Ergebnis gesellschaftlicher Prozesse. Sie fragt auch nach der Wirkung des Rechts im Sozialleben und begreift es als einen besonderen Regulator gesellschaftlichen Verhaltens neben anderen.

Die **Rechtsgeschichte** beschäftigt sich mit früherem Recht und dessen Entstehung und Vergehen, die oft auch für das (entwicklungsgeschichtliche) Verständnis aktueller Rechtstexte wesentlich sind. Sie ist sozialwissenschaftlich orientiert, wenn sie die äußeren Bedingungen der Rechtsgeschichte erforscht, geistesgeschichtlich, wenn sie vorwiegend Texte untersucht.

Die **Rechtsvergleichung** beschäftigt sich mit den Ähnlichkeiten, Verschiedenheiten und der wechselseitigen Beeinflussung von Rechtsordnungen. Sinnvoll betrieben, legt sie Stärken und Schwächen der jeweils zum Ausgangspunkt genommenen, meistens der Heimatrechtsordnung des Rechtvergleichers, offen und gibt damit Impulse für den **rechtspolitischen Diskurs** über die richtige Gestaltung des Rechts.

Die **Rechtstheorie** beschäftigt sich mit dem Aufbau, also der Struktur und der (logischen) Konsistenz von Rechtsnormen. Sie arbeitet mit Disziplinen wie Wissenschaftstheorie, Systemtheorie, Kommunikationstheorie, Entscheidungstheorie, Informatik und Linguistik zusammen. Damit sind **Nachbarwissenschaften** angesprochen. Zu nennen sind vor allem noch Politikwissenschaft, Soziologie (Gesellschaftswissenschaften, Sozialwissenschaften) und Wirtschaftswissenschaften.

4. Kundmachung und Kenntnis von Rechtsvorschriften

Grundsätzliches

10 Eine komplexe und entwickelte Rechtsordnung wie die unsrige muss notgedrungen die Kenntnis von Recht voraussetzen, um funktionieren zu können. Sie kann sich nur um das Kennen-Können, nicht aber auch darum kümmern, dass jede/-r das Recht auch tatsächlich kennt. Sobald eine Rechtsvorschrift beschlossen und kundgemacht ist, tritt sie daher, wenn nichts anderes – also etwa eine Rückwirkung oder eine Legisvakanz – bestimmt ist, in Kraft (für Bundesgesetze: Art 49 B-VG), ist also verbindlich. Dies unabhängig davon, ob die Bürgerin oder der Bürger sie auch tatsächlich kennt.

Der Staat geht von der Annahme aus, dass wir alle kundgemachten Vorschriften kennen. Die Staatsorgane rechnen damit, dass das geltende Recht im Großen und Ganzen effektiv ist. Wir wiederum vertrauen darauf, dass die Organe, die Vorschriften anzuwenden haben, jeweils „ihr Recht" kennen und im Großen und Ganzen richtig anwenden und vollziehen.

11 In diesem Sinne bestimmt auch § 2 ABGB: „Sobald ein Gesetz gehörig kundgemacht worden ist, kann sich niemand damit entschuldigen, dass ihm dasselbe nicht bekannt geworden sei." Ausnahmsweise entschuldigt aber Unkenntnis. So sagt § 9 Abs 1 des Strafgesetzbuches:

„Wer das Unrecht der Tat wegen eines Rechtsirrtums nicht erkennt, handelt nicht schuldhaft, wenn ihm der Irrtum nicht vorzuwerfen ist." Nur der handelt also schuldhaft, dem der Rechtsirrtum vorwerfbar ist. „Der Rechtsirrtum ist dann vorzuwerfen, wenn das Unrecht für den Täter wie für jedermann leicht erkennbar war, oder wenn sich der Täter mit den einschlägigen Vorschriften nicht bekannt gemacht hat, obwohl er seinem Beruf, seiner Beschäftigung oder sonst den Umständen nach dazu verpflichtet gewesen wäre" (§ 9 Abs 2). Nach dem Verwaltungsstrafgesetz entschuldigt die Unkenntnis einer Verwaltungsvorschrift den Täter dann, wenn sie erwiesenermaßen unverschuldet ist und der Täter das Unerlaubte seines Verhaltens ohne Kenntnis der Vorschrift nicht einsehen konnte. Konnte man also auch ohne genaue Rechtskenntnis ahnen, dass das, was man tat, verboten war, so entschuldigt die Rechtsunkenntnis nicht. Handelt es sich aber um eine versteckte Vorschrift, die einen Unrechtsgehalt erfasst, der im Alltag nicht ohne Weiteres einzusehen ist, so ist die Tat entschuldigt.

12 Universelle Rechtskenntnis ist unmöglich. Selbst Juristen kennen nur jene Teilbereiche, auf die sie spezialisiert sind. Von Spezialisten in bestimmten Berufen abgesehen, ist es heute auch nicht sinnvoll, sich Rechtsinformation gleichsam auf Vorrat anzueignen. Es geht vielmehr darum,

ein gewisses Know-how zu erwerben. Man muss wissen, wie, wann, wo und bei wem das Recht zu erfahren ist. Voraussetzung für ein solches Vorgehen ist aber stets auch, dass man bereits eine Vorstellung davon hat, warum und wozu man die Information braucht und welche Interessen dem geregelten Sachverhalt zugrunde liegen: Ohne diese Grundkenntnisse der sachlichen Gegebenheiten kann man das Recht weder sinnvoll erfahren noch interpretieren.

Die Kundmachung von Rechtsvorschriften und der Zugang zum Recht im Detail

13 In einem demokratischen Rechtsstaat werden Rechtsvorschriften gehörig kundgemacht. Das bedeutet nicht nur, dass die Kundmachung dem Beschlossenen und den für die Verlautbarung vorgesehenen Regeln entsprechen, sondern auch, dass sie dem Kundgemachten „Gehör" verschaffen, es also bekanntmachen muss. Recht muss für jedermann und daher auch kostengünstig zugänglich sein. **Bundesgesetze, wichtige Verordnungen und Staatsverträge** sind im **Bundesgesetzblatt** kundzumachen. Ihre verbindende Kraft beginnt, wenn nicht ausdrücklich anderes bestimmt ist, nach Ablauf des Tages, an dem die jeweilige Rechtsvorschrift kundgemacht wird. Seit 2004 geschieht dies im Internet auf einer Seite des Bundeskanzleramts (www.ris.bka.gv.at). Die verbindende Kraft erstreckt sich, wenn nicht ausdrücklich anderes bestimmt ist, auf das gesamte Bundesgebiet (zeitliche und räumliche **Geltung**).

14 Die rasche und technisch einfache Kundmachung von Rechtsvorschriften hat Vorteile und Nachteile: Mussten neue Vorschriften früher erst auf jedem Marktplatz verkündet werden, so genügt heute ein Mausklick dafür. Dies ist mitverantwortlich dafür, dass neue Vorschriften ununterbrochen entstehen – und das Recht damit, obwohl es leichter zugänglich ist, viel unübersichtlicher wird. Dazu trägt auch bei, dass Rechtsvorschriften, wenn sie abgeändert werden, meistens nicht im Ganzen neu kundgemacht werden. Vielmehr wird im Gesetzblatt normalerweise nur die jeweilige Änderung verlautbart, also unter Umständen nur ein Halbsatz oder Satz, der, aus dem Zusammenhang gerissen, recht wenig sagt:

BUNDESGESETZBLATT
FÜR DIE REPUBLIK ÖSTERREICH

Jahrgang 2007 Ausgegeben am 4. Dezember 2007 Teil I

90. Bundesgesetz: Änderung des Familienlastenausgleichsgesetzes 1967
(NR: GP XXIII RV 228 AB 316 S. 37. BR: AB 7791 S. 750.)

90. Bundesgesetz, mit dem das Familienlastenausgleichsgesetz 1967 geändert wird

Der Nationalrat hat beschlossen:

Das Familienlastenausgleichsgesetz 1967, BGBl. Nr. 376, zuletzt geändert durch das Bundesgesetz BGBl. I Nr. 24/2007, wird wie folgt geändert:

1. § 2 Abs. 1 lit. b zwölfter Satz lautet:

„Anspruch ab dem zweiten Studienjahr besteht nur dann, wenn für ein vorhergehendes Studienjahr die Ablegung einer Teilprüfung der ersten Diplomprüfung oder des ersten Rigorosums oder von Prüfungen aus Pflicht- und Wahlfächern des betriebenen Studiums im Gesamtumfang von acht Semesterwochenstunden oder im Ausmaß von 16 ECTS-Punkten nachgewiesen wird."

2. Am Ende von §§ 2 Abs. 1 lit. f sublit. bb und 6 Abs. 2 lit. e sublit. bb wird jeweils der Beistrich durch einen Strichpunkt ersetzt und folgender Halbsatz angefügt:

„dabei bleiben ein zu versteuerndes Einkommen (§ 33 Abs. 1 EStG 1988) sowie Leistungen nach dem Arbeitslosenversicherungsgesetz 1977 und Beihilfen durch das Arbeitsmarktservice im Sinne dieses Absatzes in einem Kalendermonat bis zur Geringfügigkeitsgrenze nach § 5 Abs. 2 Z 1 ASVG außer Betracht,"

3. In den §§ 5 Abs. 1 und 6 Abs. 3 wird jeweils der Betrag „8 725 €" *durch den Betrag* „9 000 €" *ersetzt.*

4. § 8 Abs. 3 lautet:

„(3) Ab 1. Jänner 2008 erhöht sich der monatliche Gesamtbetrag an Familienbeihilfe

a) für zwei Kinder um 12,8 €,

b) für drei Kinder um 47,8 €,

c) für vier Kinder um 97,8 €, und

d) für jedes weitere Kind um 50 €."

> *5. In § 9a Abs. 1 zweiter Satz wird die Wortfolge* „insgesamt das Zwölffache der Höchstbeitragsgrundlage zur Sozialversicherung (§ 45 ASVG) für einen Kalendermonat" *durch den Betrag* „55 000 €" *ersetzt.*
>
> *6. Dem § 55 werden folgende Absätze 5 bis 8 angefügt:*
>
> „(5) Die §§ 2 Abs. 1 lit. f sublit. bb und 6 Abs. 2 lit. e sublit. bb in der Fassung des BGBl. I Nr. 90/2007 treten mit dem der Kundmachung des Bundesgesetzes BGBl. I Nr. 90/2007 folgenden Tag in Kraft.
>
> (6) Die §§ 8 Abs. 3 und 9a Abs. 1 in der Fassung des Bundesgesetzes BGBl. I Nr. 90/2007 treten mit 1. Jänner 2008 in Kraft. Die Einkommensgrenze nach § 9a Abs. 1 gilt erstmals in Bezug auf das Kalenderjahr 2007.
>
> (7) Die §§ 5 Abs. 1 und 6 Abs. 3 in der Fassung des Bundesgesetzes BGBl. I Nr. 90/2007 treten mit 1. Jänner 2008 in Kraft. Die Einkommensgrenze gilt erstmals in Bezug auf das Kalenderjahr 2008.
>
> (8) § 2 Abs. 1 lit. b zwölfter Satz in der Fassung des Bundesgesetzes BGBl. I Nr. 90/2007 ist ab Sommersemester 2008 anzuwenden."

15 Es ist zweckmäßig, die **Fundstellen der Rechtsvorschriften** zu kennen (Amtsblatt der Europäischen Union für die Rechtsvorschriften der Europäischen Union, Bundesgesetzblatt für die des Bundes, Landesgesetzblätter für die der Länder).

Bezirksgerichte erteilen in allen Zivil- und Strafrechtsangelegenheiten an „Gerichts- und Amtstagen" unentgeltlich Auskunft. Dasselbe geschieht an Amtstagen der Verwaltungsbehörden, so von **Bezirkshauptmannschaften** und **Magistraten** der Städte mit eigenem Statut. Auch die **Volksanwälte** haben Sprechstunden und erteilen dabei kostenlos Rechtsauskunft. **Rechtsanwaltskammern** haben kostenlose Einrichtungen zur Rechtsinformation. Rechtsanwälte, Notare, Wirtschafts- und Steuerberater erteilen als Freiberufler gegen Entgelt Rat und gewähren Hilfe und vertreten, wenn sie dazu bevollmächtigt sind. In manchen Fällen besteht sogar Anwaltszwang. Ist man außerstande, Kosten ohne Beeinträchtigung des notwendigen Unterhalts zu bestreiten, leistet der Staat **Verfahrenshilfe**.

Nach der Bundesverfassung haben alle mit Aufgaben der Bundes-, Landes- und Gemeindeverwaltung betrauten Organe sowie die Organe anderer Körperschaften des öffentlichen Rechts über Angelegenheiten ihres Wirkungsbereiches **Auskünfte** zu erteilen, soweit eine gesetzliche Verschwiegenheitspflicht dem nicht entgegensteht.

Die Suche nach **Rechtsinformation** hängt vom Rechtsproblem ab, um das es geht. Besonderen Rat und Hilfe leisten **Berufsvertretungen**, insbesondere Kammern und Gewerkschaften. Sie sind für viele die wichtigsten Rechtsinformationsstellen. Berufsvertretungen sind gegenüber den ihnen Zugehörigen auskunftspflichtig, insoweit dadurch die ordnungsgemäße Erfüllung ihrer Aufgaben nicht verhindert wird.

Das **„Rechtsinformationssystem des Bundes"** **(RIS)** enthält u.a. Texte der Bundesgesetzblätter, Gesetze und Verordnungen in ihrer gültigen Fassung, Entscheidungen der Gerichtshöfe I. und II. Instanz, des OGH, des Verfassungs-, des Verwaltungsgerichtshofes sowie der Verwaltungsgerichte des Bundes und der Länder, das Landesrecht, (je nach Bundesland in unterschiedlicher Ausprägung) auch Vorschriften der Gemeinden.

Behörden und Institutionen (Stand 2021):

Österreich:	
www.bundeskanzleramt.gv.at	Links zu vielen staatlichen Stellen
www.oesterreich.gv.at	Österreichischer Behörden-Wegweiser
www.parlament.gv.at	Österreichisches Parlament (Gesetzesvorhaben etc)
www.wienerzeitung.at	Wiener Zeitung mit amtlichen Verlautbarungen
www.konsument.at	Verein für Konsumenteninformation
www.volksanwaltschaft.gv.at	Adresse der Volksanwaltschaft
www.vwgh.gv.at	Offizielle Website des Verwaltungsgerichtshofes
www.vfgh.gv.at	Offizielle Website des Verfassungsgerichtshofes
Europa:	
europa.eu	Offizielle Website der Europäischen Union mit vielen Links zu Organen und Dienststellen.
eur-lex.europa.eu	Offizielle EU-Rechtsdatenbank
curia.europa.eu	Offizielle EU-Rechtsprechungsdatenbank
hudoc.echr.coe.int	Offizielle Rechtsprechungsdatenbank mit Entscheidungen des Europäischen Gerichtshofs für Menschenrechte

Rechtsberufe in Österreich

Die Rechtsnormen verwirklichen sich in der Praxis derjenigen, welche sie 16
erzeugen, anwenden und durchsetzen. Recht ist organisierte Gruppenaktivität, welche soziales Verhalten steuert und kontrolliert. Zu diesen Gruppen gehören insbesondere

- Verwaltungsjurist/innen, Richter/innen, Staatsanwält/innen, Rechtspfleger/innen, Rechtsanwält/innen, Notar/innen, Rechtswissenschafter/innen;

- Wirtschaftstreuhänder/innen, Wirtschaftsjurist/innen, Abgeordnete als Gesetzgeber, Organe der Vollziehung, Polizist/innen als Ordnungsorgane usw.

Jede dieser Gruppen hat besondere Beziehungen zum Recht.

Eine dominierende Rolle spielen die **Verwaltungsjurist/innen** in der Bundes-, Landes-, Gemeinde- und Verbändeverwaltung. Berufsvoraussetzungen und -wege sind in dienstrechtlichen Gesetzen von Bund und Ländern geregelt.

Dazu kommen die **Richter/innen, Staatsanwält/innen und Rechtspfleger/innen**, die in der Straf- und Zivilgerichtsbarkeit Anklage- und Rechtsprechungsfunktionen wahrnehmen bzw für die Pflege öffentlicher Bücher (Grundbuch, Firmenbuch) zuständig sind sowie die Richter/innen der Verwaltungsgerichte des Bundes und der Länder.

Rechtsanwält/innen vertreten in allen rechtlichen Angelegenheiten und vor allen Gerichten und Behörden. Nach einer fünfjährigen Rechtstätigkeit und der Anwaltsprüfung kann die Eintragung in die Liste der Rechtsanwaltskammer eines Bundeslands erwirkt werden.

Notar/innen stehen als Organe der vorsorgenden Rechtspflege in privatrechtlichen Angelegenheiten zur Verfügung. Als Beauftragte des Gerichts wirken sie in Außerstreitsachen. Es handelt sich um ein öffentliches Amt, der Notar steht aber in keinem Dienstverhältnis zum Staat.

Juristische Grundlehre

1. Ordnung und Recht

Mehrere Ordnungen wirken auf uns ein: Moral, Sittlichkeit und Religion betreffen vor allem die innere Haltung; Recht, Sitte, Konvention vor allem das äußere Verhalten. 17

Alle diese Ordnungen dienen der Steuerung menschlichen Verhaltens. Die Rechtsordnung aber ist für alle und nicht etwa nur für die Anhänger einer bestimmten Glaubens- oder Denkrichtung verbindlich, wird nötigenfalls mittels staatlich organisierten Zwangs durchgesetzt und ist in ihrem räumlichen Wirkungsbereich wenigstens im Wesentlichen auch effektiv, wird also im Großen und Ganzen befolgt.

Einer der ältesten Staatszwecke ist die Garantie der Sicherheit im Inneren wie im Äußeren. Rechtsordnungen dienen damit vor allem dem friedlichen Zusammenleben der Menschen im Staat. Zur Aufrechterhaltung dieses Friedens verfügt **der Staat über das Monopol**, die Bedingungen legitimer Gewalt festzusetzen. Der Staat setzt die Bedingungen für rechtlich erhebliches Handeln fest, weil er die Rechtsordnung bestimmt: Zwar darf der Private im Rechtsstaat unserer Prägung alles, was ihm nicht ausdrücklich verboten ist. Damit hat es der Staat aber immer noch in der Hand, durch Verbote private Freiheitsräume einzuschränken. Damit geht jede Ermächtigung zur Ausübung von Zwang notwendig auf die Rechtsordnung und damit auf den Staat zurück: Jede Gewalt- oder Zwangsausübung muss auf einer staatlichen Ermächtigung beruhen, wenn sie legal sein möchte. Zugleich ist auch jeder Privatrechtsakt (zB ein Vertrag) nur verbindlich, weil und soweit das Gesetz dies bestimmt. 18

2. Rechtsnormen, Rechtsvorschriften und Rechtsordnung

Die Rechtsordnung regelt das Verhalten der ihr unterworfenen Menschen durch Gebote, Verbote und Erlaubnisse (Ermächtigungen). 19

Wenn im Strafgesetzbuch angeordnet wird, dass bestraft werden soll, wer es unterlässt, einem anderen in der Not die erforderliche Hilfe zu leisten, dann ist das rein sprachlich nicht direkt ein Gebot. Ein solches **Gebot** kommt aber durchaus zum Ausdruck, wenn man den Tatbestand (Unterlassung der Hilfeleistung) und die Rechtsfolge (Bestrafung) als Sinneinheit versteht. Deutlicher wird etwa geboten, wenn angeordnet wird, dass, wer Einkünfte aus selbständiger Arbeit bezieht, diese versteuern muss.

Wenn im Strafgesetzbuch angeordnet wird, dass, wer einen anderen tötet, mit bis zu lebenslanger Freiheitsstrafe belegt werden soll, dann ist das zwar rein sprachlich noch kein **Verbot**. Ein solches kommt aber durchaus zum Ausdruck, wenn man den Tatbestand (Tötung eines anderen) und die Rechtsfolge (lebenslange Freiheitsstrafe) als Sinneinheit versteht.

Erlaubnisse werden als **Ermächtigungen** häufig den Staatsorganen selbst erteilt: Die Bundesregierung etwa ist dazu ermächtigt (nicht aber auch verpflichtet), dem Nationalrat Vorschläge für Gesetze vorzulegen (Regierungsvorlage). Manchmal wird aber auch dem Einzelnen etwas ausdrücklich erlaubt: zB das Betreten des Waldes zu Erholungszwecken (§ 33 ForstG).

20 Die Sinneinheit aus Tatbestand und Rechtsfolge bildet erst die vollständige Anordnung, die Norm. Für Rechtsnormen ist es charakteristisch, dass ein abstrakt formuliertes Verhalten mit einer Rechtsfolge verknüpft ist. Im **Tatbestand** wird eine Situation abstrakt formuliert, in der **Rechtsfolge** die Konsequenz (wenn – dann). Der Tatbestand vertypt mit anderen Worten jenen Lebenssachverhalt, den die Bestimmung regeln möchte; die Rechtsfolge umschreibt die Folge, die eintreten soll, wenn dieser Sachverhalt verwirklicht wird. Außer solchen **Konditionalprogrammen** enthalten Vorschriften **Finalprogramme**, wenn in ihnen bloß Ziele umschrieben sind, die mit mehr oder weniger bestimmten Mitteln erreicht werden sollen. Dies gilt etwa im Raumordnungsrecht, in dem der Gesetzgeber nur grob die Ziele vorgibt, an denen sich die örtliche Raumplanung orientieren muss.

Wie die vorstehenden Beispiele (Tötungsdelikte, unterlassene Hilfeleistung) illustrieren, muss man Tatbestand und Rechtsfolge zusammen lesen, um den ganzen Sinn einer Anordnung zu verstehen, die Norm. Tatbestand und Rechtsfolge liegen aber nicht immer so nahe beisammen wie im Strafrecht, wo sie sich häufig beide in einer Vorschrift finden. Vielmehr setzen sich Anordnungen bisweilen auch aus verschiedenen, über mehrere Paragraphen oder gar Gesetze verstreuten Rechtsvorschriften zusammen. Zusammenhängende Rechtsvorschriften ergeben dann normative Sinneinheiten, also Normen, die Summe aller Normen ergibt die Rechtsordnung.

21 Die Interpretation und Subsumtion der Rechtsvorschriften ist vor allem der **Vollziehung** (**Verwaltung** und **Gerichtsbarkeit**) übertragen. **Ermessensbestimmungen** räumen ihr dabei Entscheidungsspielräume ein. Auch die Festlegung der Zwangsfolgen enthält oft Wahlmöglichkeiten für die Vollziehung, zB gibt das Gesetz häufig **Strafrahmen** an, innerhalb derer sich die letztlich ausgesprochene Strafe unter Berücksichtigung von Milderungs- und Erschwerungsgründen zu bewegen hat. **Unbestimmte Rechtsbegriffe** räumen Auslegungsspielräume ein; so etwa, wenn bestimmt ist, dass ein Vertrag nichtig ist, wenn er gegen die „guten Sitten" verstößt (§ 879 ABGB).

3. Einteilungen der Rechte und des Rechts

Positives Recht, Naturrecht, Gewohnheitsrecht

Als **positives Recht** wird jede Vorschrift bezeichnet, die unter Einhaltung der Regeln über die Rechtserzeugung beschlossen und kundgemacht wird. Auf bestimmte inhaltliche Anforderungen, insbesondere darauf, ob man diese Vorschrift als gerecht oder als wünschenswert empfindet, kommt es dafür nicht an. Demgegenüber sind klassische **Naturrechtslehren**, wie sie bis in das 20. Jahrhundert hinein im deutschsprachigen Raum zT bestimmend waren, vom Gedanken getragen, dass das Recht, um als solches gelten zu können, auch derartige inhaltliche Anforderungen erfüllen muss. 22

In einer positiven Rechtsordnung kann auch **Gewohnheitsrecht** als Rechtsquelle eingesetzt sein: Wenn etwa im UGB auf die im Geschäftsverkehr geltenden „Gewohnheiten und Gebräuche" verwiesen ist, dann begründen diese *Rechtsvorschriften*. Voraussetzung für die Anerkennung von Gewohnheitsrecht ist bloß, dass es in der Rechtsordnung vorgesehen ist und dass die Regeln zu seiner Entstehung (lang dauernde Übung, Rechtsüberzeugung) eingehalten werden. Insofern unterscheidet sich das Gewohnheitsrecht nicht von anderem Recht.

Materielles und formelles Recht

Mit **materiellem** Recht ist immer die inhaltliche Regelung einer Angelegenheit gemeint: *Materiell* bedeutet *inhaltlich*. **Formelles** Recht hingegen regelt *Zuständigkeiten* und *Verfahren*; formelles Recht regelt nicht den Inhalt dessen, was gelten soll, sondern die *Form*: So etwa das **Zivilprozessrecht**, das **Strafprozessrecht**, das **Verwaltungsverfahrensrecht** – sie regeln, welche Behörden Rechtsvorschriften wie zu vollziehen und in welcher Form sie ihre Entscheidungen zu treffen haben. 23

Staatliches und privatautonomes Recht

Nicht nur wenn der Nationalrat ein Gesetz beschließt, sondern auch wenn zwei Vertragsparteien etwas vereinbaren oder ein Erblasser ein Testament schreibt, entsteht Recht. Recht muss also nicht unbedingt **vom Staat erlassen** werden. Es kann auch im Rahmen grundrechtlich geschützter Freiheit **von Privaten geschaffen** werden (Privatautonomie). Staatlich gesetztes Recht tritt als (Verfassungs-)Gesetz, Verordnung, aber auch als Urteil oder Bescheid in Erscheinung. Privatautonomes Recht kann viele Formen haben (Vertrag, Testament, Auslobung, Kündigung...). 24

Öffentliches und privates Recht

25 Für die Abgrenzung zwischen **öffentlichem** und **privatem** Recht sind verschiedene Theorien aufgestellt worden. Nur eine Kombination der gängigen Abgrenzungstheorien dürfte zu brauchbaren Ergebnissen führen. Das **öffentliche Recht** umfasst im Ergebnis zum einen die Regelungen über die Staatsorgane, die Rechtsetzung, die Kompetenzverteilung im Bundesstaat und die Grundrechte (Verfassungsrecht), zum anderen all jene Materien, bei denen es primär um den Ausgleich zwischen individuellen und gesamtgesellschaftlichen Interessen geht. Daneben ist auch beim öffentlichen Recht eine Befriedungsfunktion für die Verhältnisse zwischen Privaten nicht ausgeschlossen. Beispiele für typisch öffentlich-rechtliche Materien sind etwa das Baurecht, das Wehr- und Zivildienstrecht sowie das Straßenverkehrs- und das Kraftfahrrecht, um nur einige zu nennen. Dabei betrifft aber schon das Baurecht sowohl gesamtgesellschaftliche als auch private Interessen.

Dem **Privatrecht** oder **Zivilrecht** werden diejenigen Rechte und Rechtsverhältnisse zugeordnet, die im Wesentlichen auf die Beziehungen Einzelner untereinander und ihre Interessen bezogen sind und die auf Willensübereinkunft oder doch auf privater Autonomie beruhen, auch wenn der Einzelne seine Ansprüche mit staatlicher Hilfe gegen einen anderen durchsetzen kann. Weil sich das Zivilrecht auf die Verhältnisse der Bürgerinnen und Bürger zueinander bezieht, wird es auch Bürgerliches Recht genannt.

26 „Die Gerichtsbarkeit in bürgerlichen Rechtssachen wird, soweit dieselben nicht durch besondere Gesetze vor andere Behörden verwiesen sind“, durch die (unabhängigen) **ordentlichen Gerichte** ausgeübt (§ 1 Jurisdiktionsnorm – JN; das Gesetz kann also die bürgerlichen Rechtssachen auch anderen Behörden zuweisen!). Öffentlich-rechtliche Materien werden hingegen von spezifischen, in der Regel einer **Weisungsbindung** unterliegenden Behörden, den sogenannten **Verwaltungsbehörden**, vollzogen.

27 Sonderfälle des öffentlichen Rechts sind das **Strafrecht** und das **Verfahrensrecht** (Zivil-, Straf- und Verwaltungsverfahren): Im **Strafrecht** geht es nicht primär um einen Ausgleich der Interessen von Opfer und Täter, sondern vor allem um den Strafanspruch des Staates (als Vertreter der Gesamtgesellschaft), der die Einhaltung bestimmter, im Gemeininteresse unverzichtbarer Verhaltensregeln sichern soll. Das **Verfahrensrecht** regelt das Verhältnis des Einzelnen zu jenen staatlichen Behörden, die mit seinen Angelegenheiten befasst sind. Das Straf-, das Strafprozess- und das Zivilprozessrecht werden von den **ordentlichen Gerichten**, also von weisungsfreien, unabhängigen und mit spezifischen Garantien ausgestatteten Richtern vollzogen. Sie werden, obwohl dem öffentlichen Recht

zugehörig, als eigene Disziplinen wissenschaftlich bearbeitet und gelehrt. Zu dem herkömmlich als „öffentliches Recht" bezeichneten Rechts- und Stoffgebiet gehören von den genannten Materien einzig das **Verwaltungsverfahrensrecht**, das die Verfahren vor den Verwaltungsbehörden regelt, sowie die Regelungen über das **Verfahren vor den Gerichten und Gerichtshöfen des öffentlichen Rechts**.

Zwingendes und dispositives Recht

Zwingendes Recht kümmert sich nicht darum, ob die Beteiligten es auch 28
gegen sich gelten lassen wollen. Es wird häufig eingesetzt, um Machtunterschiede auszugleichen – etwa im Arbeits-, Miet- oder Konsumentenschutzrecht; zulasten des Geschützten abweichende Vereinbarungen wirken dann nicht. Wo zwingendes Recht gilt, kann nicht die eine Seite die andere dazu drängen, etwas anderes auszumachen, zB eine verbotene Ablöse doch (rechtsgültig) zu bezahlen. Hingegen kann **nachgiebiges** („dispositives") Recht von den Betroffenen (häufig wiederum von Vertragsparteien) abbedungen werden, sie können über solche Vorschriften oder ihre Anwendung auf den konkreten Fall „disponieren".

Nationales, Internationales Recht

Recht wird nicht nur in der jeweiligen Rechtsordnung, also im jeweili- 29
gen Staat erzeugt und wirkt nicht nur dort. Recht kann auch zwischenstaatliches Recht sein, das die Verhältnisse zwischen den Staaten regelt und dabei zB auch internationale Organisationen einführt. In diesem sogenannten **Völkerrecht** werden also die Verhältnisse zwischen Völkerrechtssubjekten (Staaten, internationalen Organisationen) geregelt. Im Völkerrecht tritt jeder Staat mit einer gleich starken Stimme auf, die Völkerrechtssubjekte sind grundsätzlich gleichrangig und müssen sich einigen (*Völkervertragsrecht*) oder eine bestimmte Praxis über lange Zeit gemeinsam üben (*Völkergewohnheitsrecht*), damit Völkerrecht entstehen kann. Völkerrecht wirkt aber in der Regel von sich aus in den Staaten und Organisationen nicht unmittelbar, sondern muss erst **umgesetzt** werden, bevor es *innerhalb* der einzelnen Rechtsordnungen anwendbar ist. Das Begriffspaar **nationales** und **internationales Recht** stellt also darauf ab, ob Rechtsnormen von nationalen Rechtsetzungsautoritäten oder im Rahmen des Völkerrechts erzeugt worden sind und ob sie Völkerrechtssubjekte oder direkt die Bürgerinnen und Bürger verpflichten und berechtigen.

Eine Sonderrolle spielt das Recht der EU (Unions- oder Europarecht), welches zwar genuin Völkerrecht ist, sich aber vor allem aufgrund seiner

Vorrangwirkung gegenüber nationalem Recht zu einer Rechtsordnung sui generis entwickelt hat.

Das sog **internationale Privatrecht** enthält jene Rechtsnormen, die darüber Auskunft geben, welches Recht anwendbar ist, wenn Rechtsfälle einen Zusammenhang mit dem Ausland haben. In Österreich ist dies durch das IPRG 1978 geregelt (*nationales* Recht); es ist weder Privatrecht (weil es das Zusammentreffen von Rechtsordnungen regelt) noch ist es Völkerrecht (weil es ein nationales Gesetz ist und kein völkerrechtlicher Vertrag). Europaweit gelten diesbezüglich einschlägige Verordnungen der EU.

Subjektives, objektives, relatives und absolutes Recht

30 Wird einem Menschen oder einem rechtsfähigen Gebilde ein Recht zuerkannt, das gegen den Staat oder gegen Dritte durchsetzbar ist (zB ein Anspruch auf Erteilung einer Lenkerberechtigung, ein Abwehranspruch gegen Immissionen vom Nachbargrundstück), dann ist dem Berechtigten ein **subjektives Recht** zugedacht. Sind hingegen bloß Verhaltensregeln für Behörden oder für Dritte aufgestellt, ohne dass deren Einhaltung eingeklagt und durchgesetzt werden kann, dann handelt es sich bloß um **objektives Recht**; man spricht dann auch von objektiv-rechtlichen Verpflichtungen.

31 **Absolute** Rechte wie Persönlichkeitsrechte wirken gegen alle, **relative** Rechte nur gegen bestimmte Personen (Schuldverhältnis). **Dingliche** Rechte sind mit einer Sache verknüpft und gelten unabhängig davon, wer die Rechte an dieser Sache jeweils besitzt.

4. Arten von Rechtsnormen

32 Eine **Norm** ist nichts anderes als der **Inhalt einer konkreten Anordnung**, die das Recht trifft. Vollständige Normen bestehen aus Tatbestand und Rechtsfolge. Der Tatbestand erfasst typischerweise auftretende Vorgänge aus der Lebenswirklichkeit, die Rechtsfolge ist eine Begünstigung, Belastung oder sonstige Konsequenz, die eintreten oder gesetzt werden soll, wenn der Tatbestand erfüllt ist. Die Rechtsordnung besteht also aus Normen, die wiederum oft aus verschiedenen Rechtsvorschriften bestehen (Rz 20). Normen können entweder an **individuell-konkrete** Personen gerichtet sein (wie das Urteil oder der Bescheid), oder sie können einen allgemeineren, **generell-abstrakten** Adressatenkreis aufweisen, also an eine nicht konkret, sondern nach Gattungsmerkmalen bestimmte

Personenmehrheit gerichtet sein. Individuell-konkrete Normen müssen nicht immer nur an einzelne Personen gerichtet sein: Auch ein Trassenbescheid, der viele hunderte Anrainer betrifft, ist ein Bescheid, wenn er an alle diese Personen konkret gerichtet ist. Generell-abstrakte Normen wieder müssen nicht an die Allgemeinheit schlechthin gerichtet sein: Auch eine Studienordnung, die nur die Studierenden einer bestimmten Studienrichtung betrifft, bezeichnet ihre Adressaten nach einem Gattungsmerkmal (zB alle Studierenden der Rechtswissenschaft).

Gesetze im materiellen Sinn sind schlechthin generell-abstrakte Normen. Zu ihnen gehören die (allermeisten) Gesetze im formellen Sinn, aber auch die Verordnungen und Staatsverträge. **Gesetze** werden auf dem durch die Verfassung bestimmten Weg von gesetzgebenden Organen erlassen (in Österreich: Nationalrat und Bundesrat [Bundesgesetzgeber] und neun Landtage [Landesgesetzgeber]) und kundgemacht. **Staatsverträge** sind jene Verträge, durch die der Staat sich mit anderen Völkerrechtssubjekten koordiniert. Sie sind trotz ihres Vertragscharakters generell-abstrakte Normen, weil sie darauf gerichtet sind, in das innerstaatliche Recht transformiert zu werden. **Verordnungen** sind generell-abstrakte Normen, die von Verwaltungsbehörden auf Grund der Gesetze innerhalb ihres Wirkungsbereiches erlassen werden. Sie haben idR nur Präzisierungsfunktion in Bezug auf die zu konkretisierenden Gesetze. Die generellen EU-Rechtsakte müssen, die individuellen können im Amtsblatt der Europäischen Union kundgemacht werden. 33

Generelle Normen kommen aber auch im **Privatrecht** vor: Kollektiv- und Gesamtverträge etwa regeln die Verhältnisse zwischen Arbeitgebern und Bediensteten oder zwischen Ärztekammern und Krankenkassen; sie wirken aber nicht nur zwischen den Verbänden, die sie jeweils ausverhandelt und unterschrieben haben, sondern auch für jeden Arbeitgeber, jede/-n Arbeitnehmer/-in und die Vertragsärzt/innen. 34

Im Privatrecht dominiert freilich die **individuelle Norm**: Vertrag, Testament, Zuschlag (bei einer Versteigerung) sind ebenso individuelle Normen wie im öffentlichen Recht der Bescheid einer Verwaltungsbehörde, das Erkenntnis eines Verwaltungsgerichtes oder wie das Urteil eines Zivil- oder Strafgerichtes. 35

5. Rechtserzeugung – Rechtsanwendung – Stufenbau

Es war oben davon die Rede, dass Rechtsnormen nicht nur gebietenden und verbietenden, sondern auch **erlaubenden** Charakter haben können. Als Ermächtigungen bezeichnen wir Erlaubnisse gegenüber Staatsorganen: 36

So wie die Bundesregierung dem Parlament keine Gesetzesvorschläge unterbreiten muss, aber darf, muss auch das Parlament in aller Regel keine Gesetze beschließen, ist dazu aber berufen, also **ermächtigt**.

37 Es ist Hauptaufgabe einer **Verfassung**, diese Ermächtigungen festzulegen. Eine Verfassung regelt also vor allem die Verfahren zur Rechtserzeugung, die wir auch die **Willensbildung** nennen, weil der Staatswille, zB der Wille des Parlaments, nach bestimmten Verfahren gebildet werden muss, damit er gültig zustande kommt. Auf Grund der Verfassung ergehen Gesetze und Verordnungen und können Staatsverträge eingegangen werden. Auf Grund dieser **generell-abstrakten** Normen werden **individuell-konkrete** Rechtsakte gesetzt, insbesondere Rechtsgeschäfte abgeschlossen, Bescheide der Verwaltungsbehörden, Erkenntnisse und Urteile der (Verwaltungs-) Gerichte erlassen. Bescheide, Erkenntnisse und Urteile können wie bestimmte Privatrechtsakte als Exekutionstitel Grundlage einer **Vollstreckung** werden. Ähnlich regeln für die Europäische Union die **Verträge**, allen voran der Unionsvertrag (EUV) und der Vertrag über die Arbeitsweise der Union (AEUV), wie Unionsrechtsakte entstehen und wer zu ihrer Erlassung ermächtigt ist.

38 Bestimmte Rechtsnormen stellen also Bedingungen dafür auf, wie andere Rechtsnormen erzeugt, aufgehoben oder geändert werden:

Die Anwendung (Vollziehung) dieser Ermächtigungsnorm ist dann zugleich die Erzeugung einer anderen Norm: Der Vollzug der Verfassung kann Gesetzgebung, die Vollziehung von Gesetzen Verordnungserlassung sein usw. So kann man bedingende und bedingte Rechtsnormen unterscheiden und einen **Stufenbau** des Rechts erkennen: Nach der rechtlichen Bedingtheit unterlegene Normen müssen den Normen entsprechen, die zu ihrer Erzeugung ermächtigen. So lässt sich vom Bescheid oder Urteil bis hinauf zur Verfassung oder zum Unionsvertrag eine Kette von Ermächtigungen und Abhängigkeiten skizzieren.

39 **Widerspricht** eine Rechtsnorm ihren **Erzeugungsbedingungen**, so ist sie **rechtswidrig**. Gesetze können verfassungswidrig sein, Verordnungen, Bescheide oder Urteile und Erkenntnisse gesetzwidrig. Ein solcher Fehler ändert für gewöhnlich nichts an der **Geltung** der rechtswidrigen Norm: Die Rechtsordnung **kalkuliert** die Möglichkeit vielmehr ein, dass derartige **Fehler** entstehen. Darum stellt sie auch Verfahren zur Beseitigung, also zur **Aufhebung** rechtswidriger Normen zur Verfügung. Wir nennen das ein **Fehlerkalkül**. Wenn die Rechtsordnung vorsieht, dass bei Auftreten eines bestimmten Fehlers der entstandene Rechtsakt aufgehoben werden soll, setzt dies voraus, dass der Rechtsakt zunächst trotz des Fehlers gültig entsteht und daher **verbindlich** ist.

40 Im Allgemeinen bleiben daher auch rechtswidrige Rechtsnormen so lange in Kraft, bis sie aufgehoben oder abgeändert werden; werden rechtswidrige Bescheide, Erkenntnisse oder Urteile **rechtskräftig**, können sie nur

mehr unter erschwerten Voraussetzungen aufgehoben oder abgeändert werden (Rechtssicherheit vor Rechtmäßigkeit). Lediglich bei evidenten, besonders krassen Widersprüchen kommt auch eine **absolute Nichtigkeit** in Betracht (dies allerdings idR nur in Fällen, in denen ohnehin niemand vernünftigerweise vom Bestehen einer Rechtsnorm ausgehen wird, zB Gesetzeserlassung durch den Parlamentsdirektor und Kundmachung in der „Spatzenpost").

Das **Unionsrecht** sieht für den Fall des Widerspruchs mit entgegenstehendem nationalem Recht einen anderen Mechanismus der Konfliktlösung vor: Nationales Recht wird diesfalls nicht aufgehoben, darf aber – soweit das Unionsrecht entgegensteht – nicht angewendet werden; an seiner Stelle ist dann vorrangig das Unionsrecht anzuwenden (Anwendungsvorrang). Auch dieser Konfliktlösungsmechanismus setzt aber voraus, dass die widersprechende nationale Vorschrift auch weiterhin gilt (allerdings gilt auf Grund des Unionsrechtes dann auch eine Bereinigungspflicht). 41

6. Geltung, Anwendung, Derogation

Von den verschiedenen Aspekten der Rechtsanwendung wurde oben derjenige der **Rechtserzeugung** hervorgehoben: Durch Inanspruchnahme einer Ermächtigung zur Setzung von Recht wird diese Ermächtigung „angewendet" und damit zugleich neues Recht geschaffen. Das ist aber nicht der einzige Gesichtspunkt, unter dem man die Anwendung oder besser: den Vollzug von Rechtsnormen betrachten kann. Vielmehr sorgt die Vollziehung durch die **Rechtskonkretisierung**, die sie vornimmt, eben auch für Klarheit und Rechtsfrieden; sie entscheidet zumindest verbindlich, was gelten soll. 42

Der Vollzug einer Norm setzt ihre Geltung voraus. Man unterscheidet den **persönlichen, sachlichen (gegenständlichen), örtlichen und zeitlichen Geltungsbereich**. 43

Der **persönliche** Geltungsbereich gibt darüber Auskunft, **wer** durch eine Norm berechtigt oder verpflichtet ist. Der **sachliche** Geltungsbereich sagt uns, **welche Lebenssachverhalte** durch die Norm geregelt werden sollen. Der **örtliche** Geltungsbereich ist für den **territorialen Bezugsbereich** der Norm ausschlaggebend (zB Landesgesetz oder Verordnung des Landeshauptmanns). Der **zeitliche** Geltungsbereich einer Norm sagt, **wann** ihre Geltung beginnen und aufhören soll.

Bei mehreren Normen mit überschneidendem Geltungsbereich geht die jüngere der älteren, die speziellere der allgemeinen, die höherrangige auf Dauer der niedrigeren vor (zB die Verfassung dem Gesetz, das Gesetz der Verordnung – hier wird der „Vorrang" idR aber erst durch Aufhebung 44 bewirkt, die allerdings in einem solchen Fall durchsetzbar ist). Unmittelbar anwendbares Unionsrecht geht österreichischem vor.

Bei einer **Neuregelung** bestimmt der Gesetzgeber meist, welche frühere Norm aufgehoben wird (formelle **Derogation**). Andernfalls ist eine „materielle" Derogation durch Auslegung zu ermitteln. Materielle Derogation bedeutet Aufhebung der früheren durch die spätere oder der allgemeineren durch die speziellere Norm. Ob die betreffenden Normen zueinander aber in einem dieser Verhältnisse stehen und ob sie überhaupt denselben Gegenstand betreffen, ist erst durch Auslegung zu klären.

7. Rechtssubjekte und Rechtsobjekte

Rechtssubjekte

45 **Rechtssubjekte** (Personen) sind von der Rechtsordnung anerkannte oder geschaffene Träger von Rechten und Pflichten. Dazu gehören die Menschen (als natürliche Personen) und die juristischen Personen.

46 **Juristische Personen** sind nichts Reales. Sie sind vielmehr rechtliche Gebilde, die erst durch die oder auf Grund der Rechtsordnung existieren und denen das Gesetz Rechtspersönlichkeit zuerkennt. Juristische Personen werden im Rahmen der Privatautonomie in bestimmten Formen durch Rechtsgeschäfte (juristische Personen des **Privatrechts**) oder als juristische Personen des öffentlichen Rechts durch Gesetze oder auf Grund von Gesetzen geschaffen (juristische Personen des **öffentlichen Rechts**). Sie haben idR die gleichen Rechte wie natürliche Personen, mit Ausnahme von Rechten, die ihrer Natur nach nur Menschen zustehen (zB das Recht auf Eheschließung). Mit juristischen Personen werden alle möglichen Zwecke, insbesondere wirtschaftliche (AG, GmbH), soziale (Vereine) und politische (Parteien), verfolgt. Im wirtschaftlichen Bereich geht es etwa um die Kumulierung von Kapital, die Risikobegrenzung, die Erhaltung von Unternehmen sowie die Arbeitsteilung nach persönlichen Fähigkeiten.

47 Selbstverständlich kann ein künstliches Gebilde nicht selbst handeln. Agieren können immer nur natürliche Personen, also Menschen. Damit ist etwa zu klären, wessen Handeln die juristische Person rechtsgeschäftlich binden kann und wessen Handeln die juristische Person schadenersatzpflichtig macht. Juristische Personen handeln im rechtsgeschäftlichen Bereich durch **organschaftliche Vertreter (Organe)**. Treten sie im Namen der juristischen Person auf, wird dieser das Organhandeln grundsätzlich voll zugerechnet. Bei Schädigungen Dritter ist die Haftung der juristischen

Person für ihre Organe unbestritten, sofern diese in Ausübung der ihnen übertragenen Tätigkeiten gehandelt haben. Darüber hinaus muss die juristische Person für **„Machthaber"** schlechthin einstehen; das sind Personen mit Leitungsfunktionen und selbständigem Wirkungsbereich.

Eine besondere juristische Person (des öffentlichen Rechts) ist der **Staat**. 48
Auch er kann nur durch seine Organe handeln. So sind die **Parlamente** durch die Verfassung bestimmte Gesetzgeber, **Verwaltungsbehörden** und **Gerichte** die von Gesetzen bestimmten Vollzugsbehörden; sie alle handeln dabei für den Staat und schaffen staatliches Recht. Ähnliches gilt für Organe der Europäischen Union, etwa die Kommission, wenn sie die Wettbewerbsregeln des Europäischen Kartell- oder Fusionskontrollrechts vollzieht.

Organe haben einen nach Gegenstand und Raum festgelegten **Aufgabenkreis** (sachliche und örtliche **Zuständigkeit, Kompetenz**). **Behörden** (Verwaltungsbehörden und Gerichte) sind besondere Organe. Sie haben „imperium", verfügen also über die spezifische, nur dem Staat und seinen Organen zustehende Rechtsmacht, einseitig in die Rechte anderer einzugreifen (Hoheitsgewalt).

Von der **Organzuständigkeit** der einzelnen staatlichen Stelle, etwa einer Bezirkshauptmannschaft, ist die **Verbandszuständigkeit** von EU, Bund, Ländern und Gemeinden, also der jeweilige Hoheitsbereich zu unterscheiden, für den die Stelle handelt. Die Verbandszuständigkeit kann wiederum in eine Regelungs- und eine Vollzugszuständigkeit differenziert werden.

Besonderes gilt für **Religionsgemeinschaften.** Sie können als juristi- 49
sche Personen des öffentlichen Rechts anerkannte Kirchen und Religionsgesellschaften oder als juristische Personen des Privatrechts eingetragene religiöse Bekenntnisgemeinschaften sein. Ideelle Gemeinschaften können sich auch privatrechtlich als **Vereine** konstituieren.

Politische Parteien sind dauernde, vermögensfähige Vereinigungen mit einem Mindestmaß an Organisation, die am politischen Prozess mitwirken wollen. Durch das **Parteiengesetz 2012** sind Aufgaben, Finanzierung und Wahlwerbung geregelt. Die Existenz und Vielfalt politischer Parteien sind wesentliche Bestandteile der demokratischen Ordnung der Republik Österreich. Die Gründung politischer Parteien ist frei, soweit bundesverfassungsgesetzlich nichts anderes bestimmt ist (Staatsvertrag von Wien, Verbotsgesetz), ihre freie Betätigung ist verfassungsgesetzlich garantiert. Die politische Partei entsteht durch Beschluss, Hinterlegung und Veröffentlichung ihrer **Satzung**. Von den politischen Parteien sind jene **Wahlparteien** zu unterscheiden, die nur die Kandidatinnen und Kandidaten umfassen, die für eine konkrete Wahl kandidieren.

Zu den juristischen Personen des **Privatrechts** zählen zum einen **Per-** 50
sonenverbände (Gesellschaften, Korporationen), zB Vereine, politische

Parteien, AG oder GmbH. Zum anderen gehören dazu **Vermögensgesamtheiten** (Sachgesamtheiten), zB gemeinnützige Stiftungen, Privatstiftungen, Fonds und Anstalten.

Rechtsobjekte

51 **Rechtsobjekt**, dh Sache im weiteren Sinne, ist alles, was von der Person verschieden ist und dem Gebrauche des Menschen dient (§ 285 ABGB). Tiere werden zwar terminologisch ausgenommen, folgen aber dennoch weitestgehend den für Sachen geltenden Vorschriften (vgl § 285a ABGB). Details dazu finden sich im Sachenrecht (Rz 243 ff).

Völkerrecht und internationale Organisationen

1. Grundlagen

In einer zunehmend globalisierten Welt treten die verschiedensten internationalen Akteure miteinander in vielfältige wechselseitige Kommunikation. Von den verschiedenen internationalen Akteuren haben aber nicht alle auch internationale Rechtspersönlichkeit. **Völkerrechtssubjekte** sind vielmehr vor allem die Staaten und die von ihnen gegründeten inter- und supranationalen Organisationen (vgl unten Rz 92 ff) und nur dort, wo das Völkerrecht ausnahmsweise Private zu Akteuren macht (zB als Kläger vor einem Internationalen Gericht), kommt auch dem Einzelnen Völkerrechtssubjektivität zu. 52

Das Völkerrecht regelt die rechtlichen Beziehungen der Völkerrechtssubjekte zueinander. Es regelt neben den Verhältnissen der Staaten zueinander auch die Grundlage für Entstehung und Arbeit inter- und supranationaler Organisationen und ihre Verhältnisse sowohl zueinander als auch zu den jeweiligen Mitgliedstaaten sowie zu Drittstaaten.

Zum Teil sind auch Rechte und Pflichten von Menschen im Völkerrecht geregelt, so im Menschenrechtsschutz und im Völkerstrafrecht. Völkerrechtliche Vorschriften sind aber zumeist nicht unmittelbar anwendbar, sondern bedürfen für den jeweils souveränen innerstaatlichen Bereich eines spezifischen „Geltungsbefehls" (siehe dazu gleich unten Rz 60). 53

Vom Völkerrecht werden jene Rechtsbereiche unterschieden, deren Normen zur Lösung von privat-, straf- und verwaltungsrechtlichen Problemen mit internationalem Einschlag bestimmt sind. Sie regeln, **welche** von den einschlägigen **staatlichen Rechtsordnungen** anzuwenden ist (Kollisionsnormen des internationalen Privat-, Straf- und Verwaltungsrechts). 54

Die Existenz von Staaten ist Grundlage und Voraussetzung des Völkerrechts; ohne sie hätte das Völkerrecht keinen Anwendungsbereich. Deshalb muss, bevor auf die Eigenheiten des internationalen Rechts eingegangen wird, zuerst eine Auseinandersetzung mit dem Begriff des „Staats" erfolgen: 55

Der souveräne Staat ist ein Produkt der Neuzeit. Er ist mit der Auflösung der diffusen mittelalterlichen Machtstrukturen, der Einführung der Geldwirtschaft und dem Aufkommen des Militärs ebenso eng verknüpft wie mit der Aufklärung, die unter anderem die Idee vom Gesellschaftsvertrag aufgebracht hat.

Charakteristisch für diese Herrschaftsverbände ist die ausschließliche und unumschränkte **Hoheitsgewalt** über ein bestimmtes Gebiet **(Gebietshoheit)**, die Personen und Sachen betrifft. Durch sie unterscheidet sich der Staat von anderen Völkerrechtssubjekten und von untergeordneten Verbänden. Der Staat ist in seinem Herrschaftsbereich allzuständig, das heißt, dass er jeden Lebensbereich und -sachverhalt seiner Regelung unterwerfen darf. Eine „negative Kompetenz" gibt es im souveränen Staat nicht.

Jeder Staat ist nach außen hin rechtlich unabhängig, souverän. Indem die Staaten die **Souveränität** des anderen anerkennen (Prinzip der Nichteinmischung in innere Angelegenheiten), verzichten sie darauf, die Unabhängigkeit des anderen zu beseitigen. Sie betrachten sich als rechtlich gleich.

Staatsgewalt, -gebiet und -volk sind die tragenden Elemente des Staats. Sie müssen für die Anerkennung als Staat nach dem Völkerrecht gegeben sein. Das **Gebiet** muss nicht ungeteilt sein: Auch Enklaven und Exklaven sowie Überseegebiete gehören mitunter zum Staat. Auch die **Sprache** muss keine einheitliche sein (in der Schweiz etwa gibt es vier offizielle Staatssprachen, in Kanada zwei; in Norwegen werden die Gesetze wahlweise in einer der beiden verbindlichen Landessprachen herausgegeben. In manchen Staaten oder Staatsgebieten sind **Minderheitensprachen** als offizielle Amtssprachen zugelassen).

Die **Staatsverfassung** regelt die Staatsgewalt. Zu ihrem typischen Inhalt gehören Regelungen über den Aufbau des Staates (Einheitsstaat oder Bundesstaat), die Staatsform (Republik oder Monarchie), die staatlichen Organe und Funktionen (Gesetzgebung, Regierung, Verwaltung, Gerichtsbarkeit, Kontrolle) und das Regierungssystem (präsidiales oder parlamentarisches System).

Staatsangehörige (Staatsbürger) haben eine besondere Beziehung zum Staat: Es bestehen wechselseitige Rechte und Pflichten (zB das Recht auf jederzeitige Einreise und Aufenthalt oder das Wahlrecht, die Verpflichtung zur Ableistung eines Wehr- oder Wehrersatzdienstes). Die Staatsbürger bilden in ihrer Gesamtheit das **Staatsvolk**.

56 Die **Völkerrechtsgemeinschaft (Staatengemeinschaft)** hat eine von den Staaten (Staatsgemeinschaft) verschiedene Struktur. Der Völkerrechtsgemeinschaft fehlen zentrale Gesetzgebung und zentrale Rechtsdurchsetzung. Alle Rechtsnormen hängen von allen Gemeinschaftsmitgliedern (Staaten) ab, für die sie verbindlich sein sollen. Trotzdem ist die Völkerrechtsordnung nicht ineffektiv. Wegen der wechselseitigen Verflechtung der Staaten und der genossenschaftlichen Struktur ihrer Gemeinschaft muss jedes Mitglied der Völkerrechtsgemeinschaft bei den anderen vertrauenswürdig sein. Die Völkerrechtsgemeinschaft ist rechtlich durch **Gleichheit, Unabhängigkeit und Souveränität der Staaten** gekennzeichnet, gleichzeitig stehen aber alle unter dem Druck der immer komplexer und beschleunigter werdenden Interdependenz aller Staaten.

Trotz einer anhaltenden Globalisierung liegen dem Völkerrecht noch immer der Gedanke und die Existenz souveräner Staaten zu Grunde, von denen sowohl im zwischenstaatlichen als auch im Verkehr internationaler Organisationen das Völkerrecht geschaffen wird. Die **Entwicklung vom Völkerrecht der Koexistenz über das der Kooperation hin zu einem der Integration und der internationalen Organisationen** hat daran einiges, aber nichts Wesentliches geändert. Staaten schaffen im Konsens das internationale Recht und bestimmen seine Entwicklung. Begrenzte Zuständigkeiten übertragen sie auf Organe von supranationalen und internationalen Organisationen. 57

Neben den Staaten sind souveräne Gemeinschaften (insbesondere Staatenbünde und Verwaltungsunionen, das Internationale Komitee vom Roten Kreuz) und der Heilige Stuhl **Völkerrechtssubjekte**. Immer mehr internationale Organisationen treten als Völkerrechtssubjekte auf. Daneben gibt es zahllose „NGOs" (non-governmental organizations) ohne Völkerrechtssubjektivität. 58

Jedes **Völkerrechtssubjekt** handelt durch **Organe** (zB Staatsoberhaupt, Regierung, Außenminister, Diplomaten), die seine völkerrechtlichen Rechte und Pflichten ausüben bzw erfüllen.

Im **Stufenbau des Rechts** kann das **Völkerrecht** als eine allen anderen Rechtsordnungen übergeordnete vorgestellt werden. Sein **räumlicher Geltungsbereich** umfasst nicht nur die Gebiete der rund 200 Staaten, sondern auch die außerhalb dieser Gebiete gelegene Erdoberfläche einschließlich des darüber befindlichen Luftraumes, der Eigengewässer und des Meeres. Hinsichtlich des **sachlichen Wirkungsbereiches** kann man von der traditionellen Gliederung des Völkerrechts in **Friedensrecht** (Entstehung und Untergang von Völkerrechtssubjekten, Staatsvolk, Staatsgebiet, Staatsgewalt, Beziehungen mit dem Ausland), **Kriegs- und Neutralitätsrecht** einschließlich des humanitären Völkerrechts, friedliche **Beilegung von Konflikten** und **internationale Organisationen** ausgehen. 59

Rechtsquellen sind Staatsverträge (völkerrechtliches **Vertragsrecht**), völkerrechtliches **Gewohnheitsrecht**, allgemeine **Rechtsgrundsätze**, die Rechtsprechung von Schiedsgerichten oder internationaler Gerichte, insbesondere des IGH. Alle diese Rechtsquellen beruhen letztlich auf Rechtsakten, die von Staaten gesetzt werden, setzen also jeweils die **Zustimmung** des jeweils betroffenen **Staates** voraus: Dies gilt für Staatsverträge ebenso wie für Völkergewohnheitsrecht, das auf eine allgemeine Übung und eine dieser Übung entsprechende Rechtsüberzeugung zurückgeht. Aber auch die allgemeinen Rechtsgrundsätze werden im Wettbewerb der Rechtsordnungen der Staaten herausgebildet. Der Rechtsprechung internationaler Gerichte muss sich ein Staat erst **unterwerfen**, bevor sie für ihn verbindlich ist.

Heute haben **Staatsverträge** alle Bereiche des Zusammenlebens zum Gegenstand. Dazu zählen Umweltschutzfragen und der internationale Menschenrechtsschutz. Insbesondere die wirtschaftliche Vernetzung und „Globalisierung" schreitet aber voran und spannt inzwischen fast die ganze Weltwirtschaft in den Kontext der WTO (World Trade Organisation) und ihrer Abkommen über Waren, Dienstleistungen und Immaterialgüterrecht (GATT, GATS und TRIPS) ein.

2. Die Umsetzung von internationalem in nationales Recht (Transformation)

60 Das Völkerrecht geht zwar wie beschrieben auf jeweils (zwischen-) staatliche Rechtsakte zurück, es verpflichtet und berechtigt aber idR nicht deren Bürgerinnen und Bürger, sondern die Staaten und die von ihnen gebildeten Organisationen. Gleichwohl ist es wenigstens zum Teil darauf gerichtet, dass die Staaten ihren Bürgerinnen und Bürgern bzw auch juristischen Personen bestimmte Berechtigungen (zB Menschenrechte) zusprechen oder Verpflichtungen (zB Zölle) auferlegen sollen. Damit stellt sich die Frage nach der Beziehung zwischen internationalem und staatlichem Recht. Zwei Standpunkte bieten sich an. Der **Dualismus** meint, dass innerhalb eines Staates nur dessen Recht herrscht. Er sieht innerstaatliches und internationales Recht als voneinander völlig getrennte Rechtsordnungen an. Innerstaatlich können Völkerrechtsnormen nach dieser Theorie nur Geltung erlangen, sofern das staatliche Recht sie inkorporiert, sodass sie letztlich als nationales Recht gelten. Der **Monismus** ist hingegen der Auffassung, dass es nur eine einzige globale Rechtsordnung gibt, in der nationales Recht und Völkerrecht miteinander in Verbindung stehen.

Die allgemein anerkannten Regeln des Völkerrechts, die vor allem auf Gewohnheit beruhen, gelten in Österreich unmittelbar (Art 9 B-VG).

Anders ist es bei völkerrechtlichen Verträgen (**„Staatsverträgen"** nach dem B-VG). Sie müssen in staatliches Recht übertragen, also transformiert werden.

Politische Staatsverträge und solche, durch die die österreichische Gesetzeslage geändert oder ergänzt wird, bedürfen der **Genehmigung** des Nationalrats. Gleiches gilt für Staatsverträge, mit denen die Grundlagen der Europäischen Union geändert werden. Mit dieser Genehmigung werden die jeweiligen Staatsverträge „adoptiert", sie gelten also so, wie sie sind, als innerstaatliche Anordnungen (**generelle Transformation**).

Beim Abschluss eines Staatsvertrages kann aber auch ein **Erfüllungsvorbehalt** festgelegt werden. Das ist eine Festlegung dahingehend, dass der betreffende Staatsvertrag durch Erlassung von Gesetzen oder von Verordnungen zu erfüllen und bis dahin innerstaatlich nicht anwendbar ist (**spezielle Transformation**). Auch wenn ein Staatsvertrag seinem Inhalt nach für eine unmittelbare Anwendung nicht geeignet (non-self-executing) ist, ist er innerstaatlich nicht anzuwenden.

Mehr und mehr kommt es in völkerrechtlichen Verträgen zur Einsetzung von Staatengemeinschaftsorganen, die mit der Befugnis zur Rechtsetzung gegenüber den Vertragsstaaten ausgestattet wurden, so zB im Recht der Europäischen Union. Solche **supranationalen** Organisationen und Organe mit Rechtsetzungsbefugnissen können Anordnungen erlassen, welche auf das innerstaatliche Recht in verschiedener Weise einwirken. Nach Art 9 B-VG dürfen durch Bundesgesetz oder Staatsvertrag einzelne Rechtsetzungsbefugnisse an Staatengemeinschaftsorgane übertragen werden. Über diese Form der offenen Staatlichkeit geht die Übertragung von Rechtsetzungsbefugnissen an die EU weit hinaus, weshalb dafür eine Sonderform gewählt wurde. 61

3. Internationale Organisationen

Die Vereinten Nationen

Unter den 1945 gegründeten Vereinten Nationen – Nachfolgeorganisation des von 1919 bis 1946 bestehenden Völkerbundes – versteht man einen **Zusammenschluss von heute 193 Staaten**, der sich die Sicherung des **Weltfriedens**, die Einhaltung des **Völkerrechts**, den Schutz der **Menschenrechte** und die Förderung **internationaler Zusammenarbeit** zum Ziel gesetzt hat. Seine Aufgaben und Ziele sind in der **Charta** der Vereinten Nationen festgelegt, zu ihrer Erreichung sind zahlreiche Teilorganisationen (zB UNIDO, UNESCO, UNHCR) gegründet worden. **Hauptorgane** der Vereinten Nationen sind: 62

- Die **Generalversammlung:** Sie besteht aus allen Mitgliedern der Vereinten Nationen, die gleichberechtigt auftreten; sie ist das **Repräsentativorgan** der VN. Beschlüsse der Generalversammlung werden grundsätzlich mit einfacher Mehrheit gefasst; im Falle „wichtiger Fragen", die in der Charta genannt werden, ist eine Zweidrittelmehrheit erforderlich. Beschlüsse der Generalversammlung sind grundsätzlich nicht rechtsverbindlich, können aber als „Soft Law" Geltung erlangen.
- Das **Sekretariat**: Der Generalsekretär ist der höchste Verwaltungsbeamte der Vereinten Nationen; er wird auf Empfehlung des Sicherheitsrates von der Generalversammlung auf fünf Jahre gewählt. In der Periode 2017–2021 wird dieses Amt vom Portugiesen António Guterres ausgeübt. Er handelt im Auftrag der Generalversammlung oder des Sicherheitsrates (siehe unten); ihm sind zahlreiche

Bedienstete beigegeben, denen diplomatische Vorrechte und Immunität zukommen. Die Aufgaben des Generalsekretärs sind beispielsweise die **Vermittlung im Dienste der friedlichen Streitbeilegung oder die Durchführung friedenserhaltender Maßnahmen** auf der Grundlage von Beschlüssen des Sicherheitsrates.

- Der **Sicherheitsrat**: Der Sicherheitsrat besteht aus den fünf ständigen Mitgliedern USA, China, Russland, Frankreich und Großbritannien sowie zehn nichtständigen Mitgliedern, die für jeweils zwei Jahre von der Generalversammlung gewählt werden. Der Sicherheitsrat ist hauptverantwortliches Organ für die **Wahrung des Weltfriedens** und der **internationalen Sicherheit**; zu diesem Zweck bedient er sich der Handlungsformen der rechtsverbindlichen Beschlüsse sowie der nicht rechtsverbindlichen Empfehlungen. Ein Beschluss kommt normalerweise mit Zustimmung von neun der nichtständigen Mitglieder sowie aller ständigen Mitglieder zustande. Den ständigen Mitgliedern kommt dadurch ein Vetorecht zu.
- Der **Wirtschafts- und Sozialrat**: Der aus 54 Mitgliedern bestehende Wirtschafts- und Sozialrat (ECOSOC) befasst sich mit den Materien **Wirtschaft, Sozialwesen, Kultur, Erziehung und Gesundheit**, wobei die Entwicklungsländer überproportional vertreten sind. Der ECOSOC ist lediglich zur Durchführung von Untersuchungen und zur Abgabe von Empfehlungen in den Feldern der internationalen und wirtschaftlichen Zusammenarbeit kompetent, kann jedoch keine rechtsverbindlichen Beschlüsse fassen. Der ECOSOC wird in seinen Aufgaben durch von ihm einzusetzende Unterorganisationen unterstützt.
- Der **Internationale Gerichtshof**: Der Internationale Gerichtshof (IGH) mit Sitz in Den Haag ist das Hauptrechtsprechungsorgan der Vereinten Nationen. Der IGH ist mit 15 Richtern besetzt, die von der Generalversammlung und dem Sicherheitsrat gewählt werden. Dem Internationalen Gerichtshof kommt als Rechtsprechungsorgan über weltpolitisch bedeutende Konflikte (in jüngerer Zeit zB den Jugoslawien-Konflikt) große Bedeutung zu; er ist jedoch nur dann zuständig, wenn sich alle beteiligten Parteien seiner Rechtsprechung unterworfen haben. Vor dem IGH können nur Staaten, nicht aber sonstige Völkerrechtssubjekte Parteien sein.

Die WHO

63 Die World Health Organization (WHO) ist eine Sonderorganisation der Vereinten Nationen mit 194 Mitgliedern und Sitz in Genf, die 1948 gegründet wurde.

Das Hauptziel der WHO ist laut ihrer Verfassung die **Verwirklichung des bestmöglichen Gesundheitsniveaus** bei allen Menschen; Hauptaufgabe ist die Bekämpfung von Krankheiten, wobei der Schwerpunkt auf Infektionskrankheiten liegt. Die WHO entwickelt Leitlinien, Standards und Methoden in gesundheitsbezogenen Bereichen; dazu kann sie sich völkerrechtlicher Verträge, unmittelbar auf die WHO-Verfassung gestützter Regelungen oder unverbindlicher Empfehlungen bedienen.

Die Aufgaben der WHO werden durch ihre drei Hauptorgane wahrgenommen:

- Die **Weltgesundheitsversammlung** ist das höchste **Entscheidungsorgan** in der WHO; sie tritt einmal jährlich in Genf zusammen, um die finanziellen und organisatorischen Geschäfte vorzunehmen und zukünftige Programmschwerpunkte festzulegen.
- Der **Exekutivrat** besteht aus 34 **Gesundheitsexperten** aus den Mitgliedstaaten, die für jeweils drei Jahre von der Weltgesundheitsversammlung gewählt werden. Hauptaufgabe des Exekutivrates ist die Durchführung von Beschlüssen und Richtlinien der Weltgesundheitsversammlung; darüber hinaus nimmt der Exekutivrat die Aufgaben der Weltgesundheitsversammlung zwischen deren Tagungen wahr.
- Das **Sekretariat** der WHO besteht aus einem Hauptbüro in Genf sowie sechs **Regionalbüros** in Washington D.C. (Region Amerika), Brazzaville (Region Afrika), Neu-Delhi (Region Südostasien), Kopenhagen (Region Europa), Kairo (Region Östliches Mittelmeer) und Manila (Region Westlicher Pazifik). Aufgabe des Sekretariats ist die Umsetzung der Aktivitäten der WHO.

Die WTO

Die World Trade Organization (WTO) ist eine **internationale Organisation mit Rechtspersönlichkeit**, die es sich zum Ziel gesetzt hat, durch den **Abbau von Handelshemmnissen** zu einer **optimalen Ressourcennutzung** und einer **Steigerung des Lebensstandards** beizutragen. Die WTO zählt zur Zeit 164 Mitglieder, die gemeinsam mehr als 98% des Welthandels abwickeln. 64

Die WTO ist ein einheitliches „Dachübereinkommen" für alle Mitglieder und Beitrittswerber, das als wichtigste multilaterale Verträge die Regelungen über den **Handel mit Waren** (General Agreement on Tariffs and Trade – **GATT**), über den **Handel mit Dienstleistungen** (General Agreement on Trade in Services, **GATS**), über den **Schutz des geistigen Eigentums** (Agreement on Trade-Related Aspects of Intellectual Property Rights, **TRIPS**) und über die **Streitschlichtung** (Understanding on Rules and Procedures Governing the Settlement of Disputes, **DSU**) enthält.

Die Angelegenheiten der WTO werden durch ihre drei Hauptorgane Ministerkonferenz, Allgemeiner Rat und Sekretariat wahrgenommen:

- Die **Ministerkonferenz** setzt sich aus Vertretern der Mitgliedstaaten auf Regierungsebene zusammen und tagt wenigstens alle zwei Jahre. Die Ministerkonferenz trifft Entscheidungen in allen Angelegenheiten, die **multilaterale Abkommen** betreffen.
- Der **Allgemeine Rat** nimmt die Aufgaben der Ministerkonferenz in der Zeit zwischen deren Zusammenkünften wahr. Er besteht aus je einem Vertreter pro Mitgliedstaat und tagt in der Regel einmal monatlich. Der Allgemeine Rat tritt außerdem als **Streitbeilegungsorgan** (Dispute Settlement Body) und **handelspolitische Kontrollbehörde** (Trade Policy Review Body) auf.
- Das **Sekretariat** besorgt die **Verwaltung** der WTO. Es besitzt keinerlei Entscheidungsbefugnis und wird von einem Generaldirektor geleitet. Die Aufgaben des Sekretariats bestehen in der Unterstützung der Organe, der Vorbereitung von Verhandlungen, der technischen und organisatorischen Unterstützung von Entwicklungsländern, der umfassenden Dokumentation des Welthandels sowie der Öffentlichkeitsarbeit für die WTO. Außerdem kommt dem Sekretariat die Verwaltung des Budgets der WTO zu.

Die Menschenrechte

1. Begriff und Bedeutung

Nach größten Gräueln bekannte sich die organisierte Weltgemeinschaft in der Präambel der UNO-Charta vom 26. Juni 1945 zur Würde des Menschen. Dieses Prinzip wird in der Präambel der am 10. Dezember 1948 von der Generalversammlung der Vereinten Nationen angenommenen Erklärung der Menschenrechte festgelegt: 65

„Alle Menschen sind frei und gleich an Würde und Rechten geboren. Sie sind mit Vernunft und Gewissen begabt und sollen einander im Geist der Brüderlichkeit begegnen."

Wenn diese Deklaration auch nur eine Absichtserklärung und eine an die Staaten gerichtete Empfehlung ist, so wurde sie doch zur Wurzel verpflichtender international und regional festgelegter **Menschenrechte**, die von den meisten Staaten anerkannt sind.

Menschenrechte sind **fundamentale Rechte**, die den Einzelnen vor ungerechtfertigten Angriffen auf seine elementaren Rechtsgüter schützen sollen. Hierher zählen etwa das Recht auf Leben, das Folterverbot oder das Verbot der Sklaverei und der Leibeigenschaft; hinzu kommen allgemeine und besondere Gleichheitssätze, die insbesondere vor Diskriminierung (etwa nach Rasse, Geschlecht oder Religion) schützen sollen. Werden sie in völkerrechtlichen Verträgen garantiert, so berechtigen sie den Einzelnen idR nicht unmittelbar, sondern nur nach Maßgabe der (generellen oder speziellen) Transformation des völkerrechtlichen Vertrages. Werden sie vom Staat gewährt und gewährleistet und mit **Durchsetzungsansprüchen** ausgestattet, spricht man von **Grundrechten** (siehe unten im Kapitel Verfassungsrecht). 66

Häufig werden Menschenrechte bloß rechtlich unverbindlich proklamiert. Durch den Einfluss, den sie auf die internationale und nationale Praxis im Bereich der Menschenrechte ausüben, tragen sie aber auch dann zur Schaffung von Traditionen bei. Sie sind als **Soft Law** Vorstufen für verbindliche Rechtsinstrumente. Einige internationale Menschenrechtsdokumente sind aber auch als rechtlich verbindliche Staatsverträge abgeschlossen worden. Nicht selten kommen Menschenrechte auch in den internationalen Handelsbeziehungen vor: So machen die Europäische Union oder Industriestaaten häufig die Einhaltung von Menschenrechten zur Bedingung für die Gewährung von Handelsvorteilen oder einer Beitrittsoption. Nur selten unterwerfen sich die vertragsschließenden Staaten aber auch einer **Gerichtsbarkeit**, die über Menschenrechtsverletzungen absprechen kann und vor der die Menschenrechte auch für den Einzelnen 67 durchsetzbar sind. Ein derartiges System stellt die **Europäische Menschenrechtskonvention** des Europarates dar, dessen Mitgliedstaaten sich der Rechtsprechung des Europäischen Gerichtshofs für Menschenrechte (EGMR) in Straßburg unterworfen haben. Ein Beitritt der Europäischen Union zu diesem Vertragswerk ist vorgesehen.

2. Quellen der internationalen Menschenrechtsordnung

68 Seit 1945 ist ein ausführlicher internationaler Codex entstanden. Er besteht vor allem aus der Charta der Vereinten Nationen, ihrer Allgemeinen Erklärung der Menschenrechte, dem Internationalen Pakt für wirtschaftliche, soziale und kulturelle sowie dem Internationalen Pakt für bürgerliche und politische Rechte. Daneben treten die besonders effektive Europäische Menschenrechtskonvention, die Europäische Sozialcharta sowie (pan)amerikanische und afrikanische Dokumente. Außerdem wurde eine große Zahl von **Spezialkonventionen** abgeschlossen (zB Konvention zur Verhütung und Bestrafung des Völkermords 1948, Konvention zur Bekämpfung und Ahndung des Verbrechens der Apartheid 1973, Übereinkommen zur Beseitigung jeder Form von Rassendiskriminierung 1965, Genfer Flüchtlingskonvention 1951, Übereinkommen über die Rechtsstellung von Staatenlosen 1954, Übereinkommen über die Rechte des Kindes 1989, Konvention zur Beseitigung jeder Form von Diskriminierung der Frauen 1979, Übereinkommen über die politischen Rechte der Frau 1953, Übereinkommen über die Staatsbürgerschaft der verheirateten Frau 1957, Übereinkommen über die Erklärung des Ehewillens, das Heiratsmindestalter und die Registrierung von Eheschließungen 1962, Übereinkommen zur Bekämpfung der Diskriminierung auf dem Gebiet des Unterrichts 1960, Übereinkommen über die Sklaverei 1926, 1953, 1956, Konvention zur Unterdrückung des Menschenhandels und der Ausbeutung von Prostituierten 1950, Übereinkommen gegen Folter und andere grausame, unmenschliche oder erniedrigende Behandlung oder Strafe 1984 oder Übereinkommen über die Rechte von Menschen mit Behinderung 2006).

69 Zu diesen internationalen Rechtsquellen gesellt sich seit Inkrafttreten des Vertrages von Lissabon die **Europäische Grundrechtecharta**, die den supranationalen Charakter des Unionsrechts teilt (siehe gleich unten im Rz 92 ff). Die durch sie vermittelten Unionsgrundrechte binden die Union selbst, also die für sie handelnden Organe, aber auch die Mitgliedstaaten, soweit diese Unionsrecht durchführen. Sie und die sogenannten **verfassungsgesetzlich gewährleisteten (Grund- und Menschen-) Rechte** (vor allem des Staatsgrundgesetzes aus 1867, des B-VG und der

EMRK) sind in Österreich auch **unmittelbar anwendbar** und können vor nationalen Behörden und Gerichten durchgesetzt werden. Sogenannte **Gesetzesvorbehalte** gestatten jedoch dem (demokratisch gewählten, parlamentarischen) Gesetzgeber mitunter **Einschränkungen**.

3. Arten von Grund- und Menschenrechten

Grund- und Menschenrechte lassen sich nach verschiedenen Kriterien in 70
Gruppen einteilen: Einmal kann danach gefragt werden, **wer** durch das Grundrecht jeweils geschützt werden soll, dann kann nach der **Schutzwirkung** oder nach dem **Inhalt** unterschieden werden. Im Folgenden werden die danach jeweils verschiedenen Kategorien von Grundrechten angedeutet; da jeweils unterschiedliche Kriterien für die Einteilung herangezogen werden, schließen die gebildeten Kategorien einander nicht aus.

Staatsbürger- und Jedermannsrechte

Man zählt zu den Grundrechten solche, die nur als **Staatsbürgerrechte** 71
konzipiert sind, auf die sich also nur die Staatsbürger eines Staates berufen können. Hierzu zählen in Österreich die meisten Grundrechte des StGG von 1867 sowie der Gleichheitssatz, der allerdings auch auf das Verhältnis von Ausländern untereinander angewendet wird. Zu den Grundrechten zählen aber auch **Menschen- oder Jedermannsrechte**, die jedem Menschen gewährleistet sind.

Liberale Grundrechte

Der Grundrechtskatalog des StGG von 1867 wird überwiegend als **libe-** 72
ralistisch geprägt angesehen. Das bedeutet, dass man die dort gewährleisteten Grundrechte primär als **Abwehrrechte** aufgefasst hat, die der Sicherung einer staatsfreien Sphäre und der Abwehr ungerechtfertigter staatlicher bzw polizeistaatlicher An- oder Übergriffe dienen.

Das abwehrrechtliche Grundrechtskonzept beschränkt sich freilich nicht darauf, die Verwaltung und die Gerichtsbarkeit an die Grundrechte und im Rahmen der Gesetzesvorbehalte an das Gesetz zu binden. Vielmehr ist **auch der Gesetzgeber selbst an die Grundrechte gebunden** und hat übermäßige Eingriffe in die grundrechtlich gewährleisteten Positionen zu unterlassen. Wegen ihres abwehrenden, verneinenden Charakters werden die liberalen Grundrechte auch dem sogenannten **status negativus** zugeordnet.

Politische Grundrechte

73 **Politische Grundrechte** sind Verbürgungen der Teilnahme am demokratischen Diskurs oder dem sonstigen politischen Geschehen. Typische Beispiele sind das **Wahlrecht**, die **Demonstrations**- und **Koalitionsfreiheit**; aber in bestimmtem Umfang auch das Recht auf freie **Meinungsäußerung**. Politische Grundrechte sind nicht primär darauf gerichtet, eine staatsfreie Sphäre zu errichten, in die nur unter bestimmten Voraussetzungen eingedrungen werden darf. Vielmehr sollen sie in erster Linie eine Teilhabe, ein aktives Handeln ermöglichen. Daher werden sie auch dem sogenannten **status positivus** oder *status activus* zugeordnet.

Verfahrensgrundrechte

74 Eine besondere Gruppe sind die sogenannten **Verfahrensgrundrechte**. Sie sollen die Einhaltung bestimmter zentraler, für ein faires Vorgehen notwendiger Verfahrensregeln gewährleisten und dem Einzelnen eine faire Vorgangsweise staatlicher Behörden zusichern. Die Verfahrensgrundrechte werden auch mit dem Attribut des **status activus processualis** bezeichnet.

Gleichheitssätze

75 In den Gleichheitsverbürgungen der österreichischen Rechtsordnung, aber auch der EMRK, der GRC und der verschiedenen internationalen Menschenrechtspakte werden nicht nur ganz allgemein die Gleichwertigkeit und Gleichbehandlung aller Menschen verbürgt, sondern auch bestimmte Diskriminierungen besonders verpönt (spezifisches Verbot ganz bestimmter Unterscheidungen, Frauengleichbehandlung, Bekenntnis zur Gleichstellung von Menschen mit Behinderungen und vieles mehr).

Soziale Grundrechte

76 Zwar haben manche der liberalen und der politischen Grundrechte auch eine **Gewährleistungskomponente**, verlangen also nach Sicherung durch staatliche Vorkehrungen. Jedoch lassen sie sich **nicht zu konkreten Leistungsansprüchen** oder zu Ansprüchen darauf verdichten, dass die Rechtsordnung in einer ganz bestimmten Weise für die Bedürfnisse und Erfordernisse des Einzelnen oder des sozialen Friedens Vorsorge zu treffen hätte. Solche **sozialen Grundrechte** sind im österreichischen Verfassungsrecht **nicht** verankert. In der **Grundrechtecharta** der EU sind

soziale Grundrechte als Solidaritätsrechte mit Umsetzungsvorbehalt vorgesehen. Daneben sind in der Charta sogenannte „Grundsätze" zu diesem Zweck verankert, dabei handelt es sich aber nicht um durchsetzbare subjektive Rechte, sondern vielmehr um Bindungen bloß der Union und der Mitgliedstaaten selbst.

4. Schranken der Freiheit und Schranken dieser Freiheitschranken

Freiheitsrechte haben Schranken. Häufig enthalten Grund- und Menschenrechte sogenannte **Gesetzesvorbehalte**. Sie ermächtigen den Gesetzgeber dazu, in das Grund- und Menschenrecht **einzugreifen**, also Beschränkungen vorzusehen. So dürfen zB trotz der Garantie der persönlichen Freiheit Straftäter verhaftet und trotz der Eigentumsgarantie Steuern eingehoben werden. Aber auch der Gesetzgeber ist beschränkt. Er hat jene inhaltlichen Schranken zu beachten, die sich aus den Gesetzesvorbehalten, insbesondere aus dem dort häufig verankerten Prinzip der **Verhältnismäßigkeit** ergeben. Dies verlangt die Bindung an ein legitimes **Ziel**, die **Eignung** der einzusetzenden Mittel, deren **Erforderlichkeit** und **Adäquanz**. Die Abwägung der angestrebten öffentlichen Interessen mit dem Gewicht der beeinträchtigten Freiheit verlangt eine nachvollziehbare Wertung. 77

Manche Gesetzesvorbehalte ermächtigen zu Beschränkungen der Freiheiten nur auf Grund von ausdrücklich angeführten Schutzgütern (wie zB dem Schutz der Gesundheit) und nur, soweit der Eingriff in einer demokratischen Gesellschaft zur Erreichung dieses Zweckes notwendig ist (**materielle** Gesetzesvorbehalte). Bei besonders **qualifizierten Gesetzesvorbehalten** verlangt das Grund- und Menschenrecht darüber hinaus noch weitere Zulässigkeitsbedingungen wie zB einen begründeten richterlichen Befehl.

Grundrechte, die **ohne Gesetzesvorbehalt** gewährleistet sind, können absolute sein, wie das Folterverbot. Bei anderen vorbehaltlosen Grundrechten spricht man von „immanenten Gewährleistungsschranken"; so sind die Kunst- und die Wissenschaftsfreiheit bloß in den Schranken der allgemeinen, für jedermann geltenden Gesetze „frei". Spezifische, intentional auf die Wissenschaft und die Kunst im Speziellen abzielende Beschränkungen sind aber ebenso grundrechtswidrig wie Beschränkungen, mit denen die Wissenschafts- und die Kunstfreiheit besonders, insbesondere stärker eingeschränkt werden als andere Grundrechte.

5. Die Durchsetzung der Menschenrechte

78 Ist ein durch völkerrechtlichen Vertrag festgelegtes Menschenrecht in Österreich auch verfassungsgesetzlich gewährleistet, so sind gesetzgebende und vollziehende Organe daran gebunden. Grundrechte im Verfassungsrang wirken auf Gesetzgebung, Verwaltung und Gerichtsbarkeit ein. Jeder Mensch kann unter bestimmten Voraussetzungen Beschwerde beim Verfassungsgerichtshof erheben. Die ordentliche Gerichtsbarkeit prüft allerdings die Einhaltung der Grundrechte in ihrem jeweiligen Instanzenzug selbst. Die ordentlichen Gerichte können (und müssen) dabei zwar Gesetze, die sie für verfassungswidrig halten, dem VfGH zur Prüfung vorlegen, ihre Rechtsprechung unterliegt aber keiner Kontrolle durch den VfGH.

79 Die **Europäische Konvention zum Schutze der Menschenrechte und Grundfreiheiten (EMRK)** ist ein völkerrechtlicher Vertrag zwischen den Mitgliedstaaten des Europarates, der 1950 abgeschlossen und seither laufend durch Zusatzprotokolle ergänzt wurde. Sie wurde 1964 in den Verfassungsrang gehoben und enthält damit verfassungsgesetzlich gewährleistete Rechte.

Die EMRK regelt aber auch Verfahren zur Durchsetzung dieser Grundrechte im Rahmen der Gerichtsbarkeit des Europäischen Gerichtshofs für Menschenrechte (EGMR) in Straßburg. Nach Erschöpfung des innerstaatlichen Instanzenzuges, also etwa nachdem der Verfassungsgerichtshof ohne Erfolg angerufen worden ist, kann sich der Einzelne beim EGMR gegen seinen Staat beschweren, der das Urteil des EGMR zu akzeptieren und zu befolgen hat.

80 Global ist die Durchsetzung der universellen Menschenrechte schwieriger. Eines der Organe der UNO ist der **Wirtschafts- und Sozialrat**. In seinen Zuständigkeitsbereich fallen auch die Menschenrechte; diese Zuständigkeit wird vom **UN-Menschenrechtsrat** wahrgenommen. Diesem ist ein beratender Ausschuss beigegeben, der sich aus unabhängigen Experten zusammensetzt. Als Vorstand dieses beratenden Ausschusses fungiert der **Hohe Kommissar der Vereinten Nationen für Menschenrechte**.

Ziel des Menschenrechtsrats ist die Förderung der Durchsetzung der Menschenrechte und die Vorbeugung ihrer Verletzung; der Menschenrechtsrat soll als Forum des Dialogs und der Kooperation dienen.

Der Durchsetzung der jeweiligen vertraglich verbrieften Rechte im Wege von Individualbeschwerden dienen auch der UN-Menschenrechtsausschuss (Internationaler Pakt für bürgerliche und politische Rechte) und der Ausschuss gegen die Folter (Übereinkommen gegen Folter und andere grausame, unmenschliche oder erniedrigende Behandlung oder Strafe).

Institutionen und Rechtsquellen der Europäischen Union

1. Entwicklung

Belgien, die Bundesrepublik Deutschland, Frankreich, Italien, Luxemburg und die Niederlande haben 1951 durch völkerrechtliche Verträge die Europäische Gemeinschaft für Kohle und Stahl **(EGKS)** und 1957 die Europäische Wirtschaftsgemeinschaft **(EWG)** sowie die Europäische Atomgemeinschaft **(EAG)** gegründet (EGKSV; EWGV, später: EGV). Im August 2002 ist allerdings der EGKS-Vertrag ausgelaufen. 81

Mit dem Vertrag von Maastricht (Vertrag über die Europäische Union) hat das **Gemeinschaftsrecht** zusammen mit Regelungen über die Außen- und Sicherheitspolitik und die Kooperation unter den Behörden der Justiz und des Inneren in der **Europäischen Union** ein **gemeinsames Dach** gefunden. Der Unionsvertrag (EUV) regelt seither diese gemeinsamen Belange. 82

Die letzten Änderungen des EUV und der Gemeinschaftsverträge brachten die **Verträge von Amsterdam** (1997) und **Nizza** (2001). Der **Verfassungsvertrag** für Europa, der die wohl umwälzendsten Veränderungen beinhaltet hätte, wurde **nicht ratifiziert**.

An seiner Stelle wurde am 13. Dezember 2007 in **Lissabon** ein Reformvertrag abgeschlossen, der Teile des Verfassungsvertrages modifiziert wiederbringt und seit 1. Dezember 2009 in Geltung steht. Er stellt die Union auf neue vertragliche Beine: 83

Neben dem – modifizierten – EUV regelt nun ein „Vertrag über die Arbeitsweise der Europäischen Union" (AEUV) Organe, Zuständigkeiten und Rechtsetzungsverfahren der Union. Er enthält die Regelungen über die **Zollunion**, den **Binnenmarkt** und die **Grundfreiheiten** und sieht die **Wirtschafts- und Währungsunion** sowie die Durchführung gemeinsamer **Politiken** vor.

2. Organe der EU und ihre Kompetenzen

Das Europäische Parlament

Das Europäische Parlament (EP) wird – gemeinsam mit dem Rat – als Gesetzgeber tätig; außerdem ist das EP zur Wahl des Kommissionspräsi- 84 denten zuständig. Weiters ist das Europäische Parlament zusammen mit dem Rat zur Verabschiedung und Kontrolle des Gesamthaushaltsplanes der EU zuständig und muss der Ernennung des Präsidenten des Europäischen Rates, des Hohen Vertreters der EU für Außen- und Sicherheitspolitik und der Kommission als Kollegium zustimmen. Das EP setzt sich aus **705 direkt gewählten Abgeordneten** aus den Mitgliedstaaten zusammen. Seit 2014 entscheidet der Europäische Rat auf Initiative des Parlaments einstimmig über dessen Zusammensetzung. Ein einheitliches Wahlverfahren gibt es (noch) nicht; das Verfahren der Wahl ist daher durch die nationalen Gesetzgeber zu regeln. Die Abgeordneten werden jeweils für fünf Jahre gewählt.

Der Europäische Rat

85 **Der Europäische Rat** setzt sich aus den **Staats- oder Regierungschefs** der Mitgliedstaaten, dem **Kommissionspräsidenten** und dem Präsidenten des Europäischen Rates zusammen; Letzterer wird vom Europäischen Rat selbst für 30 Monate gewählt. An der Arbeit des Europäischen Rats nimmt der Hohe Vertreter der Union für Außen- und Sicherheitspolitik teil. Der Europäische Rat entscheidet, wenn nichts anderes bestimmt ist, im Konsens. Vom Europäischen Rat gehen die politischen Impulse und Initiativen für längerfristige und strukturelle Entwicklungen aus. Rechtsetzungsaufgaben hat der Europäische Rat nicht.

Der Rat

86 **Der Rat** setzt sich aus Vertretern aller Mitgliedstaaten auf ministerieller Ebene zusammen. Der Rat tagt – je nach zu behandelndem Sachgebiet – in unterschiedlicher Zusammensetzung, da jeweils die **zuständigen Fachminister** teilnehmen. Der Rat ist – gemeinsam mit dem Europäischen Parlament – das **zentrale Rechtsetzungsorgan** der EU, wenngleich er als solches meist nur über **Vorschlag der Kommission** tätig werden kann.

Seit 2014 wird mit der durch den Vertrag von Lissabon eingeführten **doppelt qualifizierten Mehrheit** entschieden: Es müssen durch die Mehrheit mindestens 55% der Mitgliedstaaten und 65% der Bevölkerung vertreten sein.

Die Kommission

87 **Die Europäische Kommission** bereitet die meisten Ratsbeschlüsse vor und erlässt die notwendigen **Durchführungsbestimmungen** zu

Ratsbeschlüssen. Sie **überwacht** die einheitliche Anwendung des Unionsrechts und kann **Vertragsverletzungsverfahren** gegen Mitgliedstaaten einleiten sowie in Verfahren vor dem EuGH Stellung nehmen. In den Bereichen der Landwirtschafts- und der Wettbewerbspolitik kommen **ihr unmittelbare Vollzugsaufgaben** zu.

Die Mitglieder der Kommission („Kommissare") sind bei ihrer Tätigkeit an **keinerlei Weisungen** der Regierungen ihrer Staaten oder anderer Stellen gebunden und **nur dem Gemeinschaftsinteresse verpflichtet**. Die Kommission kann durch ein Misstrauensvotum des Europäischen Parlaments abgesetzt werden. Die Kommission ist in der Entscheidungsfindung der EU der **mächtigste Faktor**, weil sie über einen großen **Beamtenapparat** (mehr als 32.000 Mitarbeiter) verfügt, der die Vorschläge der Kommission vorbereitet und ihre Mitglieder bei der Führung ihrer Agenden unterstützt und weil Rat und Parlament in der Rechtsetzung auf Vorschläge der Kommission angewiesen sind. Die Kommission entscheidet mit **einfacher Mehrheit**.

Der Gerichtshof der Europäischen Union

Der **Gerichtshof der Europäischen Union** mit Sitz in Luxemburg um- 88
fasst den Gerichtshof, das Gericht und allenfalls Fachgerichte (derzeit ist kein Fachgericht eingerichtet, nachdem das Fachgericht für den öffentlichen Dienst 2016 aufgelöst wurde). Er sichert die Wahrung des Rechts bei der Auslegung und Anwendung der Verträge. Jeder Mitgliedstaat nominiert einen Richter für den Gerichtshof, der außerdem von Generalanwälten unterstützt wird.

Der Gerichtshof ist zuständig für **Klagen** von Organen der EU, von Mitgliedstaaten und von natürlichen Personen, die gegen Rechtsakte und Untätigkeit von Organen oder Vertragsverletzungen durch Mitgliedstaaten gerichtet sind. Im **Vorabentscheidungsverfahren** entscheidet er auf Antrag eines nationalen Gerichts verbindlich über die Gültigkeit und Auslegung des Rechts der Europäischen Union.

Die Mitgliedstaaten stellen in ihrem nationalen Verfahrensrecht sicher, dass der EuGH angerufen werden kann.

Die Europäische Zentralbank

Die **Europäische Zentralbank (EZB)** ist die Notenbank der EU. Die EZB 89
wurde als **unabhängige Institution** eingerichtet und mit Rechtspersönlichkeit ausgestattet. Sie ist für die **Geldpolitik** der Union, für ihre **Devisengeschäfte**, die Verwaltung der **Währungsreserven** und das reibungslose **Funktionieren der Zahlungssysteme** verantwortlich. Außerdem

fungiert sie seit 2014 auch als Behörde der Bankenaufsicht. Die Ausgabe der Euro-Banknoten obliegt der EZB, die der Euro-Münzen nach Maßgabe der Genehmigung durch die EZB den Zentralbanken der Euro-Mitgliedstaaten. Zur Regelung der Geldpolitik, der Mindestreserven, der Verrechnungs- und Zahlungssysteme und der Aufsicht über Kreditinstitute kann die EZB **Verordnungen** erlassen, die wie die Ratsverordnungen **in allen ihren Teilen verbindlich und unmittelbar anwendbar** sind.

Der Rechnungshof

90 Der **Rechnungshof** nimmt die Gebarungskontrolle der Union wahr. Seine Mitglieder werden auf Vorschlag der Mitgliedstaaten nach Anhörung des Parlaments vom Rat ernannt. Es berichtet Rat und Parlament und unterstützt sie bei der Kontrolle des Haushaltsplans. Seine Erklärungen und Berichte werden im Amtsblatt veröffentlicht.

Sonstige Organe

91 Sonstige Organe sind

- die Europäische Investitionsbank,
- der Wirtschafts- und Sozialausschuss,
- der Ausschuss der Regionen und
- der Bürgerbeauftragte.

3. Supranationalität

92 Im traditionellen Völkerrecht stehen einander die Völkerrechtssubjekte gleichberechtigt gegenüber. Völkerrecht ist idR entweder **Völkergewohnheitsrecht**, das nur mit lang dauernder Übung auf Basis einer Rechtsüberzeugung entsteht, oder **Völkervertragsrecht,** das die Willensübereinkunft autonomer und souveräner Völkerrechtssubjekte verlangt. Das Völkerrecht bindet und berechtigt in jedem Fall nur die Völkerrechtssubjekte, es vermag den Einzelnen weder zu binden noch ihm subjektive Rechte zu verleihen. Völkerrecht bedarf vielmehr, um für den Einzelnen wirksam zu werden, der **Transformation** in innerstaatliches Recht (siehe schon oben Rz 60).

93 Ganz im **Gegensatz** dazu steht in vielerlei Hinsicht eine Verbindung von Völkerrechtssubjekten, die supranationalen Charakter besitzt: Nach einer **rechtswissenschaftlichen Begriffsbildung** besitzt ein internationales

Gebilde Supranationalität, wenn es mindestens zwei der folgenden Merkmale aufweist:

- **Rechtsakte mit Durchgriffswirkung:** Die EU ist befugt, rechtsverbindliche Anordnungen zu treffen, die nicht nur die Mitgliedstaaten, sondern auch deren Organwalter und Rechtsunterworfene unmittelbar rechtlich binden. Hierher gehört auch der sogenannte **Anwendungsvorrang des Unionsrechts**: Rechtsvorschriften der Mitgliedstaaten, welchen Ranges auch immer, sind **bei Unvereinbarkeit** mit **unmittelbar anwendbaren** Rechtsnormen der Gemeinschaft, mögen diese der mitgliedstaatlichen Regelung zeitlich vorangehen oder nachfolgen, **nicht anzuwenden**.
- **Mehrheitsentscheidungen** (in den Organen der EU): Beschlüsse bedürfen oft nicht – wie sonst im Völkerrecht – der Einstimmigkeit, sondern nur einer qualifizierten oder einer einfachen Mehrheit. Es wird also über völkerrechtliche Subjekte unter Umständen auch gegen deren Willen mit bindender Wirkung entschieden. Die Rechtsetzung im Rat und im Europäischen Parlament erfolgt oft, in der Kommission stets im Wege der Mehrheitsentscheidung. Die Konsequenzen dieser Konstruktion werden durch die Möglichkeit der nationalen Parlamente gemildert, an der Rechtsetzung der EU mitzuwirken.
- **Von den Mitgliedstaaten unabhängiges Organ:** Alle oder einige Rechtsetzungsorgane, die in dem internationalen Gebilde eingerichtet sind, sind von Weisungen der Mitgliedstaaten unabhängig und nur dem Interesse der Organisation verpflichtet. Dies gilt insbesondere für die **Europäische Kommission**. Zur Stärkung des Zusammenhalts der Union sind wichtige Zuständigkeiten in der Rechtsetzung, der Vollziehung und der Kontrolle diesem von Weisungen der Mitgliedstaaten unabhängigen Organ zugewiesen.
- **Eigene Finanzierungsquellen:** Der Union stehen auch andere Finanzierungsquellen als Beiträge der Mitgliedstaaten zur Verfügung (zB Zolleinnahmen).
- **Obligatorische Gerichtsbarkeit:** Die Organisation verfügt über eine eigene (insbesondere von den Mitgliedstaaten) unabhängige Rechtsprechung. In der EU ist der Gerichtshof der Europäischen Union eingerichtet, der in zweiter und in besonders wichtigen Angelegenheiten in erster und letzter Instanz entscheidet. Dem EuGH kommt in der Praxis nicht nur die Rolle einer Rechtsprechungsinstanz zu, er ist vielmehr in der Vergangenheit stets als dynamischer Fortentwickler des Unionsrechts aufgetreten und hat in seiner Rechtsprechung insbesondere die Effektivität des Unionsrechts stets mit allen Mitteln gefördert. Nicht zuletzt geht die Doktrin vom **Anwendungsvorrang** des Unionsrechts auf die Rechtsprechung des EuGH zurück.

4. Rechtsquellen des Unionsrechts

Primäres und abgeleitetes Recht

94 Die wichtigsten Rechtsquellen des Unionsrechts sind die **Gründungsverträge**, die Änderungsverträge einschließlich der Beitrittsverträge, der Vertrag von Lissabon einschließlich der Grundrechtecharta der Europäischen Union sowie die allgemeinen Rechtsgrundsätze, die das sog **Primärrecht** bilden. Die auf Grund der Rechtsetzungsermächtigung in diesen Verträgen von den Organen der Union erlassenen Rechtsakte – insbesondere Verordnungen und Richtlinien – nennt man **abgeleitetes** Recht. Soweit Rechtsakte direkt auf dem Primärrecht beruhen, spricht man von **sekundärem** Recht, davon abgeleitetes Recht wird **tertiäres** Recht genannt (vor allem sogenannte delegierte und Durchführungsrechtsakte). Dieses muss den jeweils zu Grunde liegenden Sekundärrechtsakten entsprechen, die ihrerseits wiederum am Primärrecht zu messen sind.

95 Auf allen Stufen des abgeleiteten Rechts wird mittels Verordnung, Richtlinie oder Beschluss bzw mit jeweils nicht rechtsverbindlichen Empfehlungen und Stellungnahmen vorgegangen. Auf allen Stufen des abgeleiteten Rechts kommen außerdem Rechtsakte **mit und ohne Gesetzgebungscharakter** vor:

Gesetzgebungsakte und anderes abgeleitetes Recht

96 In der überwiegenden Mehrzahl der Fälle entscheiden Europäisches Parlament und Rat gleichberechtigt über die Erlassung abgeleiteten Rechts. Sie können dabei aber auch die Kommission zur Erlassung weiterer Rechtsakte ermächtigen, die dann nicht im **Gesetzgebungsverfahren** zustande kommen. Da solche Ermächtigungen aber auch im Primärrecht enthalten sind, kommt auch sekundäres Recht ohne Gesetzgebungscharakter in Betracht.

Rechtsaktsformen

97 Im gesamten **abgeleiteten Recht** unterscheidet man als wichtigste Rechtsquellen zwischen Verordnungen, Richtlinien, Beschlüssen, Empfehlungen und Stellungnahmen. Jeder abgeleitete Rechtsakt sekundärer oder tertiärer Stufe ist – mit und ohne Gesetzgebungsverfahren – in diese Formen einzukleiden.

Verordnung

Die Verordnung hat allgemeine Geltung. Sie ist in allen ihren Teilen verbindlich und gilt unmittelbar – dh ohne einen Akt der Umsetzung – in jedem Mitgliedstaat. In der Regel sind VO damit auch wie nationale Gesetze unmittelbar anzuwenden. Die unmittelbare Anwendbarkeit in jedem Mitgliedstaat wird auch als **Durchgriffswirkung** bezeichnet: Diese Möglichkeit, Rechtsakte zu setzen, die ohne Abhängigkeit von einem Umsetzungsakt unmittelbar in jedem Mitgliedstaat wirken, ist eines der Kriterien für die sogenannte Supranationalität der EU. Die Mitgliedstaaten dürfen die Geltung einer Verordnung nicht von nationalen Regelungen abhängig machen oder eine verbindliche Auslegung festlegen. 98

Richtlinie

Die Richtlinie ist für jeden Mitgliedstaat, an den sie gerichtet ist, hinsichtlich des zu erreichenden Ziels verbindlich, überlässt jedoch den innerstaatlichen Stellen die Wahl der Form und der Mittel der Transformation. Bei der Umsetzung von Richtlinien ist der Staat frei, sofern er dabei nicht gegen die Richtlinie oder gegen primäres Unionsrecht verstößt. Zur Umsetzung der Richtlinien wird den Mitgliedstaaten eine Frist eingeräumt, die idR zwischen wenigen Monaten und zwei Jahren liegen kann. Die Richtlinien sollen den Mitgliedstaaten Spielräume belassen, um das angestrebte Ziel mit Mitteln zu verfolgen, die sich in die jeweilige nationale Rechtsordnung möglichst bruchlos einfügen und die den verfassungsrechtlichen Vorgaben entsprechen. Bei Nichtumsetzung können allerdings auch Richtlinien **unmittelbare Wirkung** entfalten. Im Fall der Nicht- oder Schlechtumsetzung der Richtlinie entsteht außerdem ein **Ersatzanspruch gegen den Staat**. 99

Beschlüsse, Empfehlungen, Stellungnahmen

Beschlüsse können entweder individuell-konkret oder generell-abstrakt sein, abhängig davon, ob sie sich an einen bestimmten Adressaten richten oder nicht. Ist ein Beschluss an niemand Bestimmten gerichtet, wirkt er ähnlich wie eine Verordnung. **Empfehlungen** und **Stellungnahmen** schließlich sind rechtlich nicht verbindlich, müssen aber uU bei der Auslegung nationaler Rechtsvorschriften berücksichtigt werden. 100

5. Grundlagen der Rechtsetzung in der Europäischen Union

Kompetenzverteilung

101 Zwischen der EU und ihren Mitgliedern sind die Zuständigkeiten (ähnlich wie in einem Bundesstaat) verteilt: Die Gemeinschaft ist aus der unendlichen Menge aller möglichen Regelungen nur für diejenigen Angelegenheiten zuständig, für die ihr die Verträge ausdrücklich eine Kompetenz geben (**Prinzip der begrenzten Einzelermächtigung**); in allen anderen Angelegenheiten besitzt sie keine Zuständigkeit und es bleibt bei der Allzuständigkeit der Mitgliedstaaten.

Das Prinzip der begrenzten Einzelermächtigung hat eine **inhaltliche Seite**: Die Gemeinschaft ist in allen Angelegenheiten unzuständig, für die ihr die Mitgliedstaaten als „Herren der Verträge" keine Kompetenz gegeben haben (hier kommt es also auf den Inhalt der Zuständigkeit an). Es hat aber auch eine **formale Seite**: Die Gemeinschaft darf in den ihr zugewiesenen Angelegenheiten auch nur auf die Art, also insbesondere **mit jenen Verfahren** tätig werden, die der Vertrag dafür vorgesehen hat. Art 352 AEUV enthält aber eine Reservekompetenz für die **Lückenschließung** – ihr Einsatz setzt allerdings **Einstimmigkeit** voraus, weil ja sonst eine Mehrheit im Ergebnis die Verträge umgehen könnte. Zudem sind bestimmte besonders heikle Politikfelder von der Anwendung der Lückenklausel ausgeschlossen.

102 Neben dem Prinzip der begrenzten Einzelermächtigung schränkt auch das **Subsidiaritätsprinzip** die Rechtsetzungskompetenz der EU ein. Es erlaubt ihr ein Einschreiten nur dann, wenn das verfolgte – im Vertrag vorgesehene – Ziel nicht wenigstens genauso gut auf der Ebene der Mitgliedstaaten oder der Regionen erreicht werden kann. Zu seiner Absicherung sind die nationalen Parlamente mit Mitwirkungs- und Klagerechten ausgestattet (Subsidiaritätsrüge und Subsidiaritätsklage).

Rechtsstaat, europäische Gerichtsbarkeit

103 Die Union bekennt sich in Art 2, 7, 21 EUV zur Rechtsstaatlichkeit. Außerdem werden vom EuGH in ständiger Rechtsprechung **Allgemeine Rechtsgrundsätze** als Bestandteil der Unionsrechtsordnung anerkannt, darunter zB das faire Verfahren mit rechtlichem Gehör der Parteien. Die **europäische Gerichtsbarkeit** kommt hier nicht von ungefähr ins Spiel: Sie ist nicht nur Wächterin, sondern auch Fortentwicklerin des Unionsrechts. Individualklagen können zwar nur vor dem Europäischen Gericht vorgetragen werden. Von diesem führt aber ein (auf Rechtsfragen

beschränkter) Rechtszug zum EuGH. Vor allem aber ist der EuGH im Vorabentscheidungsverfahren und im Vertragsverletzungsverfahren sowie im Nichtigkeitsverfahren für die Auslegung und Verwerfung von Unionsrecht allein kompetent:

- Im **Vorabentscheidungsverfahren** legt der EuGH verbindlich die Auslegung des Unionsrechts fest.
- Im **Vertragsverletzungsverfahren**, das von der Kommission oder einem anderen Mitgliedstaat gegen die Mitgliedstaaten angestrengt werden kann, kontrolliert der EuGH die Einhaltung und richtige Umsetzung des Unionsrechts in den Mitgliedstaaten.
- Im **Nichtigkeitsverfahren** entscheidet der EuGH über die Primärrechtswidrigkeit von sekundärem Recht der Union.

Damit ist der EuGH so etwas Ähnliches wie das Verfassungsgericht der EU. Eine unmittelbar zugängliche Rechtsschutzfunktion aber, wie sie in Österreich das Rechtsstaatsprinzip verlangt, bietet er nicht.

6. Zum Verhältnis von Unionsrecht und innerstaatlichem Recht

Die Durchgriffswirkung des Unionsrechtes

Mit dem Ausdruck **„Durchgriffswirkung"** wird der Umstand bezeichnet, dass das Unionsrecht unmittelbar in den Mitgliedstaaten gilt und unter Umständen auch unmittelbar anwendbar ist, ohne von einem Akt der Transformation abhängig zu sein. Diese Wirkung kommt nicht dem gesamten, aber weiten Teilen des Unionsrechts zu. Man spricht dann auch von unmittelbar anwendbarem Unionsrecht. 104

Der Anwendungsvorrang des Unionsrechtes

Dem gesamten **unmittelbar anwendbaren** Unionsrecht kommt **Vorrang vor entgegenstehendem innerstaatlichen Recht** zu. Dies gilt neben dem größten Teil des Primärrechts vor allem für die meisten Verordnungen, aber auch für nicht umgesetzte Richtlinien. Der Vorrang des Unionsrechts hat nun zwar nicht zur Folge, dass entgegenstehendes nationales Recht aufgehoben würde oder außer Kraft träte. Vielmehr genießt das Unionsrecht vor unionsrechtswidrigem nationalen Recht **Anwendungsvorrang**: Jede nationale Verwaltungs- oder Gerichtsbehörde hat das für sie geltende innerstaatliche Recht auf seine Vereinbarkeit mit dem 105

Unionsrecht zu prüfen und im Falle eines Widerspruches **unangewendet zu lassen**.

Die Staaten trifft ungeachtet des Anwendungsvorranges die Verpflichtung, entgegenstehendes nationales Recht zu beseitigen und eine eindeutige innerstaatliche Rechtslage herzustellen. Sie dürfen auch – und dies bereits ab Kundmachung der an sie gerichteten Richtlinie – keine neuen, die Wirkung der Richtlinie behindernden oder ihren Zielen zuwiderlaufenden Rechtsakte erlassen.

7. Die doppelte Bindung des nationalen Gesetzgebers

106 Soweit das Unionsrecht dem nationalen Gesetzgeber für die Umsetzung einen **Spielraum** lässt, greift die Verdrängungswirkung oder – anders gewendet – der Anwendungsvorrang des Unionsrechts nicht: Innerhalb des unionsrechtlich offengelassenen Spielraumes enthält das nationale Verfassungsrecht **zusätzliche Leitlinien** für diese Umsetzung. Soweit also etwa eine Norm des österreichischen Verfassungsrechts nicht durch eine unionsrechtliche Regelung verdrängt wird, die es dem Gesetzgeber aufträgt, seine Regelung in einer bestimmten – dem österreichischen Verfassungsrecht nicht entsprechenden – Weise zu treffen, behält das Verfassungsrecht seine Funktion als übergeordnete Rechtsquelle, die Bedingung und Schranke der innerstaatlichen Rechtsordnung ist.

Die **innerstaatliche Zuständigkeitsverteilung** im Bundesstaat wird etwa von unionsrechtlichen Zielvorgaben nicht berührt. Setzt nun eine nach der Kompetenzverteilung des B-VG unzuständige Gebietskörperschaft eine Richtlinie des Unionsrechts um, so ist diese Umsetzungsregelung verfassungswidrig und kann vom VfGH aufgehoben werden. Ähnliches gilt für Grundrechtsbestimmungen, insbesondere für solche, die nicht der gemeinsamen Verfassungstradition der Mitgliedstaaten oder der EMRK bzw der Grundrechtecharta angehören und daher nicht Bestandteil der Grundrechtsordnung der Union sind. Soweit gegen solche Grundrechte bei korrekter Umsetzung einer Richtlinie nicht verstoßen werden muss bzw soweit solche Grundrechte durch die Richtlinie nicht partiell verdrängt sind, besteht eben eine **doppelte Bindung** des Gesetzgebers, der sowohl an die Vorgaben des Unionsrechts als auch an die einschlägigen Bestimmungen der Verfassung gebunden ist.

Verfassungsrecht

1. Begriff und Bedeutung; Rechtsquellen

Begriff und Bedeutung

Verfassung ist die meist in einer Urkunde festgelegte **Grundordnung eines Gemeinwesens**. Sie regelt, wer wie Recht erzeugt, wer wie regiert, wer (die Regierenden) wie kontrolliert. Sie ist **Rechtsnormerzeugungsregel**, enthält also die Spielregeln des politischen Prozesses (Ordnungs- und Einigungsfunktion). 107

Verfassungsrecht wird meist in einem besonderen **Verfahren** erzeugt (**formelles** Verfassungsrecht), ist daher erschwert abänderbar und setzt sich gegenüber von ihm abhängigen, niederrangigen Rechtsnormen langfristig durch. Diese müssen den Normen der Verfassung entsprechen, die ihre Erzeugung und ihren Inhalt regeln. Widerspricht eine Norm der Verfassung, so ist sie verfassungswidrig. Sie gilt aber, solange sie nicht aufgehoben oder für nichtig erklärt worden ist. 108

Zur **Verfassung im materiellen Sinn** gehören darüber hinaus und unabhängig von ihrem Rang alle jene Rechtsnormen, welche die Organisation einer Gemeinschaft und ihre Willensbildung regeln. 109

Kompetenznormen legen verfassungsrechtlich Aufgaben als Verbandszuständigkeiten und als Organzuständigkeiten fest; **Organisationsnormen** schaffen Organe, regeln deren Kompetenzen sowie die Berufung und Abberufung der Organwalter in ihr Amt; **Verfahrensnormen** (Prozessnormen) bestimmen den Weg und die Arbeitsweise (zB „Weg der Gesetzgebung“); **Grundrechtsnormen** setzen als inhaltliche Anordnungen der Gesetzgebung wie auch der Vollziehung Schranken; **Gesetzgebungsaufträge** verpflichten den Rechtsetzer, tätig zu werden; allerdings gibt es nur in der EU direkte Säumnisbeschwerden gegen Organe der generellen Rechtsetzung; **Zielnormen** geben an, was der Verband mit seinen Funktionen anstreben soll. 110

Rechtsquellen

Die zentrale österreichische Verfassungsurkunde ist das **1920** erlassene und seither oftmals novellierte **Bundes-Verfassungsgesetz (B-VG)**. In ihm findet sich ein Großteil des Verfassungsrechts im materiellen Sinne. Es besteht allerdings in Österreich – anders als etwa in der Bundesrepublik 111

Deutschland – kein Gebot, Verfassungsänderungen in eine [einzige] Verfassungsurkunde einzubinden. Durchbrechungen und Ergänzungen der im B-VG aufgestellten Regelungen finden sich daher in zahlreichen, teils älteren, teils jüngeren Verfassungsgesetzen, Verfassungsbestimmungen und Staatsverträgen, die innerstaatlich als verfassungsändernd oder -ergänzend ratifiziert worden sind (die letztgenannte Möglichkeit von Verfassungsrecht außerhalb des B-VG wurde allerdings 2008 beseitigt; siehe gleich unten im Text).

112 Alle genannten verfassungsrechtlichen Regelungen beruhen aber auf einer im B-VG verankerten Grundlage:

I. Gemäß **Artikel 149 B-VG** haben bestimmte ältere Gesetze und Staatsverträge – unter Berücksichtigung der durch das B-VG erfolgten Änderungen – als Verfassungsgesetze (weiter) zu gelten, zB
   - **Staatsgrundgesetz** vom 21. 12. 1867 über die allgemeinen Rechte der Staatsbürger für die im Reichsrate vertretenen Königreiche und Länder (StGG);
   - **Beschluss der Provisorischen Nationalversammlung** vom 30. 10. 1918 (Pressefreiheit);
   - Gesetz vom 3. 4. 1919 betreffend die **Landesverweisung** und die Übernahme des Vermögens des Hauses Habsburg-Lothringen;
   - Abschnitt V des III. Teiles des **Staatsvertrags von Saint-Germain** vom 10. 9. 1919.

II. **Art 44 B-VG** regelt die Bedingungen, unter denen im National- und im Bundesrat neue, das B-VG abändernde oder ergänzende Verfassungsgesetze oder Verfassungsbestimmungen beschlossen werden können, zB
   - **BVG** über den **Beitritt Österreichs zur EU**;
   - **BVG** über die **Unabhängigkeit des Rundfunks**;
   - Verfassungsbestimmungen in einfachen Bundesgesetzen: zB
   - §§ 1, 6 Abs 6, 12a, 12c, 76c Abs 23, Abs 32 und Abs 33 **Zivildienstgesetz** 1986 (ZDG 1986);
   - § 1 **Elektrizitätswirtschafts-Organisationsgesetz** (ElWOG).

III. **Art 50 Abs 3 B-VG** erlaubte früher auch die Änderung von Verfassungsrecht durch Staatsverträge. Auch wenn dies nicht mehr ist, stehen doch noch ältere verfassungsändernde Staatsverträge in Kraft, zB
   - Art 1–4 der **UN-Konvention gegen jede Diskriminierung der Frau**;
   - das 4., das 6., das 7., das 11 und das 13. ZP zur EMRK.

113 Rechtsquellen des **materiellen Verfassungsrechtes** sind darüber hinaus etwa die Geschäftsordnungen des Nationalrats und der Landtage, die diversen Wahlordnungen und alle anderen einfachgesetzlichen Regelungen, die auf Basis einer verfassungsgesetzlichen Ermächtigung die Willensbildung im Staat zum Inhalt haben.

2. Strukturprinzipien (Baugesetze) der Österreichischen Bundesverfassung

Begriff und Funktion der Grundprinzipien

Wohl jedes Verfassungswerk ist von bestimmten **tragenden Leitgedanken** geprägt. Eine Verfassung kann etwa demokratisch oder diktatorisch, zentralistisch oder föderalistisch, republikanisch oder monarchisch sein, sie kann Grundrechte gewähren oder absolutistisch angelegt sein. Auch das österreichische Verfassungsrecht ist von solchen tragenden Prinzipien entscheidend geprägt. Diese **Baugesetze** oder **Grundprinzipien** der österreichischen Bundesverfassung sind Grund- und Leitentscheidungen über den Aufbau des Verfassungssystems. Sie machen jeweils im Einzelnen, aber auch in ihrem Verhältnis zueinander die wesentlichen Eckpunkte unseres Verfassungsgefüges aus. Dieses würde bei einer Aufhebung, einer zentralen Reform einzelner Grundprinzipien, bei einer gewichtigen Verschiebung der Grundprinzipien zueinander, je nach Lage des Falles auch bei Einführung eines neuen Grundprinzips seine heutige Charakteristik verlieren. Es ist aber darauf hinzuweisen, dass die Bundesverfassung den Ausdruck der „Grundprinzipien" nicht kennt und an keiner Stelle ausdrücklich ein solches Grundprinzip statuiert. Der hier verwendete Begriff ist vielmehr ein rein rechtswissenschaftlicher, der zur Beschreibung eines Phänomens verwendet wird, das in der Rechtsordnung selbst nicht begrifflich verankert ist. 114

Gesamtänderung und Grundprinzipien

Auf die Grundprinzipien der Bundesverfassung lässt sich im formellen Verfassungsrecht vor allem dadurch rückschließen, dass sie mit einer – im Vergleich zum sonstigen Verfassungsrecht – **erhöhten Bestandskraft** ausgestattet sind: 115

Zur Beschlussfassung über ein **einfaches Bundesgesetz** ist die **Anwesenheit von mindestens einem Drittel** der Abgeordneten und eine **einfache Mehrheit** im Nationalrat und im Bundesrat erforderlich (Art 31, Art 37 Abs 1 B-VG, sogenannte **Präsenz-** und **Konsensquoren**). Ausnahmen hiervon können nur verfassungsrechtlich angeordnet werden.

Zur Beschlussfassung über ein **Verfassungsgesetz** oder über in einfachen Gesetzen enthaltene Verfassungsbestimmungen ist im Nationalrat die **Anwesenheit der Hälfte** der Mitglieder und eine **Mehrheit von zwei Dritteln** der abgegebenen Stimmen erforderlich (Art 44 Abs 1 B-VG). Verfassungsgesetze oder in einfachen Gesetzen enthaltene Verfassungsbestimmungen, durch die eine Einschränkung der Zuständigkeit der Länder in Gesetzgebung und Vollziehung erfolgt, bedürfen überdies der in Anwesenheit von mindestens der Hälfte der Mitglieder und mit einer Mehrheit von zwei Dritteln der abgegebenen Stimmen erteilten Zustimmung des Bundesrates (Art 44 Abs 2 B-VG). Bestimmungen über die Änderung der Zusammensetzung bzw der Bestellung der Mitglieder des Bundesrates können nur mit Zustimmung der Mehrheit der Vertreter von wenigstens vier Ländern beschlossen werden (Art 35 Abs 4 B-VG). Verfassungsrecht im formellen Sinne ist **ausdrücklich** als solches zu **bezeichnen** (Art 44 Abs 1 B-VG).

Art 44 Abs 3 B-VG bestimmt nun, dass eine **Gesamtänderung** der Bundesverfassung nach der Beschlussfassung im Parlament, aber vor Kundmachung im Bundesgesetzblatt einer **Volksabstimmung** zu unterziehen ist. Eine Gesamtänderung der Bundesverfassung ist aber nichts anderes als die **Abschaffung oder zentrale Abänderung eines oder mehrerer der Grundprinzipien** der Bundesverfassung. Es bedarf also für einen Eingriff in die Grundprinzipien nicht nur einer entsprechenden Verfassungsmehrheit im Parlament, sondern darüber hinaus auch einer Volksabstimmung.

116 Dadurch sind die **Grundprinzipien** auch **formell** vom übrigen Verfassungsrecht **abgeschichtet**. Eine Verfassungsänderung, die materiell als Gesamtänderung zu beurteilen ist, kann formell nur unter den genannten Bedingungen zustande kommen. Verfassungsänderungen, die diesen Erzeugungsmodus nicht eingehalten haben, sind nur dann mit den Baugesetzen vereinbar, wenn sie ihnen auch inhaltlich entsprechen: Die Unterlassung der Durchführung einer Volksabstimmung bei Abschaffung oder Abänderung eines oder mehrerer Grundprinzipien, bei der Abänderung des Art 44 Abs 3 B-VG und unter Umständen auch bei der Neuschaffung eines Grundprinzips belastet das (Verfassungs-) Gesetz mit **Baugesetzwidrigkeit** und berechtigt den Verfassungsgerichtshof (VfGH) zu seiner Aufhebung. Der VfGH kann also auch bei der Prüfung von Verfassungsgesetzen oder -bestimmungen zur Prüfung der materiellen wie der formellen Verfassungswidrigkeit gezwungen sein, die insofern ineinander übergehen.

Demokratie

117 Art 1 B-VG bestimmt programmatisch: „Österreich ist eine demokratische Republik. Ihr Recht geht vom Volk aus." Das demokratische Prinzip wird durch diese Bestimmung aber noch nicht konstituiert. Es findet vielmehr durch die Bestimmungen über den **Nationalrat** und die Gesetzgebung des Bundes sowie durch die Verfassungsbestimmungen des **Parteiengesetzes** seine nähere Ausgestaltung.

Eine **politische Partei** ist eine organisierte Verbindung von Menschen, die durch eine gemeinsame Tätigkeit auf die **Beeinflussung der staatlichen Willensbildung** abzielen. Sie wird durch Beschluss, Veröffentlichung und Hinterlegung einer **Satzung** gegründet und besitzt Rechtspersönlichkeit. Die politischen Parteien werden im Parteiengesetz von 2012 geregelt. Die Verfassungsbestimmung des § 1 dieses Gesetzes erklärt die Existenz und Vielfalt politischer Parteien zu **wesentlichen Bestandteilen der demokratischen Ordnung** der Republik Österreich, was für die Interpretation des demokratischen Prinzips von Bedeutung ist. 118

Politische Parteien unterliegen neben bundesverfassungsrechtlichen (**Verbotsgesetz**) nur den allgemeinen Schranken der Gesetze, dürfen also durch einfaches Gesetz keinen spezifischen, nur auf Parteien bezogenen Beschränkungen unterworfen werden.

Politische Parteien sind von den **Wahlparteien** zu unterscheiden, bei denen es sich um jene für eine spezifische Wahl werbenden Gruppen handelt, die unter Führung einer sie identifizierenden Parteibezeichnung und Erstattung eines Wahlvorschlages um die Wahl für einen Vertretungskörper (Nationalrat, Landtag, Gemeinderat) werben. Wahlparteien haben nach der Rechtsprechung nur vorübergehende, auf die Erfordernisse der Wahl selbst und die mit ihr verbundenen Rechte und Pflichten eingeschränkte Rechtspersönlichkeit. Politische Parteien sind meist Namensgeber und treibende Kraft von Wahlparteien. Die Wahlpartei ist deswegen aber nicht mit der politischen Partei gleichzusetzen; **Ersterer gehören nur die Kandidatinnen und Kandidaten an,** die für die Wahl zum jeweiligen Vertretungskörper (Parlament, Gemeinderat) nominiert sind.

Die Verfassung legt nicht die Einzelheiten, aber die **Grundsätze der Wahlen zum** zentralen österreichischen Gesetzgebungsorgan, dem **Nationalrat** fest: 119

- Das Wahlrecht ist gemäß Art 26 Abs 1 B-VG und Art 8 StV von Wien ein **gleiches**: Jeder Wähler muss mit seiner Stimme gleich viel Einfluss auf das Wahlresultat haben wie jeder andere Wähler (gleicher Erfolgswert), sodass das potenzielle Gewicht jeder Stimme gleich groß ist (gleicher Zählwert).
- Art 26 Abs 1 B-VG legt weiters den Grundsatz des **unmittelbaren** Wahlrechts fest: Die Wahlberechtigten wählen (keine Wahlmänner, sondern) aus einer abschließenden Liste direkt die Kandidaten, die sie in den Vertretungskörper entsenden wollen. Neben diesem Listenwahlrecht verwirklicht auch die Möglichkeit der Abgabe einer Vorzugsstimme die Unmittelbarkeit des Wahlrechts.
- Ein weiterer in Art 26 Abs 1 B-VG festgelegter Grundsatz ist der des **persönlichen** Wahlrechts: Jeder Wahlberechtigte hat seine Stimme persönlich abzugeben; eine Wahl durch Stellvertreter ist ausgeschlossen. Mit dem Wahlrechtspaket 2007 wurde aber neben der Herabsetzung des Wahlalters auch die Möglichkeit der Briefwahl eingeführt.

- Durch Art 26 Abs 1 B-VG sowie Art 8 des Staatsvertrags von Wien und Art 3 des 1. ZP zur EMRK ist das **freie** Wahlrecht festgelegt: Die freie Willensbildung soll nicht durch unzulässige Beeinflussung oder durch Beschränkungen der Wahlwerbung, durch Druck, Bespitzelung oder andere Mittel gestört werden.
- Auch das **geheime** Wahlrecht wird durch Art 26 Abs 1 B-VG, Art 8 StV von Wien und Art 3 1. ZP zur EMRK verbürgt. Die Abgabe der Stimme muss stets im Geheimen erfolgen, einzelne Stimmen dürfen nicht einzelnen Wählern zugeordnet werden können. Der Verfassungsgrundsatz der geheimen Wahl verlangt vom Staat auch positive Maßnahmen. Dieser ist verpflichtet, alle zur Durchführung und Sicherung einer geheimen Wahl erforderlichen Mittel (Wahllokale, in denen die Wählerinnen und Wähler sicher und unbeobachtet abstimmen können) zur Verfügung zu stellen.
- Nach Art 26 Abs 1 B-VG haben die Wahlen zum Nationalrat weiters **nach den Grundsätzen der Verhältniswahl** organisiert zu sein. Dieses Prinzip besagt, dass die Repräsentation des Wahlvolkes im Vertretungskörper dem Verhältnis der für die verschiedenen Gruppen jeweils abgegebenen Stimmen entspricht. Im Gegensatz dazu wird im **Mehrheitswahlrecht** immer nur der jeweils stärkste Vertreter eines Wahlkreises gewählt; das **Minderheitenwahlrecht** lässt neben der stärksten Gruppierung nur eine kleinere als Minderheit zu. Das Verhältniswahlrecht verlangt eine Wahl, die aufgrund von Wahlvorschlägen erfolgt und bei der eine ausreichend große Anzahl von Mandaten zu vergeben ist. Das Bestehen einer **Prozenthürde** für den Einzug in den Vertretungskörper ist mit dem Prinzip der Verhältniswahl nicht grundsätzlich unvereinbar; eine allzu hohe Hürde stünde allerdings mit dem Verhältniswahlrecht in Widerspruch. Die Einrichtung eines **Grundmandates** widerspricht dem Grundsatz der Verhältniswahl grundsätzlich nicht.
- Gemäß Art 26 Abs 1 und 4 B-VG sowie Art 8 StV von Wien ist das Wahlrecht schließlich ein **allgemeines**: Alle Staatsbürger und Staatsbürgerinnen, die das entsprechende Wahlalter erreicht haben, sind grundsätzlich berechtigt, an der Wahl teilzunehmen. Ausnahmen davon müssen auf verfassungsgesetzlicher Ebene bestimmt werden. Gemäß Art 26 Abs 5 B-VG kann die Ausschließung vom Wahlrecht und von der Wählbarkeit nur Folge einer gerichtlichen Verurteilung oder Verfügung sein; andere Einschränkungen sind daher verfassungswidrig.

120 Die Verfassung beruft zur Bundesgesetzgebung den **Nationalrat** und den **Bundesrat**. Weiters sind der Bundespräsident und der Bundeskanzler in die Gesetzgebung des Bundes eingebunden (**Kundmachung**):

Der Nationalrat wird alle fünf Jahre durch das Bundesvolk aufgrund des freien, gleichen, unmittelbaren, geheimen und persönlichen

Wahlrechts nach den Grundsätzen der Verhältniswahl gewählt. Er ist der **allgemeine Vertretungskörper für den Gesamtstaat. Der Bundesrat** ist die **Länderkammer** des österreichischen Parlaments. Seine Mitglieder werden **von den Landtagen** für die Dauer ihrer Gesetzgebungsperioden nach dem Grundsatz der Verhältniswahl **gewählt**.

Zur **Erzeugung von Gesetzesrecht** bedarf es zunächst einer **Gesetzesinitiative**:

- **Regierungsvorlage**
- **Volksbegehren**
- **Initiativantrag**
- **Ausschussantrag**
- Antrag des **Bundesrates**.

Nach seiner Behandlung im Parlament (Beratung in den Ausschüssen) gelangt der Gesetzesvorschlag zur Abstimmung ins **Plenum des Nationalrates**. Jeder Gesetzesbeschluss des Nationalrates ist dem **Bundesrat** zu übermitteln. Dieser kann einen begründeten **Einspruch** erheben. Hat der Bundesrat einen Einspruch erhoben, so kann der Nationalrat den Gesetzesbeschluss revidieren oder einen sogenannten **Beharrungsbeschluss** fassen. Gegen den neuerlichen Gesetzesbeschluss des Nationalrates steht dem Bundesrat kein Einspruch mehr zu.

Hat der Bundesrat die Einspruchsfrist verstreichen lassen oder den Beschluss gefasst, keinen Einspruch zu erheben, so kann der Gesetzesbeschluss nach Ablauf der Frist bzw ab der Beschlussfassung dem **Bundespräsidenten** zur Unterzeichnung und dem **Bundeskanzler** zur Gegenzeichnung übermittelt werden. Der unterzeichnete und gegengezeichnete Gesetzesbeschluss ist **im Bundesgesetzblatt kundzumachen**.

Durch diese Regeln wird die Demokratie nicht nur „wachgerufen“, son- 121
dern es wird ihr auch ein ganz bestimmtes, konkretes Antlitz verliehen: Die Demokratie in Österreich ist eine **repräsentative parlamentarische** Demokratie mit eher schwach ausgeprägten direktdemokratischen Elementen:

- Mittels **Volksbegehren** kann eine bestimmte Anzahl von Wahlberechtigten die Behandlung einer Gesetzesinitiative im Parlament erzwingen;
- eine **Volksabstimmung** ist über einen bereits gefassten Gesetzesbeschluss durchzuführen, wenn dies ein Drittel der Mitglieder des National- oder Bundesrates verlangt oder wenn der Gesetzesbeschluss zu einer Gesamtänderung der Bundesverfassung führte (Art 44 Abs 3 B-VG);
- eine **Volksbefragung** schließlich verschafft der Regierung und dem Parlament ein Stimmungsbild aus der Bevölkerung; ihr Ergebnis ist nicht bindend, aber die Politik ist gut beraten, auf das Wahlvolk zu hören!

Republik

122 Die Republik zeichnet sich durch die Stellung des Staatsoberhauptes aus, das **direkt oder indirekt** vom Volk **gewählt**, **politisch und rechtlich verantwortlich und absetzbar** und dessen Funktionsperiode **zeitlich begrenzt** ist. Sie bildet damit einen Gegensatz zur Monarchie. Kein Gegensatzpaar bildet die Monarchie mit der Demokratie: Eine große Zahl westlicher Demokratien sind Monarchien: Großbritannien, die Niederlande, Spanien, Belgien, Dänemark, Schweden, Norwegen, um nur die wichtigsten zu nennen. Nicht jede Demokratie ist also auch eine Republik.

Gewaltenteilung

123 Der Gedanke der Trennung der Staatsgewalten geht im Wesentlichen auf *Montesquieu* zurück, der davon ausging, dass die **Macht**, um ihren Missbrauch zu verhindern, **auf verschiedene, voneinander unabhängige Gewalten aufgeteilt** werden müsse, damit die Freiheit des Einzelnen gesichert werde. Er hat seit dem Ende der (absoluten) Monarchie an Bedeutung verloren; in einem System, in dem die Regierung auf das Vertrauen zumindest des zentralen Organs der Gesetzgebung angewiesen ist, kommt die politische Kontrolle der Regierung nur noch in Exzessfällen zum Tragen.

124 Das **gewaltenteilende Prinzip** ist in der österreichischen Bundesverfassung **nicht** – wie die vorerwähnten Grundprinzipien – **ausdrücklich verankert**. Dennoch lässt sich auch dieses leitende Gestaltungsprinzip aus verschiedenen Bestimmungen der Verfassung, insbesondere aus Art 94 B-VG ableiten:

Eine gewisse gewaltenteilende Funktion der Bundesverfassung ergibt sich schon daraus, dass es eine ihrer wesentlichen Aufgaben ist, Zuständigkeiten festzulegen und sie bestimmten Rechtsträgern und Organen zuzuweisen. Damit wird – über den klassischen Gedanken der Trennung der drei Staatsgewalten hinaus – **Gewaltenteilung iwS** verwirklicht. Die **Trennung von Justiz und Verwaltung** nach Art 94 B-VG ist zudem ein wesentlicher Bestandteil des Gewaltenteilungsprinzips unserer Bundesverfassung.

125 Die Gesetzgebung des Bundes wird von **Nationalrat und Bundesrat** ausgeübt, die Gesetzgebung der Länder von den **Landtagen**. Die obersten Organe der Vollziehung sind der **Bundespräsident** und die **Bundesregierung** bzw die einzelnen Bundesminister; in den Ländern die **Landesregierung** unter dem Vorsitz des Landeshauptmanns. Die Bundesverfassung hat ein ausgeklügeltes System sogenannter „**Checks and Balances**" geschaffen. Die verschiedenen Staatsgewalten sind in wechselseitige

Abhängigkeiten, Mitwirkungs- und Kontrollbefugnisse eingebunden, um so ein stabiles, einseitige Übermacht ausschließendes Gleichgewicht zu schaffen.

Die **Vollziehung** ist an die Gesetze gebunden und erfolgt zum Teil unter der **Kontrolle und Mitwirkung** gesetzgebender Körperschaften. Andererseits ist auch die Gesetzgebung in ein hoch differenziertes Netz an gegenseitigen Abhängigkeiten und Kontrollen mit Organen der Vollziehung eingebunden (zB Auflösung des Nationalrates durch den Bundespräsidenten, Wahlanfechtung und Aberkennung von Mandaten durch den VfGH, abstrakte und konkrete Normenkontrolle). 126

Dabei ist **Verwaltung** nach der Vorstellung des B-VG Gesetzesvollzug unter der Verantwortung und in **Bindung an die Weisung der obersten Organe** des Bundes und der Länder (Bundespräsident, Bundesregierung/Bundesminister, Landesregierung).

Gerichtsbarkeit ist Gesetzesvollzug (Rechtsprechung) durch **besondere**, mit den verfassungsrechtlichen Garantien der Unabhängigkeit, Unversetzbarkeit und Unabsetzbarkeit ausgestattete Organe (Richter), durch Rechtspfleger und durch Mitwirkende aus dem Volk. Die Richter sind **unabhängig**, dh weisungsfrei. Richter dürfen nur in den gesetzlich vorgeschriebenen Fällen und Formen und nur aufgrund eines förmlichen richterlichen Erkenntnisses gegen ihren Willen abgesetzt oder versetzt werden (Art 87 B-VG). Die anfallenden Geschäfte sind unter den Richtern eines Gerichtes für eine bestimmte Zeit im Voraus einzuteilen. Nur im Falle einer Verhinderung oder Überlastung darf durch Verfügung eines Richtersenats einem Richter eine Rechtssache abgenommen werden. Verfassungsrechtlich festgelegte **oberste Instanz** in Zivil- und Strafrechtssachen ist der **Oberste Gerichtshof** (Art 92 Abs 1 B-VG), für die Verwaltungsgerichtsbarkeit ist es der VwGH (Art 133 ff B-VG). Daneben besteht eine auf Verfassungsfragen spezialisierte Sonderverwaltungsgerichtsbarkeit des VfGH.

Nicht nur aus ieS gewaltenteilenden, sondern auch aus bundesstaatlichen und damit bloß iwS gewaltenteilenden Gründen ist die **Landesgesetzgebung** in bestimmtem Umfang von der **Mitwirkung der Bundesregierung** abhängig (vgl Art 97 Abs 2 und Art 98 B-VG, § 9 Finanz-Verfassungsgesetz – F-VG). Die Mitwirkung der Länder an der Bundesgesetzgebung erfolgt durch den **Bundesrat**, der kein Vollziehungs-, sondern ein Organ der Gesetzgebung ist. 127

Bundesstaat

Art 2 B-VG besagt: „Österreich ist ein Bundesstaat". Durch diese Bestimmung wird der Bundesstaat zwar proklamiert. Seine nähere Ausgestaltung erfährt er aber erst durch die Bestimmungen über die 128

Kompetenzverteilung, durch die gegenseitigen **Mitwirkungsbefugnisse** von Bund und Ländern an der jeweiligen Rechtsetzung sowie durch die relative **Verfassungsautonomie** und die **Gesetzgebungsbefugnis** sowie eigene **Diensthoheit** der Länder. Hierher zählen auch die autonome Landesverwaltung und die **Mitwirkung** der Länder an der Bundesvollziehung im Rahmen der **mittelbaren Bundesverwaltung**, die vom Landeshauptmann in funktioneller Erfüllung von Bundesaufgaben und unter der Weisungsgewalt des jeweiligen Bundesministers geführt wird.

Die **Zuständigkeiten** zur Gesetzgebung und auch zur Vollziehung sind also in einem Bundesstaat **unter den Gebietskörperschaften aufgeteilt**; es besteht keine alleinige, zentralistische Gesetzgebungs- und Vollziehungsgewalt des Bundes, allerdings auch keine vollkommene Autonomie der Länder. Vielmehr ist in Österreich der Einfluss der Länder auf die Bundesgesetzgebung gering; der Bundesrat als Länderkammer ist kein „starkes" Organ. Auch sind die beim Bund liegenden Kompetenzen an Menge und Bedeutung den Kompetenzen der Länder überlegen. Insbesondere kommt dem **Bundesverfassungsgesetzgeber** die **Kompetenz-Kompetenz** zu, das ist die Kompetenz, die Kompetenzen zwischen Bund und Ländern aufzuteilen. Zwar besitzt der Bundesrat als Länderkammer bei Einschränkungen der Länderkompetenzen ein entscheidendes Mitspracherecht. Unverkennbar ist jedoch allemal ein besonderer Einfluss des Bundes auf die wichtigsten Materien und auf die Kompetenzverteilung. Auch eine föderalistische Finanzordnung wird als wesentlich für einen Bundesstaat erachtet, wiewohl hier in Österreich traditionell ein Übergewicht des Bundes besteht.

128/1 Im Allgemeinen wird die Kompetenzverteilung zwischen Bund und Ländern direkt im B-VG geregelt (Art 10 bis 15). In der allgemeinen Kompetenzverteilung sind vier Haupttypen der Aufteilung der Kompetenzen zwischen Bund und Ländern anzutreffen:

- Zuständigkeit des **Bundes** zur **Gesetzgebung und zur Vollziehung** (Art 10 B-VG, zB allgemeine Sicherheitspolizei, auswärtige Angelegenheiten, -Zivil- und Strafrechtswesen);
- Zuständigkeit des **Bundes** zur **Gesetzgebung** und der **Länder** zur **Vollziehung** (Art 11 B-VG, zB Staatsbürgerschaftsrecht, Straßenpolizei, bestimmte Belange der Schifffahrt), Tierschutz;
- Zuständigkeit des **Bundes** zur **Grundsatzgesetzgebung** und der **Länder** zur **Ausführungsgesetzgebung und zur Vollziehung** (Art 12 B-VG, Armenwesen, Krankenanstaltenrecht, Elektrizitätswirtschaftsrecht);
- Zuständigkeit der **Länder** zur **Gesetzgebung und zur Vollziehung** (Art 15 Abs 1 B-VG: Generalklausel zugunsten der Länder [zB Baurecht, Jagdrecht, Naturschutzrecht, Grundverkehrsrecht]; Art 15 Abs 9 B-VG: Kompetenz zur Regelung zivil- und strafrechtlicher Einschlüsse von Landesmaterien).

Eine speziellere, **besondere** Kompetenzverteilung ist auf den Gebieten des Schulwesens und in der Finanzverfassung vorgesehen (Art 13, 14 und 14a B-VG): 128/2

Art 13 B-VG delegiert die Regelung der Finanzverfassung an ein eigenes Finanz-Verfassungsgesetz (F-VG). Mit diesem Gesetz werden die **Zuständigkeiten auf dem Gebiet des Abgabenwesens** zwischen Bund und Ländern verteilt. Es verlangt für die Einhebung einer Abgabe jedenfalls eine gesetzliche Grundlage und teilt die Abgaben in **Steuern** (Einnahmen ohne spezifische Gegenleistung) und **Gebühren** (Gegenleistungen für die Inanspruchnahme bestimmter staatlicher Leistungen) ein.

Abgaben können entweder **Bundes**- oder **Landesabgaben** mit jeweils differenzierten Verteilungsmöglichkeiten sowie **Gemeindeabgaben** sein. Das F-VG weist dem einfachen **Bundesgesetzgeber** die Verteilung der Besteuerungsrechte zu; der Kreis der Landes- und Gemeindeabgaben ist aber nach der Judikatur durch die Landesgesetzgebung beliebig erweiterbar.

Ein wesentliches Element des Bundesstaates besteht in der Möglichkeit der **Kooperation** zwischen den Gliedstaaten, etwa durch sogenannte Gliedstaatsverträge (Art 15 B-VG), auf denen wesentliche Instrumente wie die Krankenanstaltenfinanzierung beruhen. Weiters sind für den Bundesstaat in Österreich die wechselseitige Mitwirkung von Bund und Ländern an der Gesetzgebung und an der Vollziehung und ihre wechselseitige **Kontrolle**, etwa durch Antragsrechte beim VfGH essenziell. 129

Rechtsstaat

Der Rechtsstaat zeichnet sich durch eine relativ präzise **Festlegung der Zuständigkeiten** der Staatsorgane sowie insbesondere der **Rechte und Pflichten** des Einzelnen und durch die Existenz eines **Rechtsschutzsystems** aus, das der Durchsetzung der Rechte des Einzelnen dient. Durch die relativ präzise Festlegung des Inhalts der Rechte und Pflichten jedes Einzelnen wird der Rechtsstaat berechenbar, er gibt **Rechtssicherheit**. 130

Auch das – mit dem liberalen Prinzip wegen des Rechtsschutzgedankens in engem Zusammenhang stehende – **Rechtsstaatsprinzip** ist im B-VG nicht ausdrücklich angesprochen. Es findet aber in zahlreichen Bestimmungen der Bundesverfassung seinen Ausdruck, nicht zuletzt in ihrem ausgeprägten Rechtsschutzsystem.

Der Rechtsstaat braucht eine Verfassung, auf die sich alles weitere Recht gründet und stützt, er muss also **Verfassungsstaat** sein. Des Weiteren müssen im Rechtsstaat die Rechte und Pflichten der Rechtsunterworfenen im Wesentlichen durch Gesetz vorherbestimmt sein, er ist also **Gesetzesstaat**. Im Rechtsstaat bestehen auch Möglichkeiten der Rechtsverfolgung, 131 sowohl für das Verhältnis Einzelner untereinander als auch gegenüber dem Staat. Der Rechtsstaat muss also auch **Rechtsschutzstaat** sein. Gerade dieser letzte Gedanke ist durch die Bestimmungen des B-VG über die Verwaltungs- und die Verfassungsgerichtsbarkeit ausführlich verwirklicht.

132 Es besteht aber auch ein enger **Zusammenhang** zwischen dem die Rechtsetzung durch das Volk oder seine Vertreter gewährleistenden **demokratischen** und dem Rechtsstaatsprinzip. Kern des Rechtsstaatsprinzips ist nämlich die **Bindung der Vollziehung an das Gesetz** und damit an das Parlament. Darüber hinaus ist auch die Existenz **unabhängiger Gerichte** Bestandteil des rechtsstaatlichen Prinzips.

133 Mit dem **Legalitätsprinzip** wird die Bindung der gesamten Vollziehung an das Gesetz bezeichnet. Sie kommt zuallererst in Art 18 B-VG zum Ausdruck. Auch die **Gesetzesvorbehalte** der Grundrechte (siehe oben Rz 77) binden die Vollziehung an das Gesetz und schaffen für den Gesetzgeber die Verpflichtung, das Gesetz so bestimmt zu fassen, dass das Handeln der Vollziehung hinreichend vorherbestimmt ist.

Für die Vollziehung normiert Art 18 B-VG eine **strenge Bindung an das Gesetz**. Sie gilt sowohl für die Verwaltung als auch für die Gerichtsbarkeit, die zwar nicht ausdrücklich angesprochen ist, deren Gesetzesbindung aber zur Zeit der Erlassung des B-VG unbestritten war und geradezu als Vorbild für die Gesetzesbindung der Verwaltung galt. Nach Art 18 B-VG ist die Vollziehung auf eine gesetzliche Ermächtigung angewiesen, um überhaupt tätig werden zu dürfen. Bei ihrer Tätigkeit muss sie sich darüber hinaus an die Vorgaben des Gesetzes halten. Gesetzwidrige oder gesetzlose Verwaltungsakte können vor den Verwaltungsgerichten und vor dem VfGH bekämpft werden.

Der Gesetzgeber ist durch Art 18 B-VG gehalten, das **Verhalten der Vollziehungsbehörden** in ausreichendem Maße **vorherzubestimmen**. Was jeweils im Einzelnen durch das Gesetz festgelegt sein muss, lässt sich abstrakt kaum sagen. Es muss jedenfalls auf Grund des Gesetzes für den Einzelnen erkennbar sein, wie die Vollziehung agieren darf und wird. Dem Gesetz muss zumindest entnommen werden können, welches Verhalten (**Tatbestand**) welche **Rechtsfolgen** haben kann, welche Behörde für welche Angelegenheit **zuständig** ist und in welcher Weise sie vorzugehen hat (**Verfahren**).

Der Behörde kann aber auch Ermessen eingeräumt sein (Art 130 Abs 3 und Art 133 Abs 3 B-VG); das Gesetz darf sich unbestimmter Begriffe bedienen, die von der Vollziehung ausgelegt werden müssen, und es dürfen für behördliche oder gerichtliche Entscheidungen Rahmen vorgegeben werden, innerhalb deren die Vollziehung ihre konkrete Entscheidung bestimmt.

Liberales Prinzip

Viele Verfassungen gewähren allen Menschen, die der Jurisdiktion des jeweiligen Staates unterstehen, oder auch nur seinen Staatsbürgern sogenannte **Grund- und Freiheitsrechte**, aber auch **politische Rechte** wie das Wahlrecht. Auch die österreichische Verfassung gewährt solche politischen Rechte oder Grund- und Freiheitsrechte, meistens allerdings, ohne sie so zu nennen. Es kommt für den verfassungsrechtlichen Schutz einer individuellen Rechtsposition auch nicht auf ihren Inhalt, sondern darauf an, ob sie auf **verfassungsgesetzlicher Ebene** gewährleistet wird. Solche durch Verfassungsgesetz oder Verfassungsbestimmung eingeräumten subjektiven Rechtspositionen werden **verfassungsgesetzlich gewährleistete Rechte** genannt (Art 144 B-VG). Gegen Verletzungen solcher Rechte durch Gesetz, Verordnung oder Verwaltungsakt kann **direkt oder indirekt** der **Verfassungsgerichtshof** angerufen werden. Ein verfassungsgesetzlich gewährleistetes Recht ist also – ganz unabhängig von seinem Inhalt – eine dem Einzelnen durch Verfassungsgesetz oder Verfassungsbestimmung eingeräumte, durchsetzbare Rechtsposition. 134

Die meisten verfassungsgesetzlich gewährleisteten Rechte haben klassische **Grund- und Freiheitsrechte, Gleichheitsrechte** oder **politische Rechte** zum Inhalt (siehe oben Rz 70 ff). Rechtsquellen dieser Grund- und Freiheitsrechte sind neben dem **B-VG** vor allem das Staatsgrundgesetz über die Rechte der Staatsbürger von 1867 (**StGG**), die Europäische Menschenrechtskonvention (**EMRK**) sowie einzelne eigene Verfassungsgesetze (zB Bundesverfassungsgesetz über den Schutz der persönlichen Freiheit – **PersFG**). Es finden sich aber auch verfassungsgesetzlich gewährleistete Rechte, die sich kaum in den Katalog der klassisch so bezeichneten Grund- oder Menschenrechte einfügen lassen, wie etwa das Recht auf ein Verfahren vor dem gesetzlichen Richter oder das Selbstverwaltungsrecht der Gemeinden. 135

Grundrechtliche Gewährleistungen sind verfassungsgesetzlich gewährleistete Rechte, die häufig bestimmte Rechtspositionen des Einzelnen als **Freiheitssphären vom Staat** abschirmen und nur unter bestimmten Voraussetzungen und in bestimmtem Rahmen seinem Zugriff öffnen. Sie sollen gewährleisten, dass der Staat bestimmte Sphären des Einzelnen achtet und nicht ohne Rechtfertigung in sie eindringt. So soll etwa das **Eigentum** „unverletzlich“ sein, die **persönliche Freiheit** darf nur unter bestimmten Voraussetzungen und unter Einhaltung eines bestimmten Verfahrens entzogen werden, und das Recht auf **Achtung des Privat- und Familienlebens** ist zu beachten. Die liberale Funktion der Grundrechte besteht vor allem darin, den Einzelnen vor rechtswidrigem oder gesetzlosem Zwang in Schutz zu nehmen; sie ist in erster Linie darauf gerichtet, willkürliche Einschränkungen durch die Verwaltung abzuwehren. Als verfassungsrechtliche Normen binden die Grundrechte allerdings auch den **Gesetzgeber**. Er ist verpflichtet, die verfassungsgesetzlich gewährleisteten Rechtspositionen des Einzelnen zu achten und darf nur unter den verfassungsrechtlich abgesteckten Bedingungen in sie eingreifen bzw auch der Vollziehung Eingriffe nur unter diesen Bedingungen ermöglichen. Der österreichische Grundrechtskatalog bildet mit seinen traditionell als klassisch-liberal verstandenen Grundrechten den Kern des nach dieser Grundrechtssicht benannten **liberalen Prinzips**.

Dem für Österreich relevanten Grundrechtskatalog gehören aber nicht nur **liberalistische**, sondern auch **politische** und **Verfahrensgrundrechte** an; auch manchen liberalen Grundrechten wohnt eine **Schutzpflichtenfunktion** inne, die den Staat nicht nur zur Zurückhaltung, sondern auch zu aktivem Einschreiten verpflichtet.

136 Durch die Verankerung liberaler **Grundrechte**, die dem Individuum eine **Freiheitssphäre** in Abgrenzung von staatlicher Regelung einräumen wollen, deklariert sich der Staat als liberaler Staat. Das liberale Prinzip ist in der Verfassung nicht ausdrücklich angesprochen. Es ergibt sich aber aus der Existenz einer ganzen Reihe sogenannter **verfassungsgesetzlich gewährleisteter Rechte**, von denen die meisten zumindest auch liberalistisch konzipiert sind und für deren Durchsetzung das B-VG eine eigene **Rechtswegegarantie** bereithält. Der sich selbst zugunsten der Freiheit des Einzelnen beschränkende, liberale Staat ist damit als Grundprinzip des österreichischen Bundesverfassungsrechts verankert.

Dabei sind aber nicht einzelne Grundrechte auf Grundprinzipienebene angesiedelt und abgesichert. Ihre Modifikation oder gar Abschaffung wäre keine Gesamtänderung. **Nur gravierende Eingriffe** in den Grundrechtskatalog wären als **Gesamtänderung** zu beurteilen und bedürften daher einer Volksabstimmung. Der Verfassungsgerichtshof hat allerdings angedeutet, dass eine schwerwiegende Einschränkung oder gar Aufhebung des durch Art 2 StGG und Art 7 B-VG gewährleisteten **Gleichheitssatzes** wegen seiner fundamentalen – auch rechtsstaatlichen – Bedeutung eine Gesamtänderung bedeuten könnte.

137 Im liberalen Prinzip kommt der Grundgedanke des **Schutzes** gesellschaftlicher, religiöser und ethnischer **Minderheiten** genauso zum Ausdruck wie jener der **Gleichheit** sowie schließlich der Grundgedanke der (gesellschaftlichen wie politischen) **Toleranz**. Insbesondere die Grundrechte der Europäischen Menschenrechtskonvention (EMRK) verweisen in ihren Gesetzesvorbehalten ausdrücklich auf diese Grundgedanken und stellen einen **Rückbezug** zum Gesetzgeber und damit **zum Demokratieprinzip** her.

Allgemeines Verwaltungsrecht

1. Einleitung

Die Verwaltung spielt in Österreich traditionell eine große Rolle. Vom „Nachtwächterstaat" hat sich diese Rechtstradition aber inzwischen sehr weit entfernt: Im Laufe der Zeit wurden immer mehr und mehr Aufgaben bzw Erwartungen an den Staat herangetragen, die er nur mit einer großen Verwaltung bewältigen kann. Im alten Österreich betrug um 1870 die Gesamtzahl der öffentlich Bediensteten einschließlich der Eisenbahn- und Postbediensteten 80.000. Um 1910 waren es bereits 400.000. Zu Beginn des 21. Jahrhunderts waren in den Verwaltungen der Gebietskörperschaften trotz Sparmaßnahmen und Aufnahmesperre insgesamt rund 340.000 Personen tätig. Der Bund hat über 130.000, die Länder 140.000, die Gemeinden ohne Wien 70.000 Bedienstete. Dagegen sind in der Gesetzgebung ieS nur rund 700 Organwalter tätig, in der Gerichtsbarkeit nur 1.800 Richter. 138

Der moderne Staat sichert, ordnet, leistet, verteilt, gestaltet und erfüllt viele andere Funktionen, für die ihn das Gesetz zuständig macht. Eine **Ausdehnung seiner Aufgaben bedeutet immer auch eine Ausdehnung seiner Ausgaben und der Abgaben**, die dafür erhoben werden müssen.

Diese Aufgaben lassen sich aus den Agenden der Verwaltungsorgane, insbesondere der Bundesministerien und der Ämter der Landesregierungen (Geschäftsverteilung), herauslesen. **Budgetgesetze**, insbesondere das Bundesfinanzgesetz, sind die kodifizierte Rangordnung der Politiken, die der Staat praktiziert.

2. Verwaltung und Verwaltungsrecht, Allgemeines Verwaltungsrecht

Jede Vollziehung der Gesetze, die nicht Gerichtsbarkeit ist, ist Verwaltung. 139
Diese negative Abgrenzung ist auch nach Jahrzehnten, in denen sich die Rechtswissenschaft um einen positiven Verwaltungsbegriff bemüht hat, noch immer die einzig stichhaltige. Im **funktionellen** Sinn sind jedenfalls alle Handlungen der Verwaltung im organisatorischen Sinn Verwaltung. Verwaltung im funktionellen Sinne ist aber auch jedenfalls das hoheitliche Handeln, das von außerhalb der jeweiligen Verwaltungsorganisation stehenden Stellen und (juristischen) Personen stammt, aus rechtlichen Gründen aber dieser Verwaltungsorganisation zurechenbar ist. Darüber

hinaus gibt es auch in der Justiz und in den Parlamenten Angelegenheiten, deren Vollziehung funktionell Verwaltung darstellt.

Allein das B-VG gebraucht je nach Zusammenhang ganz **verschiedene Verwaltungsbegriffe**, die teils rein organisatorisch (Art 94), teils rein funktionell (Art 20 Abs 3 und 4), teils funktionell auf die Hoheitsverwaltung beschränkt zu verstehen (Art 18 Abs 1) und teils umstritten sind.

140 **Verwaltungsrecht** ist in einem formellen Sinn das Recht der Organisation und des Verfahrens der Verwaltung. In einem materiellen Sinne ist Verwaltungsrecht das Recht, das von der Verwaltung im organisatorischen Sinn zu vollziehen ist, dann aber auch das Recht, das von der Verwaltung stammt (Verordnung, Bescheid).

141 Die **Verwaltungslehre** beschäftigt sich mit Stellung und Aufgaben der Verwaltung innerhalb der Gesellschaft, Organisation, Personalwesen, Verwaltungsmitteln (Vorschriften, Einrichtungen, Gebäude, Finanzen, Beschaffung), Arbeitsvorgängen und Kontrollen. Besondere Verwaltungslehren widmen sich den Spezialbereichen der Verwaltung. Business Administration und Public Administration sind wichtige Bereiche der **Verwaltungswissenschaft**. „New Public Management" und „Lean Government" sind gefragt.

142 Die **Verwaltungsrechtswissenschaft** behandelt die Frage, wie von Rechts wegen verwaltet werden soll. Sie gliedert sich in **Allgemeines Verwaltungsrecht** (das etwa grundlegende Begriffe und Erscheinungsformen der Verwaltung analysiert), **Verwaltungsverfahrensrecht** und **Besonderes Verwaltungsrecht**, das die einzelnen Rechtsgebiete der Verwaltung behandelt (zB Sicherheits-, Bildungs-, Wirtschaftsverwaltungs-, Agrarverwaltungs-, Sozial-, Kulturverwaltungs-, technisches Verwaltungs-, Umweltverwaltungsrecht, **sog materielles Verwaltungsrecht**).

143 Das **„Allgemeine Verwaltungsrecht"** bezeichnet einen Versuch, die wesentlichen, allgemeinen Strukturen und Lehren des Verwaltungsrechts in kompakter und kompilierter Form zu ergründen und darzustellen. Es sollen mit anderen Worten die **Grundsätze** und die **Organisation** sowie die **Instrumente** der Verwaltung in ihren wesentlichsten Grundbegriffen und Funktionen erschlossen und didaktisch aufbereitet werden.

3. Grundsätze der Verwaltungsführung

Legalitätsprinzip

144 Das zentrale und zweifellos bedeutsamste Leitprinzip für die Vollziehung ist das **Legalitätsprinzip**. Es bindet die gesamte staatliche Verwaltung an das Gesetz. Das Legalitätsprinzip gilt unbestritten in der Hoheitsverwaltung.

Wegen der besonderen Eingriffsmacht des Staates wird durch eine besondere Rückbindung an das Gesetz die Identität von Herrschern und Beherrschten gewahrt.

Weisungsbindung

Eine **Weisung** ist eine von einem Verwaltungsorgan ausgehende generelle oder individuelle Norm, die **an untergeordnete Organe** gerichtet ist (keine Außenwirkung). Die nachgeordneten Organe sind zur Befolgung der Weisung verpflichtet, außer es handelt sich um die Weisung eines unzuständigen Organs, oder die Befolgung der Weisung führt zur Verwirklichung einer strafbaren Handlung. Ist die Weisung „bloß" in sonstiger Weise rechtswidrig, so besteht zwar kein Ablehnungsrecht, aber die Möglichkeit, unter Bekanntgabe der rechtlichen Bedenken die **Weisungserteilung in schriftlicher Form** zu verlangen („Remonstrationsrecht"). Wird die schriftliche Ausfertigung der Weisung verweigert, so gilt die Weisung als **zurückgezogen**. 145

Gemäß Art 20 Abs 2 B-VG dürfen durch einfaches Gesetz Organe 146

- zur sachverständigen Prüfung,
- zur Kontrolle der Gesetzmäßigkeit der Verwaltung,
- mit Schieds-, Vermittlungs- und Interessenvertretungsaufgaben,
- zur Sicherung des Wettbewerbs und zur Durchführung der Wirtschaftsaufsicht,
- zur Aufsicht und Regulierung elektronischer Medien sowie zur Förderung der Medien,
- zur Durchführung einzelner Angelegenheiten des Dienst- und Disziplinarrechts,
- zur Durchführung und Leitung von Wahlen oder
- soweit dies nach Maßgabe des Rechts der EU geboten ist,

von der Bindung an die Weisungen der ihnen vorgesetzten Organe freigestellt werden. Die Landesverfassungen dürfen noch andere Kategorien weisungsfreier Organe schaffen.

Die letztlich bis zu den Unterinstanzen durchsetzbare Weisungsbefugnis der obersten Organe ist Grundbedingung ihrer rechtlichen und parlamentarischen **Verantwortlichkeit** und damit der **demokratischen Kontrolle** der Verwaltung. 147

Amtshilfe

Die Pflicht zur gegenseitigen Leistung von **Amtshilfe** ist in Art 22 B-VG für alle Organe des Bundes, der Länder und der Gemeinden, der 148

Gemeindeverbände und der nicht territorialen Selbstverwaltung verankert. Demnach muss **jede abstrakt zuständige** Behörde **jeder konkret zuständigen** Behörde auf Verlangen Hilfestellung in jeder denkbaren Form leisten (Auskunftserteilung, Ausstellung von Bescheinigungen etc). Art 22 B-VG begründet nicht nur eine Hilfeleistungspflicht, sondern auch ein **Recht aller Organe**, solche Hilfe in Anspruch zu nehmen. Art 22 B-VG ist unmittelbar anwendbar; einer einfachgesetzlichen Ausgestaltung bedarf es nicht.

Amtsverschwiegenheit

149 Art 20 Abs 3 B-VG verpflichtet alle Organe, die mit Aufgaben der Bundes-, Landes- oder Gemeindeverwaltung betraut sind, sowie die Organe anderer Körperschaften öffentlichen Rechts dazu, über **Tatsachen** Stillschweigen zu bewahren, die ihnen **ausschließlich** aus ihrer amtlichen Tätigkeit bekannt sind, soweit dies im Interesse der Aufrechterhaltung der öffentlichen Ruhe, Ordnung und Sicherheit, der umfassenden Landesverteidigung, der auswärtigen Beziehungen, im wirtschaftlichen Interesse einer Körperschaft des öffentlichen Rechts, zur Vorbereitung einer Entscheidung oder im überwiegenden Interesse einer Partei geboten ist (**Amtsverschwiegenheit**).

Im Rahmen der **Amtshilfe** können auch Tatsachen weitergegeben werden, die sonst unter die Amtsverschwiegenheit fallen würden. Der Adressat der Information ist diesfalls seinerseits an die Amtsverschwiegenheit gebunden. Amtsverschwiegenheit besteht nur hinsichtlich geheimer Tatsachen; **offenkundige oder -notorische Tatsachen müssen nicht verschwiegen werden**. Verschiedentlich ist eine Entbindung von der Verschwiegenheitspflicht für die Aussage vor einem Gericht oder einer Verwaltungsbehörde durch Bescheid der Dienstbehörde vorgesehen. Gegenüber der **Volksanwaltschaft** besteht **keine Schweigepflicht** (Art 148b Abs 1 B-VG).

Zur Zeit wird über eine Lockerung der Amtsverschwiegenheit debattiert.

Auskunftspflicht

150 Soweit eine verfassungs- oder einfachgesetzliche Verschwiegenheitspflicht nicht entgegensteht, sind alle mit Aufgaben der Bundes-, Landes- und Gemeindeverwaltung betrauten Organe sowie die Organe anderer Körperschaften öffentlichen Rechts zur **Erteilung von Auskünften** über Angelegenheiten ihres Wirkungsbereiches verpflichtet (Art 20 Abs 4 B-VG).

Die näheren Bestimmungen über Umfang und Art der zu erteilenden Auskünfte sind durch einfaches Gesetz zu treffen. Zuständig zur Gesetzgebung sind hinsichtlich der Bundesorgane und der durch Bundesgesetz zu regelnden Selbstverwaltung der Bund, hinsichtlich der Landes- und Gemeindeorgane sowie der durch Landesgesetz zu regelnden Selbstverwaltung zur Grundsatzgesetzgebung der Bund, zur Ausführungsgesetzgebung die Länder. Für die **Gerichtsbarkeit** besteht **keine Auskunftspflicht**. **Selbstverwaltungskörper** müssen nur ihren **Mitgliedern** und nur insoweit Auskunft erteilen, als die Erfüllung ihrer sonstigen Aufgaben dadurch nicht beeinträchtigt wird.

Effizienzprinzip

Das gesamte staatliche Verwaltungshandeln ist zudem an die Grundsätze 151
der **Sparsamkeit**, **Wirtschaftlichkeit** und **Zweckmäßigkeit** gebunden. Dies wird neben Art 13 Abs 2 und Art 51a B-VG aus den Bestimmungen des B-VG über die **Rechnungshofkontrolle** (Art 121 ff B-VG) abgeleitet.

Amtshaftung

Für von Organen der staatlichen Vollziehung in dieser Funktion rechts- 152
widrig und schuldhaft verursachte Schäden haftet der Rechtsträger, für den das Organ tätig geworden ist, nach den Bestimmungen des bürgerlichen Rechts (**Amtshaftung,** Art 23 Abs 1 B-VG). Je nach dem Vollzugsbereich, in dem das den Schaden verursachende Organ tätig war, haftet die entsprechende Gebiets- oder sonstige Körperschaft öffentlichen Rechts. Es kommt dabei auf den **funktionellen Zusammenhang** zwischen Organtätigkeit und Rechtsträger an, nicht auf den organisatorischen.

Die Amtshaftung gilt **nur für Vollziehungshandeln** (einschließlich 153
der Gerichtsbarkeit). Eine **Haftung für sogenanntes legislatives Unrecht** und für Entscheidungen der Höchstgerichte besteht nicht. Eine solche Haftung wird aber nach der Rechtsprechung des Europäischen Gerichtshofs **durch Unionsrecht** begründet. Ebenso kann mit einer (völkerrechtlichen) Verurteilung Österreichs durch den Europäischen Gerichtshof für Menschenrechte eine Verpflichtung zur Ersatzleistung (auch für gesetzgeberische Konventionsverletzungen) verbunden sein.

4. Organisation

Oberste Organe

154 Ein **oberstes Organ** ist ein von der Verfassung mit der Durchführung **„oberster Verwaltungsgeschäfte"** betrautes Organ. Oberste Organe dürfen **nicht an Weisungen gebunden** werden. Ihrerseits sind hingegen die obersten Organe vielfach zur Erteilung von Weisungen befugt. Im Sinne der bereits erwähnten „Checks and Balances" ist allerdings der Bundespräsident für seine meisten Rechtsakte auf einen **„Vorschlag"** der **Bundesregierung** oder des Bundeskanzlers angewiesen. Bescheide oberster Organe sind vor den Verwaltungsgerichten und den Gerichtshöfen des öffentlichen Rechts bekämpfbar (**verfassungsgesetzlich angeordnete Rechtskontrolle**). Oberste Organe der Bundesverwaltung sind

- der **Bundespräsident**
- die **Bundesregierung**
- die **Bundesminister**.

Oberste Organe der Landesverwaltung sind die **Landesregierungen**, die ihrerseits nach dem Ressortsystem eingerichtet sein können, so dass für einzelne Angelegenheiten einzelne Landesräte oder der Landeshauptmann zuständig sind.

Rechtsstellung und wichtigste Kompetenzen des Bundespräsidenten

155 Der Bundespräsident ist **Staatsoberhaupt** und eines der **obersten Organe** der Bundesverwaltung. Er **vertritt** die Republik nach außen und ernennt (und entlässt) den Bundeskanzler und auf dessen Vorschlag die übrigen Mitglieder der Bundesregierung. Er hat die Befugnis, den **Nationalrat** und die **Landtage aufzulösen**, ein Gesetz- oder Verfassungsreferendum anzuordnen; er ist **Oberbefehlshaber** des Bundesheeres und ernennt die Beamten einschließlich der Richter, soweit diese Befugnis nicht an den jeweils zuständigen Bundesminister delegiert ist. Außerdem beurkundet der Bundespräsident das verfassungsmäßige Zustandekommen der Bundesgesetze.

156 Der Bundespräsident wird **vom Bundesvolk** auf Grund des geheimen, gleichen, allgemeinen, unmittelbaren, freien und persönlichen Wahlrechts gewählt. Seine Amtsdauer beträgt **sechs Jahre**, eine **einmalige Wiederwahl** ist zulässig; vor einer allfälligen dritten Amtsperiode einer Person muss jedoch eine andere Person das Amt des Bundespräsidenten bekleiden. Der Bundespräsident kann **rechtlich** von der **Bundesversammlung** vor dem VfGH wegen Verfassungsbruches (nicht aber Verstoßes

gegen einfache Gesetze) belangt werden; ein allfälliger Schuldspruch hat den Amtsverlust zur Folge. **Politisch** ist der Bundespräsident dem **Bundesvolk** verantwortlich, das auf Beschluss der Bundesversammlung in einer Volksabstimmung über die Abwahl des Bundespräsidenten zu entscheiden hat. Lehnt das Volk die Abwahl des Bundespräsidenten ab, so gilt der Bundespräsident als wiedergewählt und der Nationalrat zugleich als aufgelöst: Diesem Organ, das die Abwahl initiieren muss, versagt das Volk durch seinen Entscheid das Vertrauen. Eine verwaltungs- oder gerichtsbehördliche **Verfolgung** des Bundespräsidenten bedarf der **Zustimmung der Bundesversammlung**. Ist der Bundespräsident an der Ausübung seiner Amtsgeschäfte verhindert, so vertritt ihn

- bei einer **vorübergehenden Verhinderung** (bis zu 20 Tage) der **Bundeskanzler**;
- bei einer **länger dauernden** vorübergehenden Verhinderung oder bei Amtserledigung sowie ab dem Beschluss des Nationalrates auf Einleitung einer Volksabstimmung über seine Absetzung das **Kollegium der drei Präsidenten des Nationalrates**.

Aufgaben und Rechtsstellung des Bundeskanzlers und der übrigen Mitglieder der Bundesregierung

Der **Bundeskanzler** wird vom Bundespräsidenten ernannt. Der Bundes- 157
präsident ist in seiner Wahl grundsätzlich frei und **an keinerlei Vorschläge oder Regelungen gebunden** (der Bundeskanzler muss allerdings zum Nationalrat wählbar sein). Auf Vorschlag des Bundeskanzlers ernennt und entlässt der Bundespräsident die übrigen Mitglieder der Bundesregierung. **Ohne** einen **Vorschlag** kann der Bundespräsident den Bundeskanzler oder die gesamte Bundesregierung **entlassen** (Art 70 B-VG).

Dem **Bundeskanzler** kommt – gemeinsam mit dem Bundespräsi- 158
denten – maßgeblicher Einfluss auf die Zusammensetzung der Bundesregierung zu. Er führt in ihr den Vorsitz, hat aber **keine inhaltliche Leitungs- oder Richtlinienkompetenz** hinsichtlich der Führung der Amtsgeschäfte der übrigen Bundesminister („primus inter pares"). Der Bundeskanzler führt ein eigenes Ministerium, das **Bundeskanzleramt**. Er wird im Falle seiner Verhinderung vom Vizekanzler vertreten. Der Vizekanzler und die übrigen Bundesminister bilden mit dem Bundeskanzler gemeinsam die **Bundesregierung**. Sie sind wie der Bundeskanzler „oberste Organe" im Sinne des B-VG. Eine Bindung an Anträge oder Vorschläge sowie ein Instanzenzug von einem Bundesminister an ein anderes Organ sind daher verfassungsrechtlich ausgeschlossen. Die neu bestellte Bundesregierung sowie neu bestellte einzelne Bundesminister haben sich unverzüglich dem Nationalrat vorzustellen. Der Bundeskanzler sowie die

übrigen Mitglieder der Bundesregierung sind vom politischen **Vertrauen des Nationalrates** abhängig und können überdies durch den Bundespräsidenten **jederzeit entlassen** werden. Sie haben das Recht, auf Verlangen des jeweiligen Vertretungskörpers auch die Pflicht, an den Sitzungen des National- und des Bundesrates und seiner Ausschüsse teilzunehmen. Der Bundeskanzler und die übrigen Bundesminister haben parlamentarische **Anfragen** zu **beantworten** bzw im Rahmen einer dringlichen Anfrage eine Stellungnahme abzugeben.

159 Wegen **schuldhafter Verletzung der Verfassung oder der Gesetze** können der Bundeskanzler und die übrigen Bundesminister durch Beschluss des Nationalrates **beim Verfassungsgerichtshof (VfGH) angeklagt** werden. Die Bundesminister **führen** in eigener Verantwortung und ohne Bindung an Vorschläge oder Anträge, jedoch unter Bindung an die Gesetze die ihnen beigeordneten Dienststellen, die **Bundesministerien**. Die Zuständigkeiten der Bundesminister ergeben sich zT aus der Verfassung, zT aus dem Bundesministeriengesetz, zum größten Teil aber aus den Vorschriften des einfachen Rechts, insbesondere des besonderen Verwaltungsrechts. Es besteht auch die Möglichkeit der Ernennung eines **Bundesministers ohne Portefeuille**.

160 Von den Bundesministern in ihrer Funktion als Leiter der Ministerien und – zumeist – für ein bestimmtes Ressort zuständige oberste Organe ist **die Bundesregierung** zu unterscheiden. Sie ist ein **Kollegialorgan** des Bundes, das aus dem Bundeskanzler, dem Vizekanzler und den übrigen Bundesministern besteht. Keine Mitglieder der Bundesregierung sind hingegen die Staatssekretäre („politischen Ministergehilfen"). Aufgaben sind der Bundesregierung durch Bundesverfassungsgesetz und einfaches Gesetz zugewiesen. Verschiedene Befugnisse des Bundespräsidenten dürfen nur auf Vorschlag der Bundesregierung ausgeübt werden (zB die völkerrechtliche Vertretung der Republik nach außen; die Einberufung und Auflösung des Nationalrates, die Anordnung einer Volksabstimmung). Für das Zustandekommen eines Beschlusses der Bundesregierung bedarf es der **Einstimmigkeit**.

Landesverwaltung

161 Oberstes Organ der Landesverwaltung ist die **Landesregierung**. Sie ist ein Kollegialorgan, das vom Landtag gewählt wird. Ihm gehören der **Landeshauptmann** – wie der Bundeskanzler als „primus inter pares" – und die **Landesräte** an. Die Landesregierung entscheidet wie die Bundesregierung **kollegial**, der Landeshauptmann kann in den Angelegenheiten der Landesverwaltung also nicht allein entscheiden. Es ist aber zulässig, einzel-

ne Angelegenheiten in einem Ressortsystem auf die einzelnen Landesräte zu übertragen.

Der Landesregierung funktionell und dem Landeshauptmann organisatorisch unterstellt ist das **Amt der Landesregierung** für die Landesverwaltung zuständig. In ihm finden sich alle „Ressorts" des Landes wieder – ein Ministerialsystem ist auf Landesebene nicht eingerichtet. Das Amt der Landesregierung wird vom Landeshauptmann geleitet, dem der Landesamtsdirektor als Hilfsorgan beigegeben ist. Der Landeshauptmann ist aber nur organisatorisch-dienstrechtlich Leiter des gesamten Landesamtes, in fachlicher Hinsicht ist in einer Art Matrix-Organisation der jeweils zuständige Landesrat zur Leitung kompetent. 162

Mittelbare Bundesverwaltung

Haupttypus der Vollziehung des Bundes ist nach dem Konzept des B-VG die **mittelbare Bundesverwaltung** (Art 102 Abs 1 B-VG). Nach diesem Konzept bedient sich der Bund zur Erfüllung seiner Vollziehungsaufgaben **organisatorischer Landesbehörden**. Dadurch wird der Bund entlastet (keine Notwendigkeit der Bildung eigener Behörden) und den Ländern ein maßgeblicher Einfluss auf die Vollziehung des Bundes eröffnet. Für die mittelbare Bundesverwaltung ist im Allgemeinen **die Bezirksverwaltungsbehörde**, also die Bezirkshauptmannschaft (der Bürgermeister einer Stadt mit eigenem Statut) zuständig, die der Weisung des **Landeshauptmanns unterworfen ist, der wiederum** in Bindung an die Weisungen des zuständigen Bundesministers agiert. 163

Keine mittelbare Bundesverwaltung besteht in der Gerichtsbarkeit (die gar keine Verwaltung ist) und in Angelegenheiten, in denen der Bund von der Ermächtigung des Art 102 Abs 2 B-VG Gebrauch gemacht hat, zur Vollziehung seiner Angelegenheiten **eigene Bundesbehörden** einzusetzen (zB Asylwesen, Denkmalschutz, Mineralrohstoffrecht). 164

Von vornherein ebenfalls keine mittelbare Bundesverwaltung besteht dort, wo gar keine Bundes-, sondern originäre Landesverwaltung vorliegt (Art 11, 12, 15 B-VG).

Bezirksverwaltung, Statutarstädte

Zur Besorgung aller Angelegenheiten der Bundes- und der Landesverwaltung, die nicht anderen Behörden zugewiesen sind, sind die **Bezirksverwaltungsbehörden** zuständig. Sie sind **monokratische Landesverwaltungsbehörden**, die unter der Leitung eines Bezirkshauptmannes 165 stehen und **dem Landeshauptmann** in seiner Eigenschaft als Vorstand des Amtes der Landesregierung organisatorisch **unterstellt** sind.

Die Bezirkshauptmannschaften überziehen lückenlos das gesamte Bundesgebiet mit Ausnahme des Gebietes der **Statutarstädte**. Bei diesen handelt es sich um **Gemeinden**, denen landesgesetzlich das Stadtrecht verliehen wurde. Solche Gemeinden haben neben den in dieser Eigenschaft als Gemeinde anfallenden auch die Aufgaben einer Bezirksverwaltungsbehörde zu vollziehen. Der Gemeindevorstand einer Statutarstadt heißt **Stadtsenat**, das Gemeindeamt **Magistrat**. In den Angelegenheiten der Bezirksverwaltung ist der **Bürgermeister** als Behörde zuständig (**Art 119 Abs 1 und 2 B-VG**).

Selbstverwaltung

166 Manche Rechtsordnungen sind – wie etwa das Unionsrecht – neben anderen Grundsätzen auch von einem umfassenden **Subsidiaritätsprinzip** beherrscht. Danach soll grundsätzlich die größere Organisationseinheit nur für jene Aufgaben zuständig sein, die nicht genauso gut oder besser von der räumlich kleineren Organisationseinheit wahrgenommen werden können.

Das B-VG kennt einerseits **kein umfassendes Subsidiaritätsprinzip**, anerkennt aber andererseits ausdrücklich die **territoriale** und die **berufliche** Selbstverwaltung und statuiert zugunsten der Gemeindeselbstverwaltung ein spezifisches Subsidiaritätsprinzip. Die territoriale wie die berufliche Selbstverwaltung gehören gleichermaßen dem Staate zu; sie sind **Staatsverwaltung** im Sinne des B-VG. Die Verfassung übt sich trotz der grundsätzlichen Anerkennung der beruflichen Selbstverwaltung in **Distanz zum Kammerstaat** und entlässt die Selbstverwaltung ständischer Gliederungen nicht in eine staatsfreie Sphäre der völligen Selbständigkeit („Staat im Staat"), sondern bindet sie in den Staat ein.

167 Bei den Trägern staatlicher Selbstverwaltung handelt es sich um

- **juristische Personen des öffentlichen Rechts** mit
- **obligatorischer Mitgliedschaft** und
- **wirtschaftlicher Selbständigkeit**, denen
- vom Staat bestimmte **öffentliche Aufgaben** zur Besorgung zugewiesen werden.

Es handelt sich dabei um Aufgaben, die

- im **ausschließlichen oder überwiegenden Interesse** der in der jeweiligen juristischen Person zusammengefassten Personen liegen und die
- **geeignet** sind, durch diese Personengemeinschaft selbständig besorgt zu werden.

Selbstverwaltung bedeutet

- **selbständige, weisungsfreie** Besorgung der dem jeweiligen Selbstverwaltungskörper zugewiesenen Aufgaben
- durch **autonom** (demokratisch) bestellte Organe, wenn auch
- unter staatlicher **Aufsicht**.

Den meisten Selbstverwaltungskörpern sind über die Besorgung dieser im eigenen Interesse gelegenen Aufgaben („**eigener Wirkungsbereich**") hinaus auch Aufgaben der allgemeinen Verwaltung übertragen („**übertragener Wirkungsbereich**"). 168

Die gemeindliche (territoriale) Selbstverwaltung

Kern der **gemeindlichen Selbstverwaltung** ist ihr sogenannter **eigener Wirkungsbereich**. Dieser ist ausschließlich durch die Gemeindeorgane unter Ausschluss eines Weisungsrechts und eines Rechtszuges an die außergemeindliche Verwaltung, wenngleich unter einer kontrollierenden Gemeindeaufsicht zu führen. Die Gemeinden verfügen auch über „Selbstgesetzgebungsbefugnis", also über die Autonomie, im eigenen Wirkungsbereich Verordnungen zu erlassen sowie den inneren Dienst eigenständig zu regeln. Bei Besorgung des eigenen Wirkungsbereiches ist die Gemeinde zwar an die bestehenden **Gesetze und Verordnungen** des Bundes und der Länder **gebunden**, agiert aber im eigenen Namen; ein **administratives Rechtsmittel** zu einer Bundes- oder Landesbehörde gibt es **nicht**; allerdings können Bescheide der Gemeinde bei den Verwaltungsgerichten angefochten werden. 169

Welche Agenden durch Bundes- oder Landesgesetz dem eigenen Wirkungsbereich der Gemeinden – **ausdrücklich** – zuzuweisen sind, ergibt sich aus Art 118 Abs 2 und 3 B-VG: Art 118 Abs 2 B-VG enthält eine **Generalklausel**, **Abs 3** eine **demonstrative Aufzählung** von Angelegenheiten, die dem eigenen Wirkungsbereich der Gemeinden vorzubehalten sind. Typische Angelegenheiten des eigenen Wirkungsbereiches sind etwa: 170

- die örtliche **Baupolizei**,
- die örtliche **Raumplanung**,
- die örtliche **Sicherheits- und Straßenpolizei**,
- die örtliche **Abfallwirtschaft**.

Im Rahmen der „allgemeinen" Bundes- und Landesgesetze kommt den Gemeinden auch **Privatrechtsfähigkeit** zu. Sie sind durch Art 116 Abs 2 B-VG als „selbständige(r) Wirtschaftskörper" eingerichtet und haben „das Recht, innerhalb der Schranken der allgemeinen Bundes- und Landesgesetze Vermögen aller Art zu besitzen, zu erwerben und darüber zu verfügen, wirtschaftliche Unternehmungen zu betreiben sowie im Rahmen der Finanzverfassung ihren Haushalt selbständig zu führen". 171

172 Im **übertragenen Wirkungsbereich** wird die Gemeinde **funktional** als **Bundes- oder Landesbehörde** tätig. Zuständiges Gemeindeorgan ist in diesen Angelegenheiten der **Bürgermeister**. Er unterliegt – je nach Herkunft der Materie – der **Weisung** des Bundes- oder Landesorgans, das für die Durchführung der entsprechenden Angelegenheit übergeordnet zuständig ist. In Angelegenheiten der Bundesverwaltung ist dies idR etwa der Landeshauptmann, in Angelegenheiten der Landesvollziehung die Landesregierung (der Landesrat). Der Bürgermeister ist dementsprechend auch jeweils dem Bund oder den Ländern **politisch und rechtlich verantwortlich** und kann in dieser Funktion (nicht aber auch als Mitglied des Gemeinderates) abgesetzt werden (Art 119 Abs 4 B-VG).

173 Die Bundesverfassung stellt bei der Umschreibung der Aufgaben, die jeweils dem eigenen oder dem übertragenen Wirkungsbereich einer Gemeinde zuzuweisen sind, nicht auf konkrete Einzelgemeinden, sondern auf die sogenannte **„abstrakte Einheitsgemeinde"** ab. Da die Gemeinen unterschiedlich groß und unterschiedlich personell ausgestattet sind, kann dies im Einzelfall auch zur Überforderung einer Gemeinde führen. **Über Antrag** einer Gemeinde kann aber die Besorgung einzelner Angelegenheiten des eigenen Wirkungsbereiches durch Verordnung der Landesregierung oder des Landeshauptmannes auf eine staatliche Behörde übertragen werden (vgl Art 118 Abs 7 B-VG).

174 Jede Gemeinde muss aus bundesverfassungsrechtlicher Sicht über einen **Gemeinderat**, einen **Gemeindevorstand** und einen **Bürgermeister** sowie über ein **Gemeindeamt** verfügen (Art 117 B-VG). Die nähere organisatorische Ausgestaltung der Gemeinde ist den landesgesetzlichen **Gemeindeordnungen** bzw den **Stadtstatuten** vorbehalten. In diesen sind zum Teil zahlreiche weitere Gemeindeorgane vorgesehen, wie etwa Gemeinderatsausschüsse, Kontrollämter, besondere Berufungskommissionen etc.

Der **Gemeinderat** ist eine kollegiale Verwaltungsbehörde. Er ist das **oberste Organ** der Gemeinde, dem alle anderen Gemeindeorgane verantwortlich sind. Umstritten ist, ob der Gemeinderat gegenüber allen anderen Organen auch Weisungen erteilen darf. Auch der **Gemeindevorstand** ist ein kollegiales Verwaltungsorgan, das im Wesentlichen vorbereitende Arbeiten für den Gemeinderat zu erledigen hat; der Gemeindevorstand bzw – in Statutarstädten – der **Stadtsenat** kann aber überdies mit eigenen Beschlusskompetenzen ausgestattet werden. Der **Bürgermeister** wird vom Gemeinderat, in den meisten Ländern aufgrund der jeweiligen Landesverfassung durch das Gemeindevolk gewählt (Art 117 Abs 6 B-VG). In den Angelegenheiten des übertragenen Wirkungsbereiches ist er aufgrund von Art 119 B-VG jedenfalls, im eigenen Wirkungsbereich zumeist Behörde erster Instanz. Er führt die laufenden Geschäfte der Gemeinde und vertritt sie nach außen. Ihm kommt auch die organisatorische Leitung des

Gemeindeamtes oder des **Magistrats** zu, das als **gemeinsames Hilfsorgan für Gemeinderat, Gemeindevorstand (Stadtsenat) und Bürgermeister** einzurichten ist. In Angelegenheiten des eigenen Wirkungsbereiches eröffnet Art 117 Abs 8 B-VG die Möglichkeit der Einrichtung von Mitteln der **Volksbeteiligung**. Es handelt sich dabei aber nicht um Gesetzgebungsbefugnisse, sondern um eine Art der **Verwaltungspartizipation**.

Die Bundeshauptstadt **Wien** hat in den Art 108 bis 112 B-VG eine **Sonderregelung** erfahren, die jene Regelungen ergänzt und modifiziert, die auf Wien als Bundesland und als Gemeinde anwendbar sind. Die Organe der Stadt Wien sind doppelfunktional als Landes- und Gemeindeorgane eingerichtet. So hat etwa der Gemeinderat zugleich die Funktion des Landtags, der Stadtsenat die Funktion der Landesregierung und der Bürgermeister die Funktion des Landeshauptmanns auszuüben (Art 108 B-VG). 175

Andere Selbstverwaltungskörper

Mit ihrer **Weisungsfreistellung** und dem **Ausschluss** eines **Instanzenzuges** an staatliche Behörden steht die Selbstverwaltung zwar nicht außerhalb des Staates. Die Bedingungen der Zurechnung zum und der Einbindung in den Staat sind aber gegenüber dem Grundmodell der Verwaltung deutlich relativiert: Die demokratische Rückbindung und Kontrolle durch das Bundes- oder Landesparlament ist durch eine bloße Aufsicht ersetzt, die demokratische Kontrolle durch das Verbandsparlament weicht im Wesentlichen einer autonomen demokratischen **Binnenkontrolle**. 176

Bundesverfassungsgesetzlich vorausgesetzt bzw geregelt sind die gesetzlichen **beruflichen Interessenvertretungen**, die Kammern („Sozialpartner", Art 120a Abs 2 und Art 141 B-VG). Sie sind Körperschaften öffentlichen Rechts mit gesetzlich verankerter Zwangsmitgliedschaft. Die Organe werden – direkt oder indirekt – von den Mitgliedern bestellt. Typische Aufgaben der Kammern sind die **Vertretung** der Interessen der jeweiligen Berufsgruppe nach außen und im politischen Prozess (zB Begutachtungsrechte bei Regierungsvorlagen), die **Ordnung der Berufsausübung** sowie das jeweilige ständische **Disziplinarrecht**. Auch die Kammern verfügen über einen eigenen Wirkungsbereich, in dem sie weisungsfrei agieren; verschiedentlich sind jedoch im Disziplinarrecht Rechtszüge an staatliche Behörden eingerichtet. Die Kammern verfügen – wie die Gemeinden – über **Satzungsautonomie**. Neben den Kammern sind auch die Österreichische HochschülerInnenschaft, die Sozialversicherungsträger und zahlreiche kleinere Verbände (etwa Wassergenossenschaften, Jägerschaften) als Selbstverwaltungsträger konstituiert. 177

Beleihung, Ausgliederung, Verwaltungshilfe

178 Als **Verwaltungshilfe** bezeichnet man **unselbständige Hilfsdienste** Privater für die öffentliche Verwaltung. Sie finden nicht im Rahmen eines Dienstverhältnisses statt, die beauftragten oder in die Pflicht genommenen Helfer haben **keine Hoheitsgewalt** und sind dem Behördenapparat nicht eingegliedert.

179 Größere **Aufgabenkomplexe** werden – in letzter Zeit immer häufiger – im Zuge sogenannter **Organisationsprivatisierungen** aus der staatlichen Verwaltung ausgegliedert und bestehenden oder eigens gegründeten juristischen Personen des öffentlichen oder privaten Rechts übertragen.

180 Werden einer juristischen oder physischen Person oder einem ausgegliederten Rechtsträger, der außerhalb des Apparats der Staatsverwaltung steht, dabei oder unabhängig von einer Ausgliederung einzelne **Hoheitsbefugnisse** übertragen, wird eine solche Person etwa mit der Erlassung von Bescheiden oder mit der Setzung unmittelbarer verwaltungsbehördlicher Befehls- und Zwangsakte betraut, dann nennt man das **Beleihung**. Der Beliehene handelt **als Staatsorgan**, er unterliegt der **Weisung** oder zumindest der **Aufsicht** des Staats, für sein Verhalten haftet der Staat. Der Beliehene ist aber gerade nicht in den Staatsapparat eingegliedert, weshalb Weisung und Aufsicht eigens gesetzlich festgelegt werden müssen.

Nicht jede solche Ausgliederung und Beleihung ist verfassungsrechtlich zulässig. Die Rechtsprechung hat ein System verschiedener aufeinander bezogener Kriterien entwickelt, anhand derer die Zulässigkeit von Ausgliederungen zu beurteilen ist. Danach dürfen

- nur **vereinzelte** Aufgaben
- unter **Aufrechterhaltung** eines **Leitungszusammenhanges** zu den demokratisch verantwortlichen Organen ausgegliedert werden.
- Bestimmte **Kernbereiche** staatlicher Aufgaben sind der Ausgliederung von vornherein unzugänglich (zB die Strafgewalt, aber auch außenpolitische Maßnahmen).
- In diesem Zusammenhang steht auch ein **Vorbehalt schwerwiegender Grundrechtseingriffe durch die unmittelbare Staatsverwaltung**.
- Ausgliederungen müssen weiters (in besonderer Weise) durch **sachliche** Erfordernisse **gerechtfertigt** sein, die innerhalb der Staatsverwaltung nicht erfüllt werden können.
- Schließlich darf durch die Ausgliederung einer bisher vom Staat besorgten Aufgabe für die bisher Beschäftigten nicht willkürlich der **Dienstgeber** ausgetauscht und damit der Haftungsfonds entzogen werden.

5. Instrumente

Hoheitsverwaltung

Der Staat verfügt über die besondere, nur ihm eigene Macht, **einseitigen**, heteronomen **Befehl** und **Zwang** ausüben und den Einzelnen auch gegen dessen Willen binden zu können. Dem Staat kommt gegenüber dem Einzelnen damit **Imperium** zu. Das B-VG kleidet im Interesse der Rechtssicherheit und des Rechtsschutzes alle möglichen Formen der Ausübung von Hoheitsgewalt in **Rechtssatzformen** ein, an die der entsprechende Rechtsschutz anknüpft: 181

Die hoheitliche Vollziehung durch Verwaltungsbehörden erfolgt durch die Instrumente von **Verordnung**, **Bescheid** und **unmittelbarer verwaltungsbehördlicher Befehls- und Zwangsgewalt**. Auch **Weisungen** stehen in engem Zusammenhang mit der Hoheitsverwaltung. Sie bilden im dienstrechtlichen Sinne hoheitliche, weil das Verhalten der (rechtsunterworfenen) Bediensteten normativ regelnde Anordnungen; im Außenverhältnis werden sie allerdings nicht oder nur mittelbar wirksam. Vollstreckungsakte sind von einem vorangegangenen Akt der Rechtsentscheidung abhängig. Auch gegen **sonstiges „Verhalten"** in Vollziehung der Gesetze kann man unter bestimmten Voraussetzungen vor den Verwaltungsgerichten Beschwerde führen.

Verordnung

Die Verordnung ist eine **generelle administrative Norm**. Verordnungen treten in verschiedensten Erscheinungsformen und unter verschiedensten Namen auf. Gemeinsam ist allen diesen als Verordnung zu qualifizierenden Phänomenen, dass es sich dabei um **von einer staatlichen Verwaltungsbehörde im Bereich der Hoheitsverwaltung erlassene generelle außenwirksame Regelungen** handelt. Verordnungen sind zB Studien- und Lehrpläne, Satzungen und Disziplinarordnungen der Kammern und Flächenwidmungspläne. 182

Durch Verordnungen werden Gesetzesbefehle **präzisiert** (Durchführungsverordnungen) oder **ergänzt** (selbständige, gesetzesergänzende Verordnungen); in bestimmten Fällen stellt die Verfassung auch Verordnungen an die Stelle des Gesetzes (selbständige, **gesetzesvertretende Verordnungen**).

Zur Erlassung von **Durchführungsverordnungen** sind unmittelbar auf Grund von Art 18 Abs 2 B-VG **alle Verwaltungsbehörden** innerhalb ihres Wirkungsbereiches ermächtigt. Durch solche bloßen Durchführungsverordnungen darf der Gesetzesinhalt nur präzisiert werden. **Selbständige** 183

Verordnungen beruhen jeweils auf speziellen verfassungsgesetzlichen Ermächtigungen: So dürfen etwa die Gemeinden auf Grund von Art 118 Abs 6 B-VG in den Materien des eigenen Wirkungsbereiches ortspolizeiliche Verordnungen zur Abwehr oder Bekämpfung gemeindespezifischer Missstände oder Gefahren erlassen und der Bundespräsident besitzt ein sogenanntes **Notverordnungsrecht**. Er darf auf Grund von Art 18 Abs 3 B-VG zur Abwehr dringender Gefahren gesetzesändernde Verordnungen erlassen, wenn eine rechtzeitige Beschlussfassung durch den Nationalrat aus bestimmten Gründen nicht möglich ist.

Bescheid

184 Der Bescheid ist ein Mittel **individueller** hoheitlicher Rechtsetzung. Durch ihn wird gegenüber **bestimmten** Rechtsunterworfenen die **Rechtslage verändert** oder **verbindlich festgestellt**. Bescheide werden auf Grund eines vorangegangenen **förmlichen Verfahrens** gegenüber bestimmten einzelnen Personen erlassen. Ein Bescheid muss nicht unbedingt als solcher bezeichnet sein. Es kommen auch Bezeichnungen wie „Verfügung", „Anordnung" und dergleichen in Betracht. Bescheide sind etwa die Baubewilligung, die Erteilung der Lenkerberechtigung (nicht aber der Führerschein!) oder der Einberufungsbefehl.

185 Zwar muss ein Bescheid im Zeitpunkt seiner Erlassung von der materiellen Rechtslage gedeckt sein; er löst sich aber insofern von dieser, als er bei Veränderung der materiellen Rechtslage idR weiter gilt (**Rechtskraftwirkung**): Ist ein Bescheid nicht mehr anfechtbar, dann tritt mit dieser formellen Rechtskraft zugleich die materielle Rechtskraft ein; der Bescheid wird dann **unabänderbar** und **unwiederholbar**. Bei Änderung der Sach- oder Rechtslage kann allerdings ein neuer Bescheid ergehen.

186 Nach verschiedenen Kriterien können bestimmte Kategorien von Bescheiden unterschieden werden: Je nachdem, ob über eine Verwaltungssache **inhaltlich** abgesprochen oder über einen Antrag **verfahrensrechtlich** entschieden wird, kann man **materiellrechtliche** und **verfahrensrechtliche** Bescheide unterscheiden; bloßen den Prozess leitenden Verfahrensanordnungen kommt aber keine selbständige Bescheidqualität zu. Bescheide, die nicht an bestimmten persönlichen Rechten oder Rechtsverhältnissen, sondern an Sachen oder sachlichen Gegebenheiten anknüpfen, die vom Wechsel der berechtigten oder verpflichteten Person unabhängig sind, werden **dingliche Bescheide** genannt. Des Weiteren kann man zwischen antragsbedürftigen und von Amts wegen zu erlassenden Bescheiden unterscheiden; überdies sind begünstigende und belastende Bescheide voneinander zu trennen. Die wichtigste Unterscheidung ist aber jene nach der angestrebten Bescheidwirkung: **Rechtsgestaltungsbescheide**

begründen, verändern oder heben Rechte oder Rechtsverhältnisse auf; **Leistungsbescheide** begründen konkrete Handlungsverpflichtungen des Adressaten, und **Feststellungsbescheide** sprechen verbindlich über das Bestehen oder Nichtbestehen von Rechten oder Rechtsverhältnissen ab.

Akte unmittelbarer verwaltungsbehördlicher Befehls- und Zwangsgewalt

Akte unmittelbarer verwaltungsbehördlicher Befehls- und Zwangsgewalt 187 sind von einem **Verwaltungsorgan** im Bereich der **Hoheitsverwaltung** gesetzte, an **individuell bestimmte Adressaten** gerichtete, nach außen in relativer Verfahrensfreiheit erlassene **Anordnungen** oder **unmittelbare Veranlassungen** (Art 130 Abs 1 Z 2 B-VG).

Nur **aktives Handeln** eines Verwaltungsorgans kann idR einen solchen AuvBZ darstellen; Nichtstun kann nur in besonders qualifizierten Fällen als Rechtsakt bekämpft werden (zB Verhungernlassen eines Gefangenen). Der Akt muss **nicht von einer Behörde** oder einem Behördenvertreter gesetzt werden. Vielmehr ist es geradezu typisch, dass AuvBZ von **Organen** zB der Bundespolizei gesetzt werden, die nicht nach außen als Behörde auftritt, sondern ein (bewaffneter) Hilfskörper ist.

Privatwirtschaftsverwaltung

Begriff der Privatwirtschaftsverwaltung

Mit dem Schlagwort von der **Privatwirtschaftsverwaltung** wird jener 188 Bereich umschrieben, in dem der Staat **wie ein Privater** auftritt, sich also jener Mittel bedient, die auch einem Privaten zur Verfügung stehen. Der Staat tritt etwa als Mitbewerber auf dem Markt auf, kauft und verkauft, sucht um eine Baugenehmigung an oder klagt einen Schädiger auf Schadenersatz. Der privatwirtschaftlich agierende **Staat** bedient sich nicht der oben behandelten hoheitlichen Mittel der Rechtsvollziehung. Er ist vielmehr selbst **Rechtsunterworfener**, der nach denselben Regeln am Rechtsverkehr teilnimmt wie (andere) Private.

Nach Art 17 B-VG wird durch die Kompetenzverteilung im Bundesstaat 189 die **Stellung des Bundes und der Länder als Träger von Privatrechten** in keiner Weise berührt. Art 116 Abs 2 B-VG gewährleistet den Gemeinden das Recht auf wirtschaftliche Selbstverwaltung einschließlich der Führung von Unternehmen. Die Gebietskörperschaften können also auch in jenen Bereichen wie Private agieren, in denen ihnen nach der Kompetenzverteilung keine Zuständigkeit für Gesetzgebung und/oder Vollziehung zukommt.

Freilich ist der Staat als Träger von Privatrechten nicht auf genuin privatrechtliche Handlungsformen beschränkt: Er kann auch um **öffentlich-rechtliche Genehmigungen** ansuchen oder **Verpflichteter** eines (ebenfalls öffentlich-rechtlichen) Bescheides sein. In all diesen Fällen ist es entscheidend, dass der Staat **nicht mit** seiner nur ihm zur Verfügung stehenden **Hoheitsgewalt**, mit Imperium, auftritt, sondern sich verhält wie jeder andere Private auch. Die Unterscheidung zwischen privatwirtschaftlicher und hoheitlicher Verwaltung richtet sich also **ausschließlich** nach den jeweils vorgesehenen **Mitteln**.

Bereiche der Privatwirtschaftsverwaltung

190 Es gibt **keine Bereiche**, in denen der Staat von vornherein nur privatwirtschaftlich agieren könnte; vielmehr stehen ihm im Rahmen der verfassungsrechtlichen Grenzen in allen Sachbereichen sowohl hoheitliche als auch nicht hoheitliche Handlungsformen zur Verfügung. Dennoch werden bestimmte Bereiche genannt, die typische Beispiele für privatwirtschaftliches Handeln des Staates darstellen:

Dazu gehören einmal die sogenannten fiskalischen Hilfsgeschäfte, die der **Bedarfsdeckung** der Verwaltung dienen: Vom **Erwerb und der Verwaltung der Sachmittel**, die zur Erfüllung der Verwaltungsaufgaben erforderlich sind, über die **Liegenschaftsverwaltung** bis zum Abschluss von **Dienstverträgen** erstreckt sich eine weite Palette von Verwaltungsagenden, die typischerweise – wenn auch nicht zwingend: zB Enteignung zum Zweck des Erwerbs – mit privatrechtlichen Mitteln besorgt werden.

Auch die **Vergabe öffentlicher Aufträge**, die ein nicht zu unterschätzendes wirtschaftspolitisches Gewicht besitzt, erfolgt **im Außenverhältnis** auf der Basis zivilrechtlicher Vereinbarungen. Ein weiteres, klassisch der Privatwirtschaftsverwaltung zugezähltes Gebiet ist jenes der **Vergabe von Subventionen**. Es gibt aber neben einer großen Zahl privatrechtlich vergebener Subventionen eine Reihe von Regelungen, durch die eine Vergabe von Unterstützungszahlungen (zB Stipendien) mit hoheitlichen Mitteln (Bescheid) vorgesehen ist.

Verfassungsrechtliche Probleme der Privatwirtschaftsverwaltung

191 Selbstverständlich ist auch der privatwirtschaftlich handelnde Staat an die für dieses Handeln allgemein geltenden Gesetze, etwa an die Regeln des Allgemeinen Bürgerlichen Gesetzbuches (ABGB), gebunden wie jeder andere Private auch; gegebenenfalls können auf Grund seiner besonderen Marktmacht **Sonderregeln** wie Abschlusszwänge zur Anwendung kommen (zwingendes Recht). Anders aber als in der Hoheitsverwaltung

bedarf die privatwirtschaftliche Verwaltung keiner besonderen gesetzlichen Grundlage und muss dieses Handeln nicht bis ins Detail gesetzlich vorherbestimmt sein.

Nach überwiegender Auffassung besteht hingegen sehr wohl eine **Bindung** auch des privatwirtschaftlich agierenden Staates **an die Grundrechte**. Der Staat soll sich nicht durch die Wahl einer nicht hoheitlichen Handlungsform aus den Bindungen flüchten dürfen, die ihm die Achtung der Grundrechte auferlegen.

Damit im Zusammenhang steht das Problem des **Rechtsschutzes** gegenüber dem privatwirtschaftlich agierenden Staat. Soweit der Einzelne mit dem Staat privatrechtlich kontrahiert, muss er sich im Streitfall auch an die Zivilgerichte wenden; der spezifische öffentlich-rechtliche Rechtsschutz vor Verwaltungsgerichten, Verfassungs- und Verwaltungsgerichtshof scheidet dann aus. Die neuere Gesetzgebung sieht – etwa im Vergaberecht – öffentlich-rechtliche Rechtsschutz- und Kontrollinstrumente vor, durch die der zivilrechtliche Rechtsschutz ergänzt werden kann.

Besonderes Verwaltungsrecht

Unter dem besonderen Verwaltungsrecht versteht man die vielen einzelnen Gesetze und Regelungen, die die vielen einzelnen Lebensbereiche – vom Straßenverkehr über die Schule bis zum Melde- oder dem Staatsbürgerschaftsrecht – regeln. Es ist selbstverständlich ganz ausgeschlossen, alle Materien des besonderen Verwaltungsrechtes hier auch nur aufzuzählen. Stattdessen soll anhand einiger ausgewählter Beispiele ein Eindruck von der Vielfalt und den Regelungsmustern des besonderen Verwaltungsrechts vermittelt werden: 192

1. Kraftfahr- und Straßenverkehrsrecht

Ziel der **Straßenverkehrsordnung** ist es, das möglichst konfliktfreie Nebeneinander der Verkehrsteilnehmer zu regeln. Grundlegende Gebote sind die **Verkehrssicherheit**, **Leichtigkeit und Flüssigkeit des Verkehrs**. Die StVO enthält **Verkehrsvorschriften** für die Verkehrsteilnehmer sowie Vorschriften zur **Verkehrsregelung** und **Verkehrssicherung**. Dazu gehören Regelungen über das Verhalten bei Verkehrsunfällen, Sicherungsmaßnahmen gegen die Beeinträchtigung durch Alkohol, das Rechtsfahrgebot oder Verkehrszeichen. Die Straßenverkehrsordnung gilt auf **Straßen mit öffentlichem Verkehr**, das sind solche, die von jedermann unter den gleichen Bedingungen benützt werden können. Für das Straßenverkehrsrecht ist der Bund in der Gesetzgebung zuständig; vollzogen wird die Straßenpolizei aber von den Ländern. 193

Das **Kraftfahrgesetz** andererseits dient der Verkehrs- und Betriebssicherheit auf Straßen mit öffentlichem Verkehr und regelt die Verkehrs- und Betriebssicherheit von Kraftfahrzeugen sowie die Ausbildung von Kfz-Lenkern. Auch umweltrelevante Gesichtspunkte (wie der verpflichtende Einbau von Katalysatoren) sind Teil des **KFG**, für dessen Erlassung und Vollziehung der Bund zuständig ist. 194

2. Sicherheitsverwaltung

Die **Sicherheitsverwaltung** besteht aus der Sicherheitspolizei, dem Pass- und Meldewesen, der Fremdenpolizei, der Überwachung des Eintrittes in das Bundesgebiet und des Austrittes aus ihm, dem Waffen-, Munitions-, Schieß- und Sprengmittelwesen sowie aus dem Pressewesen und den Vereins- und Versammlungsangelegenheiten. 195

Die Aufgaben der Sicherheitspolizei bestehen vor allem in der **Aufrechterhaltung der öffentlichen Ruhe, Ordnung und Sicherheit** und der **ersten allgemeinen Hilfeleistungspflicht**.

Für die Sicherheitsverwaltung ist der Bund in der Gesetzgebung zuständig. Letztverantwortliche Behörde in den Angelegenheiten der Sicherheitsverwaltung ist der **Bundesminister für Inneres**; ihm unterstehen die neun **Landespolizeidirektionen** (diese sind entgegen ihrer Bezeichnung Bundesbehörden, es besteht eine pro Bundesland), die mit den Bezirksverwaltungsbehörden die Sicherheitsverwaltung führen.

196 Auch das **Fremdenrecht** steht in Gesetzgebung und Vollziehung dem Bund zu. Das **Fremdenpolizeigesetz** regelt die fremdenpolizeilichen Befugnisse und Maßnahmen sowie die Erfassung und Kontrolle von Reisetätigkeiten und enthält einreiserechtliche Bestimmungen. Davon zu unterscheiden ist das **Asylgesetz**, das Sonderbestimmungen für nur einen Teil der Fremden, nämlich die Asylwerber, enthält und den Schutz der Flüchtlinge in Österreich regelt sowie Sonderbestimmungen für Einreise und Aufenthalt sowie über das Asylverfahren enthält. Davon wiederum zu unterscheiden ist das **Niederlassungs- und Aufenthaltsgesetz**, das Regelungen zum längerfristigen Aufenthalt in Österreich abseits des Asylwesens enthält.

3. Umweltrecht

197 Ein kodifiziertes „Umweltgesetz" ist der österreichischen Rechtsordnung fremd; vielmehr finden sich die Vorschriften, die man als Umweltrecht bezeichnet, in vielen verschiedenen Materiengesetzen.

Grundsätzlich kann man Umweltrecht als die Summe jener Rechtsvorschriften bezeichnen, die **nachteiligen Auswirkungen** vor allem menschlicher Tätigkeiten **auf die Umwelt** – im Sinn von Lebensräumen und Lebensgrundlagen – entgegenwirken sollen; das Umweltrecht geht also über den reinen „Umweltschutz" hinaus. Der Begriff „Umwelt" umfasst dabei verschiedene Komponenten:

Zum einen ist darunter der Einzelne zu verstehen, der vor **Gefahren** und **Belästigungen** wie Lärm, Erschütterungen und Gestank bewahrt werden soll.

Weiters ist der Schutz der natürlich lebenden Lebewesen und die Bewahrung der **Lebensgrundlagen** des Menschen und anderer Lebewesen darunter zu verstehen; hierzu gehören beispielsweise die **Luftreinhaltung**, der Schutz der **Gewässer**, der Bodenschutz oder der **Naturschutz**.

Schließlich umfasst das Umweltrecht auch globale Probleme wie die **Klimaveränderung** oder den Abbau der Ozonschicht.

In diesem Sinn gehören zum Umweltrecht diejenigen Regime, die direkt auf den Schutz von **Umweltmedien** gerichtet sind, wie zB Luftreinhaltegesetze oder das Wasserrechtsgesetz. Zum Umweltrecht gehört aber auch das vielfältige **Anlagenrecht** etwa der Gewerbeordnung, aber auch des Umweltverträglichkeitsprüfungs-Gesetzes. Umweltrecht wird natürlich auch im **Abfallwirtschaftsrecht** geregelt, in dem die Auswirkungen von Abfall auf die Umwelt beschränkt und kontrolliert werden sollen.

Wegen der heterogenen und komplexen Regelungsgebiete gibt es **keine einheitliche Gesetzgebungs- und Vollziehungszuständigkeit** im Umweltrecht. Für das gewerbliche Betriebsanlagenrecht etwa und für Abfallbehandlungsanlagen ist der Bund in Gesetzgebung und Vollziehung zuständig; Anlagen aber, die erhebliche Auswirkungen auf die Umwelt haben können, unterliegen mit der Umweltverträglichkeitsprüfung der Vollzugszuständigkeit der Länder. Raumordnungs- und Naturschutzrecht ist von vornherein Ländersache. Die Zuständigkeiten für die Luftreinhaltung sind zwischen Bund und Ländern aufgeteilt; für Treibhausemissionen ist der Bund zuständig. Umweltrechtliche Regelungen finden sich aber – wie angedeutet – auch im **KFG** des Bundes und im diesbezüglichen **Steuerrecht**. 198

4. Wirtschaftsrecht

Wenn man unter Wirtschaft die Gesamtheit aller Dispositionen und Handlungen versteht, die der Deckung des Bedarfs an Sachgütern und Leistungen dienlich sein sollen, dann kann man – in einem sehr weiten Sinn – unter Wirtschaftsrecht die Gesamtheit aller Regelungen verstehen, die auf diese Handlungen und Dispositionen Einfluss nehmen (Regulierung im weitesten Sinn). Da nach dieser Definition aber nahezu jede Regelung wirtschaftsrechtlichen Charakters wäre, ist der Begriff des Wirtschaftsrechts auf die **Summe aller jener Regelungen einzuschränken, die für die Wirtschaft** im oben verstandenen Sinn **von besonderer Bedeutung** sind. 199

Regelungen dieser Art finden sich auf allen Stufen der globalen Gesamtrechtsordnung. Es kann somit von **Wirtschaftsvölkerrecht**, **europäischem Wirtschaftsrecht** und **nationalem Wirtschaftsrecht** gesprochen werden. Wirtschaftsvölkerrecht wird vor allem durch internationale Verträge (zB im Rahmen der WTO) geschaffen. Das Recht der EU ist weitestgehend als Wirtschaftsrecht zu qualifizieren. Im nationalen Wirtschaftsrecht ist zwischen **Wirtschaftsverfassungsrecht** und **sonstigem Wirtschaftsrecht** zu differenzieren. 200

Für eine Systembildung innerhalb dieses weit gefassten Bereiches wird zunächst – dem Rang der jeweiligen Vorschriften entsprechend – vom **Wirtschaftsverfassungsrecht** ausgegangen, das als Summe aller Normen bezeichnet werden kann, die für das Wirtschaftsleben von besonderer Bedeutung sind und die in Verfassungsrang stehen. Dazu zählen so naheliegende Regelungsbereiche wie die **Wirtschaftsgrundrechte**, aber auch die **Kompetenzverteilung** zwischen Bund und Ländern, die ganz wesentliche wirtschaftsrechtliche Implikationen enthält, insbesondere die **Finanzverfassung**.

Auf der Ebene unterverfassungsgesetzlichen Wirtschaftsrechtes hat sich zunächst eine – an der Vollzugskompetenz orientierte – Unterscheidung zwischen **Wirtschaftsjustizrecht** und **Wirtschaftsverwaltungsrecht** etabliert, wobei zum Wirtschaftsverwaltungsrecht auch das Recht der wirtschaftlichen Betätigung des Staats (einschließlich seines Vergaberechts) gezählt wird. Dem Inhalt nach wird innerhalb des Wirtschaftsverwaltungsrechts außerdem zwischen dem **Ordnungs**- und dem **Lenkungsrecht** differenziert. Daneben hat sich auch die Kategorie des **Wirtschaftsaufsichtsrechts** eingebürgert. Anstelle des Wirtschaftsordnungsrechts wird außerdem – restriktiver – eine Kategorie des **Wirtschaftspolizeirechts** vorgeschlagen.

201 **Wirtschaftsordnungsrecht** ist dabei nach gängiger Definition die Summe aller Rechtsvorschriften, mit denen in einem marktwirtschaftlichen Konzept (bloß) die Rahmenbedingungen, die „Spielregeln" für das Funktionieren des Marktes festgelegt werden sollen. Dabei wird der Betrachtungsgegenstand einerseits von den **Mitteln** der Staatstätigkeit her, andererseits aber – subsidiär – nach den primären **Zielen** der jeweiligen Regelung definiert. Diese keineswegs triviale Abgrenzung ist insbesondere gegenüber dem **Wirtschaftslenkungsrecht** erforderlich, das als die Gesamtheit wirtschaftspolitisch motivierter Interventionen des Staates gegenüber der Wirtschaft bezeichnet wird. Denn insbesondere beim sogenannten indirekten Lenkungsrecht sind Überschneidungen mit dem Ordnungsrecht hinsichtlich der eingesetzten **Instrumente** nicht immer auszuschließen. In zweiter Linie muss daher die mit nicht geringerer Unsicherheit belastete Abgrenzung nach dem **Eingriffsziel** in die Bresche springen.

202 Demgegenüber setzt die Kategorie des **Wirtschaftsaufsichtsrechts** sowohl an den eingesetzten Mitteln als auch an den Regelungszielen an. Wirtschaftsaufsicht lässt sich als die Wahrnehmung staatlicher Verantwortung für das Funktionieren lebenswichtiger wirtschaftlicher und (damit auch) gesellschaftlicher Schlüsselbranchen definieren (zB Bankenaufsicht).

203 In einigen, insbesondere in spezifisch infrastrukturgebundenen Bereichen, in denen früher der Staat selbst für die Erbringung bestimmter

Dienste von allgemeinem Interesse verantwortlich war, wurden die entsprechenden Monopole aufgebrochen, und der Staat zieht sich auf eine Position der Aufsicht – genauer gesagt: der **Regulierung** – zurück. Es handelt sich um Bereiche, in denen ein effektiver Markt mit rechtlichen Mitteln simuliert oder herbeigeführt werden soll. Alle diese Bereiche sind außerdem für ein geordnetes, dem Lebensstandard westlicher Demokratien entsprechendes Zusammenleben der Menschen und für den jeweiligen Wirtschaftsstandort essenziell, weshalb die Erbringung zentraler – nicht immer marktfähiger – Leistungen im gemeinwirtschaftlichen Interesse und zu sozial verträglichen, nicht diskriminierenden Bedingungen garantiert werden soll.

Die **Mittel** des Wirtschaftsrechts tendieren in diesen Bereichen zur Eingriffsintensität des Wirtschaftslenkungsrechtes, die **Zielsetzung** ist aber weitaus marktfreundlicher, weil es gerade um die Herstellung eines effektiven Wettbewerbs geht. Regulierung ist somit einerseits **Herstellung und Sicherung von Wettbewerb** und andererseits **Sicherstellung essenzieller Basisdienste** im gemeinwirtschaftlichen Interesse auf Märkten mit natürlichen oder rechtlichen Monopolen.

Der Wettbewerbssicherung dient darüber hinaus sowohl **privates** als 204
auch **europäisches** Wirtschaftsrecht: Gesetze gegen den unlauteren Wettbewerb, **Kartellrecht** und **Beihilfen**- sowie **Vergaberecht** werden nur zum Teil von Verwaltungsbehörden vollzogen und rühren nur zum Teil vom österreichischen Gesetzgeber her.

Auf Grund der Vielfalt der möglichen Gebiete des Wirtschaftsrechtes 205
fehlt es dafür wie für das Umweltrecht an einer einheitlichen **Gesetzgebungs- und Vollzugskompetenz**: Angelegenheiten des Gewerbes und der Industrie fallen wie das Privatrecht in Gesetzgebung und Vollziehung in die Zuständigkeit des Bundes; in Raumordnung und Flächenwidmung etwa finden sich wie im Baurecht Landeskompetenzen.

5. Medienrecht

Unter dem Begriff des **Medienrechts** lassen sich sämtliche Regelungen 206
zusammenfassen, die **Information und Kommunikation** betreffen. Das Medienrecht soll eine allgemein zugängliche Kommunikationsinfrastruktur gewährleisten und die Meinungsvielfalt sichern. Aber auch Daten- und Jugendschutz sowie der Schutz des geistigen Eigentums sind Regelungsgegenstände des Medienrechts. Auf Grund der vielen verschiedenen Fragestellungen, die im Medienrecht zu regeln sind, ist es nicht eindeutig dem öffentlichen oder dem Privatrecht zuzuordnen.

Das Medienrecht ist einer jener Rechtsbereiche, die sich auf Grund des rasanten technischen und gesellschaftlichen Fortschritts besonders schnell weiterentwickeln. Davon legen Gesetze Zeugnis ab, die wie das **Telekommunikationsgesetz** (TKG), das Signaturgesetz oder die Gesetze über **Privatradio** und **Privatfernsehen** erst in den letzten Jahrzehnten entstanden sind. Im Vordergrund steht dabei einerseits die Einrichtung eines **dualen Rundfunksystems** mit einem starken öffentlich-rechtlichen Anbieter, dem ORF, dem ein eigenes Organisations- und Abgabenrecht gewidmet ist (ORF-Gesetz und Rundfunkgebührengesetz), und einer möglichst großen Zahl privater Anbieter, die einen möglichst vielfältigen „Meinungsmarkt" organisieren sollen. Andererseits geht es darüber hinaus auch um eine Regelung nicht elektronischer Medien sowie der privaten Kommunikation über (Mobil-)Telefon, Internet und andere Kommunikationskanäle, die deren Gefahren bannt, ohne dabei die **Meinungsfreiheit** und das **Kommunikationsgeheimnis** allzu sehr einzuschränken.

207 Mit der Öffnung der Telekommunikationsmärkte wurde ein Regulierungsmodell notwendig, das dem Staat eine gewisse Kontrolle und Steuerung des Telekommunikationssektors erlaubt. Hauptaufgabe der **Medienregulierung** ist die Sicherung eines Wettbewerbs nach kompetitiven Strukturen unter gleichzeitiger Sicherstellung des sogenannten Universaldienstes. Zur Wahrnehmung dieser Aufgaben sind in Österreich die Telekom Control Kommission, eine Kollegialbehörde mit richterlichem Einschlag, und die Rundfunk- und Telekom-Regulierungs-GmbH (RTR-GmbH) zuständig.

Bis 2003 war das Erbringen von Telekommunikationsdienstleistungen nur mit einer Einzelgenehmigung möglich; seit dem Inkrafttreten des TKG 2003 herrscht lediglich eine Anzeigepflicht. Zum Gegenstand der Regulierung gehört auch die **Verwaltung und Vergabe von Frequenzen**, die schon aus rein physikalischen Gründen beschränkt sind, und von Rufnummern.

208 Um dem Verbraucher auch bei Transaktionen im Internet möglichst vollständige Transparenz zu gewährleisten, wurde das **E-Commerce-Gesetz** erlassen. Dieses regelt, dass jeder Diensteanbieter seinen Kunden auf seiner Homepage umfassende Kontaktdaten (inklusive Name, Adresse, Kontaktdaten und Firmenbuchnummer) zur Verfügung zu stellen hat. Auch die Voraussetzungen für einen Online-Vertragsabschluss sind hier umfassend geregelt; Ziel ist es, den Verbraucher möglichst umfassend über jeden einzelnen Schritt zu informieren und die Möglichkeit eines „unabsichtlichen" Vertragsabschlusses im Internet weitestgehend auszuschließen.

209 Das Medienrecht unterfällt wie das Umwelt- und das Wirtschaftsrecht keiner einheitlichen Zuständigkeit.

6. Steuerrecht

Das **Steuerrecht** ist in Österreich nicht in einem einheitlichen Gesetz zusammengefasst, sondern verteilt sich auf verschiedene Gesetze und Bestimmungen auf Bundes-, Landes- und Gemeindeebene. Korrespondierend existieren sowohl Bundes- und Landes- als auch Gemeindeabgaben. 210

Grundsätzlich versteht man unter Steuern **einseitig festgesetzte Zwangsabgaben** ohne spezielle Gegenleistung; man unterscheidet zwischen Personen- (zB Einkommensteuer), Objekt- (zB Grundsteuer, Kfz-Steuer) und Verkehrssteuern (zB Grunderwerbsteuer). Daneben werden für verschiedene jeweils bestimmte öffentliche Leistungen **Gebühren** eingehoben; mit einem Sammelbegriff kann man beides zusammen als **Abgaben**, ihre Regelung als Abgabenrecht bezeichnen.

Das **Steuerrecht** widmet sich der Summe der Vorschriften zur öffentlichen Finanzwirtschaft und **regelt die Festsetzung und Erhebung von Steuern**; neben den materiellen Steuergesetzen (zB Einkommensteuergesetz, Umsatzsteuergesetz) zählen dazu auch die Finanzverfassung, die über die fiskalischen Ziele und die **Verteilung der Besteuerungsrechte** im Bundesstaat Aufschluss gibt, und das Finanzausgleichsrecht, das die **Verteilung der Lasten** im Bundesstaat regelt.

Zu den wichtigsten, weil aufkommensstärksten Steuern in Österreich gehören die Einkommen- und die Umsatzsteuer. 211

Die **Einkommensteuer** ist jene Steuer, die auf das Einkommen natürlicher Personen erhoben wird. Das Steuerrecht kennt dabei im Wesentlichen folgende Einkommensarten:

- Einkünfte aus Land- und Forstwirtschaft,
- Einkünfte aus selbständiger Arbeit,
- Einkünfte aus Gewerbebetrieb,
- Einkünfte aus nichtselbständiger Arbeit,
- Einkünfte aus Kapitalvermögen,
- Einkünfte aus Vermietung und Verpachtung

Der Steuersatz wird je nach der Höhe des zu versteuernden Einkommens berechnet.

Die **Umsatzsteuer** ist eine Bundessteuer, die auf den Austausch von Leistungen erhoben wird; in Österreich gibt es drei Steuersätze, nämlich den sogenantnen Normalsteuersatz von 20% und die ermäßigten Sätze von 10% bzw 13% (zB auf Lebensmittel, Bücher, Wohnungsmiete bzw Filmvorführungen und Eintrittsberechtigungen für Sportveranstaltungen).

Die Vorschriften zur Ermittlung der Besteuerungsgrundlagen und zur Festsetzung von Steuern sind in der **Bundesabgabenordnung** (BAO) enthalten, die mit ihren verfahrensrechtlichen Vorschriften einen zentralen 212

Teil des österreichischen Steuerrechts darstellt (siehe noch unten Rz 346 f). Das Finanzstrafrecht hingegen ist im Finanzstrafgesetz geregelt; in diesem Regelwerk sind die Straftatbestände des Steuerrechts normiert; außerdem wird das Finanzstrafverfahren geregelt (siehe noch unten Rz 348).

7. Wehr- und Zivildienstrecht

213 In Österreich besteht nach dem Wehrgesetz für jeden männlichen Staatsbürger zwischen dem vollendeten 17. und dem vollendeten 50. Lebensjahr **Wehrpflicht**; Voraussetzung für die Einberufung zum Bundesheer ist die **Tauglichkeit**, die von den dafür eingerichteten Stellungskommissionen überprüft wird. Bei Untauglichkeit entfällt die Pflicht zur Ableistung des Wehrdienstes, bei Tauglichkeit hingegen muss ein Grundwehrdienst im Ausmaß von **sechs Monaten** abgeleistet werden.

Alternativ dazu besteht in Österreich die Möglichkeit, in Einrichtungen aus dem sozialen Bereich (zB Krankenanstalten, Rettungswesen, Sozialhilfe, Umweltschutz, Jugendarbeit) einen neunmonatigen **Zivildienst** abzuleisten. Unter dem Zivildienst versteht man einen **Wehrersatzdienst**, den jene Personen in Anspruch nehmen können, die es aus Gewissensgründen ablehnen, Waffengewalt gegen Menschen anzuwenden, und daher bei der Leistung des Wehrdienstes in Gewissensnot geraten würden. Es handelt sich beim Recht auf Wehrersatzdienst um ein **durch die Verfassung gewährleistetes Recht**.

8. Baurecht

214 Das Baurecht umfasst sämtliche Rechtsvorschriften, die die **Errichtung von Bauwerken** regeln. Darunter fallen sowohl privatrechtliche Regelungen wie die Regelung der Eigentumsverhältnisse als auch öffentlichrechtliche, die öffentliche Interessen wie Sicherheit, Gesundheit oder Umweltschutz verfolgen. Im Bereich des öffentlichen Rechts sind vor allem jene Regelungen von Bedeutung, die die Sicherheit und einwandfreie Beschaffenheit von Bauten gewährleisten sollen.

Baurecht ist sowohl in der Gesetzgebung als auch in der Vollziehung **Landessache**. Dementsprechend existieren in Österreich neun verschiedene Bauordnungen. Im Wesentlichen unterscheidet man drei Gruppen von Normen, die auf Landesebene geregelt werden: die **allgemeinen Bebauungsregeln**, **baupolizeiliche Normen** und **bautechnische Normen**. In manchen Bundesländern finden sich alle drei Regelungsbereiche in einem einzigen Gesetz, andere Bundesländer haben die Normen des

Baurechts auf verschiedene Gesetze aufgeteilt (zB Bebauungsgrundlagengesetz, Baupolizeigesetz und Bautechnikgesetz in Salzburg).

Die Bauordnungen und Baupolizeigesetze unterscheiden zwischen **bewilligungspflichtigen**, **anzeigepflichtigen**, **mitteilungspflichtigen** und **freien Bauvorhaben**. Bei den bewilligungspflichtigen Bauvorhaben ist eine Genehmigung durch die Baubehörde erforderlich; bei anzeigepflichtigen Bauvorhaben darf mit dem Bau begonnen werden, sobald die Baubehörde die Anzeige zur Kenntnis genommen hat, während bei bloß mitteilungspflichtigen Bauvorhaben bereits unmittelbar nach der Anzeige an die Baubehörde mit dem Bau begonnen werden kann. Für sogenannte freie Bauvorhaben entfällt selbst diese Mitteilungspflicht. 215

Handelt es sich um ein bewilligungspflichtiges Bauvorhaben, ist neben dem Bewilligungswerber und dem Grundeigentümer auch den **Nachbarn Parteistellung** im Verfahren eingeräumt, wobei der Nachbarbegriff in den verschiedenen Bauordnungen der Länder jeweils unterschiedlich definiert wird. Den Nachbarn kommen im Bewilligungsverfahren die sog **Nachbarrechte** zu; dabei handelt es sich um Rechte, die im Baurecht festgelegt sind und nicht nur der **Wahrung öffentlicher Interessen**, sondern auch dem **Schutz der Nachbarn** dienen. Es handelt sich dabei typischerweise (je nach Bundesland geringfügig abweichend) um

- Abstandsvorschriften nach der BauO
- Gebäudehöhe
- Bestimmungen des Bebauungsplanes
- Immissionsschutz.

Diese Rechte sind durch **Erhebung von Einwendungen** vor oder spätestens bei einer mündlichen Verhandlung geltend zu machen; geschieht dies nicht, tritt **Präklusion** ein und der Nachbar kann seine Rechte im Nachhinein nicht mehr geltend machen.

Keinen Anspruch hat der Nachbar auf

- eine bestimmte Geschoßbeschränkung
- Geltendmachung von Fremdenverkehrsinteressen
- Wahrung des Ortsbildschutzes
- Unterbleiben einer Änderung der Verkehrsverhältnisse auf öffentlichen Verkehrsflächen
- Wahrung fremder Rechte, etwa eines anderen Nachbarn.

Zur Vollziehung des Baurechtes sind die **Gemeinden** im eigenen Wirkungsbereich kompetent. Der Instanzenzug führt in jenen Bundesländern vom Bürgermeister zum Gemeinderat, die einen solchen Instanzenzug innerhalb der Gemeinde nicht gemäß Art 118 Abs 4 B-VG ausgeschlossen haben; danach steht nur noch die Beschwerde an das jeweilige Landesverwaltungsgericht als Rechtsmittel zur Verfügung. 216

Privatrecht – Allgemeines bürgerliches Recht

Während das **Privatrecht** das Verhältnis von Personen untereinander regelt, nicht hingegen deren rechtliche Beziehung zu Staat, Ländern und Gemeinden sowie deren Behörden (öffentliches Recht, siehe Rz 25 ff), sind mit **allgemeinem bürgerlichen Recht** – enger – jene Rechtsmaterien gemeint, die praktisch jeden betreffen. Zentrales dazu wird in einer großen Kodifikation, dem **Allgemeinen bürgerlichen Gesetzbuch (ABGB),** geregelt, die vor über 200 Jahren am 1. 1. 1812 in Kraft trat. Auch wenn das ABGB seither vielfach novelliert wurde, enthält es bis heute viele unverändert gebliebene – und damit schon rein sprachlich oft nicht mehr leicht zugängliche – Vorschriften. Vor allem der wesentliche Regelungsinhalt des ABGB kommt in der Folge zur Sprache. 217

Da jeder Mensch Verbraucher ist, zählt man aber auch das KonsumentenschutzG (KSchG) zum allgemeinen bürgerlichen Recht; ebenso aus ähnlichen Gründen etwa das Mietrecht, für das das MietrechtsG (MRG) große Bedeutung hat, oder das Wohnungseigentumsrecht (WEG). Überhaupt geht die Tendenz heutzutage stark in Richtung Sondergesetzgebung; Grund dafür sind nicht zuletzt die in manchen Spezialbereichen besonders hohe „Regelungswut" sowie die Vorgaben des europäischen Gesetzgebers. Mit der damit verbundenen Rechtszersplitterung und manchen Systembrüchen zu leben ist allerdings nicht leicht.

Als **Sonderprivatrechtsmaterien** werden etwa das Arbeitsrecht, das Versicherungsrecht, das Unternehmensrecht oder das Gesellschaftsrecht angesehen (und in diesem Buch ab Rz 285 kurz vorgestellt).

1. Personenrecht

Rechtssubjekte und Rechtsobjekte

Nach österreichischem Privatrecht gibt es kurz gesagt bloß Personen und Sachen. Nur Personen, natürliche und juristische, können **Rechtssubjekte**, also Träger von Rechten und Pflichten, sein und damit über Sachen, die **Objekte** des Rechtsverkehrs sind, disponieren. Dazu schon Rz 45 ff. 218

Rechtsfähigkeit und Handlungsfähigkeit

Die **Rechtsfähigkeit** bedeutet das Vermögen, Träger von Rechten und Pflichten zu sein. Als solche kommt sie allen lebenden Personen zu. 219

Im Regelfall werden Rechte und Pflichten durch menschliches – meist rechtsgeschäftliches – **Handeln** begründet: Der Produzent verkauft zB seine Ware und erhält dafür einen Geldanspruch. Dafür ist **Handlungsfähigkeit**, insb **Geschäftsfähigkeit**, nötig. Sie ist das Vermögen, durch eigenes Verhalten Rechte und Pflichten zu begründen. Das Gesetz setzt dafür Entscheidungsfähigkeit voraus. Damit ist vor allem die Fähigkeit gemeint, die Bedeutung und die Folgen eines konkret erwogenen eigenen Handelns (zB der Abgabe eines Kaufangebots oder eines schadensträchtigen Verhaltens) zu verstehen (Details in § 24 ABGB). Vollkommen für sein Verhalten einstandspflichtig ist nur der geistig gesunde volljährige Mensch.

Die natürlichen Personen

220 In der österreichischen Rechtsordnung ist **jeder lebende Mensch** Person im Rechtssinn. Lebend heißt an sich: ab Geburt; allerdings finden sich gewisse Ausweitungen: So wird der noch Ungeborene (Nasciturus) uU als bereits geboren fingiert (§ 22 ABGB), was etwa im Erbrecht wichtig sein kann. *Beispiel:* Ein Mann stirbt und hinterlässt seine von ihm schwangere Frau. Kommt das Kind später gesund zur Welt, erbt es so, als wäre es beim Tod des Vaters schon auf der Welt gewesen.

Mit dem Tod eines Menschen endet auch seine Rechtsfähigkeit. Ist sein Versterben nicht bewiesen, aber aus guten Gründen zu vermuten, kommt eine Todeserklärung in Betracht: Je nach Art der Verschollenheit (Gefahren-, Luft-, Kriegsverschollenheit) sind dafür unterschiedliche Fristen zu beachten.

221 Praktisch bedeutsamer sind Fragen der **Handlungsfähigkeit**. Insbesondere die **Minderjährigkeit** und die damit zwangsläufig verbundene fehlende Erfahrung müssen von der Rechtsordnung in den Griff bekommen werden. Ab einem bestimmten Zeitpunkt muss jeder Mensch die volle Verantwortung für sein Handeln tragen. Der österreichische Gesetzgeber hat für rechtsgeschäftliches Handeln die **Vollendung des 18. Lebensjahres** als Grenze gewählt. Personen unter 18 Jahren will das Gesetz wegen deren Unerfahrenheit in wirtschaftlichen Belangen besonders schützen. Das ABGB differenziert hier in typisierender Sicht, wobei vor allem zwei Altersstufen besondere Bedeutung zukommt. Personen **unter 7 Jahren** sind an sich **vollkommen geschäftsunfähig** (§ 865 Abs 4 ABGB). Sie können also nicht durch eigenes Tun Rechte und Pflichten begründen. Von diesem Grundsatz bestehen zwei **Ausnahmen**: Alterstypische Alltagsgeschäfte in geringfügigem Umfang (Eislutscherkauf) werden durch die Erfüllung der das Kind treffenden Pflichten rückwirkend rechtswirksam (§ 170 Abs 3 ABGB); und Geschäfte, die solche Kinder bloß begünstigen, also vor allem Schenkungen, kann das Kind selbst wirksam abschließen

(§ 865 Abs 2 ABGB). Weiter geht die Fähigkeit der **7- bis 14-Jährigen,** also der **unmündigen Minderjährigen**. Sie sind **beschränkt geschäftsfähig.** Damit können selbstverständlich auch sie jedes für sie rechtlich – nicht wirtschaftlich! – bloß vorteilhafte Rechtsgeschäft allein vornehmen; ferner alterstypische Geschäfte. Außerhalb dieser Bereiche getätigte Geschäfte sind nicht absolut, sondern bloß **schwebend unwirksam**. Das bedeutet, dass der gesetzliche Vertreter Minderjährigen das Geschäft durch Erklärung genehmigen kann. Den **14- bis 18-Jährigen**, den **mündigen Minderjährigen**, kommt ebenfalls **beschränkte Geschäftsfähigkeit** zu. Im Unterschied zu den Unmündigen können sie sich aber auch über ihnen zur freien Verfügung überlassene Sachen (Taschengeld, Geschenke) verpflichten und über solche Gegenstände verfügen (§ 170 Abs 2 ABGB). Das Gleiche gilt für Einkünfte aus eigenem Erwerb (Ferialjob, Arbeit als Lehrling). Keine wirksame Verpflichtung des Mündigen liegt jedoch dann vor, wenn das betreffende Geschäft die **Befriedigung seiner Lebensbedürfnisse** gefährdet (§ 170 Abs 2 ABGB). Der Mündige kann sich ferner rechtswirksam zu Dienstleistungen verpflichten; der Abschluss von Lehrverhältnissen und sonstigen Ausbildungsverträgen ist jedoch nur durch seinen gesetzlichen Vertreter möglich (§ 171 ABGB).

Die Vermögenssphäre Geschäftsunfähiger bzw beschränkt Geschäftsfähiger ist dem Rechtsverkehr allerdings nicht entzogen. Selbstverständlich muss auch das Vermögen solcher Personen verwaltet werden. Für solche Geschäfte, die über die Eigengeschäftsfähigkeit des Minderjährigen hinausgehen, ist sein **gesetzlicher Vertreter** zuständig. Gesetzliche Vertreter eines Kindes sind die mit dessen *Obsorge* (Rz 232) betrauten Personen: beide Elternteile (je für sich), sofern diese miteinander verheiratet sind, sonst von Gesetzes wegen nur die Mutter (§ 158 iVm § 177 ABGB). [Durch eine Novelle im Jahre 2013 hat der Gesetzgeber den gebräuchlichen, aber offenbar immer noch als diskriminierend empfundenen Ausdruck „unehelich" – gemeinsam mit „ehelich" – konsequent aus dem ABGB eliminiert.]

Besonderen Schutzes bedürfen nicht bloß Minderjährige, sondern auch volljährige Menschen, die auf Grund geistiger oder körperlicher Beeinträchtigung (zB Blindheit) nicht alle ihre Belange selbständig regeln können. Insbesondere für die Fälle **geistiger Beeinträchtigungen** muss das Gesetz für den Schutz der Betroffenen Sorge tragen, aber auch deren Teilnahme am für jedermann notwendigen wirtschaftlichen Verkehr ermöglichen. Das Gesetz spricht von „Personen, die aufgrund einer psychischen Krankheit oder einer vergleichbaren Beeinträchtigung in ihrer Entscheidungsfähigkeit eingeschränkt sind" (§ 239 Abs 1 ABGB), wozu neben Menschen mit echten Geisteskrankheiten vor allem Demenzerkrankte gehören. Zu regeln ist einerseits, welche Rechtsgeschäfte diese Menschen selbst wirksam vornehmen können; und andererseits, was für die übrigen Bereiche gilt, in denen eine Vertretung der geistig beeinträchtigten Person nötig ist (zur Stellvertretung Rz 261 ff). Die Vorschriften zum sog Erwachsenenschutz sind sehr umfangreich und ausgesprochen detailliert ausgefallen (§§ 239–276 ABGB). Hier nur so viel: Die Reichweite der eigenen Handlungsfähigkeit hängt vom Grad der Beeinträchtigung ab. Aber sogar vollkommen entscheidungsunfähige Personen können sie begünstigende Schenkungsverträge abschließen; ebenso grundsätzlich Rechtsgeschäfte des täglichen Lebens, das ihre Lebensverhältnisse nicht übersteigt. Überdies ist die Ablehnung eines für sie geplanten oder bereits vorhandenen gesetzlichen Vertreters strikt zu beachten, sofern der Vertreter nicht vom Gericht bestellt wurde. Überhaupt soll die betroffene Person soweit wie möglich in alle sie betreffenden Belange eingebunden werden (Grundsatz der Selbstbestimmung).

Idealerweise sucht man sich noch in Zeiten psychischer Gesundheit jemanden aus, der nach Verlust der geistigen Gesundheit die nötigen Vertretungsaufgaben wahrnimmt. Das geschieht durch Erteilung einer Vorsorgevollmacht. Eine rechtsgeschäftliche Bevollmächtigung kannn sogar noch dann erfolgen, wenn die geistigen Fähigkeiten zwar nicht mehr voll, aber doch noch so weit vorhanden sind, dass der Beeinträchtigte versteht, worum es bei einer Bevollmächtigung im Wesentlichen geht (gewählte Erwachsenenvertretung). Ist Derartiges weder erfolgt noch gewünscht, besteht aber Vertretungsbedarf, kommt die gesetzliche Erwachsenenvertretung durch nahe Angehörige in Betracht. Scheitert auch diese, weil sie der geistig Beeinträchtigte nicht will oder seine Angehörigen nicht dazu bereit sind, bestellt das Gericht eine geeignete Person als gerichtlichen Erwachsenenvertreter (früher: Sachwalter). In den drei zuerst genannten Fällen sind strenge Formalien unter Beiziehung eines Erwachsenenschutzvereins, eines Notars oder eines Rechtsanwalts einzuhalten. Die Vertretungsbefugnis entsteht erst durch eine entsprechende Eintragung im bei der Notariatskammer geführten Österreichischen Zentralen Vertretungsverzeichnis (ÖZVV). Trotz einer solchen Vertretung kann der Betroffene selbst Rechtsgeschäfte abschließen, soweit er dafür aktuell ausreichend geschäftsfähig ist (§ 242 Abs 1 ABGB mit einer Ausnahme in Abs 2). Umso mehr kann er die Vertretung gänzlich loswerden, wenn die zunächst angenommene psychische Beeinträchtigung nicht (mehr) besteht.

222 Was verboten ist, wissen oft schon kleine Kinder. So ist etwa den meisten Zehnjährigen klar, dass man keine fremden Sachen zerstören darf. An sich kann aber nur der **Deliktsfähige** für von ihm verursachte Schäden zur Verantwortung gezogen werden. Der Gesetzgeber hat als Altersgrenze das **14. Lebensjahr** gewählt (§ 176 ABGB). Eltern haften prinzipiell nicht für ihre Kinder! Sie können nur dann zum Ersatz herangezogen werden, wenn sie ihre **Aufsichtspflichten** schuldhaft vernachlässigt haben (§ 1309 ABGB). Der **Unmündige** kann – ebenso wie der geistig beeinträchtigte Volljährige – allerdings ausnahmsweise auch **selbst ersatzpflichtig** werden (§ 1310 ABGB). Voraussetzung dafür ist einmal, dass vom Aufsichtspflichtigen kein Ersatz erlangt werden kann. Dann ist zu

prüfen, ob er trotz seines geringen Alters im konkreten Fall nicht doch die Unrechtmäßigkeit seines Tuns hätte erkennen können. Schließlich sind die Vermögensverhältnisse des Schädigers und des Geschädigten zu beachten. Ein „armer" Geschädigter erhält also in solchen Fällen eher Ersatz, zumindest Teilersatz.

Beispiel: Der 13-jährige Paul geht nach einem Streit wütend von der Schule nach Hause. Auf dem Weg kickt er immer wieder Steine durch die Gegend; obwohl er sich der Gefahr bewusst ist, ist es ihm gleichgültig, ob dabei etwas passiert. Tatsächlich fliegt der fünfte Stein in die Fensterscheibe von Frau Bergers kleinem Häuschen. Paul hat einige hundert € auf seinem Sparbuch, Frau Berger lebt von der Mindestpension. Da Paul von der Schadensträchtigkeit seines Tuns wusste und über Vermögen verfügt, während die Geschädigte offensichtlich knapp bei Kasse ist, muss Paul zumindest einen Teil des Schadens ersetzen. Pauls Eltern haften hingegen nicht, da sie keine Obsorgepflichten verletzt haben.

Der Persönlichkeitsschutz

In unserer heutigen „Informationsgesellschaft" wird der Wunsch nach einem möglichst umfassenden Schutz der Privatsphäre immer stärker. Deshalb wächst auch der Schutz. Genannt seien hier nur die folgenden Schlagworte, die man jeweils mit konkreten gesetzlichen Regeln in Verbindung bringen kann: Privatsphäre, Datenschutz, Medienrecht, Geheimnisschutz, Unschuldsvermutung. Das Schutzinstrumentarium sieht grob wie folgt aus: Damit eine Verletzung erst gar nicht erfolgt, kann der in seinen Persönlichkeitsrechten Gefährdete bereits vorweg **Unterlassungsansprüche** geltend machen. Eine bloß drohende Verletzung – etwa durch einen unrichtigen Zeitungsartikel – ist allerdings nur selten vorherzusehen. Wurde das Recht verletzt, so kann eine gleichartige Handlung ebenfalls mittels Unterlassungsklage zu verhindern versucht werden. Bei schuldhafter Verletzung stehen dem Beeinträchtigten überdies **Schadenersatzansprüche** und unabhängig vom Verschulden **Beseitigungsansprüche** zu; Letztere verpflichten den Störer, den durch den Eingriff verursachten Zustand soweit möglich zu beseitigen, im Medienbereich etwa durch Abdruck einer Gegendarstellung oder durch Widerruf. Seit 1.1.2021 finden sich einige, allerdings ziemlich abstrakt gehaltene, Regelungen zu Persönlichkeitsrechten, vor allem zu ihrem Schutz, in den §§ 17a und 20 ABGB. 223

Wo klare gesetzliche Regelungen fehlen, sind die Grenzen jedoch nicht immer einfach zu ziehen. So hat der OGH eine Auskunftspflicht des Berufsdetektivs, der sich rechtswidriger Überwachungsmethoden (Peilsender am Fahrzeug des Observierten) bedient hatte, über die Person seines Auftraggebers verneint.

2. Familienrecht

Allgemeines

224 Jede Gesellschaft braucht Familien, vor allem Kinder. Die Gesetze sollen sich hier zwar nicht in alles einmischen, aber doch einen Rahmen bieten. Manche gesetzliche Bestimmungen sind auch am ehesten als Modell zu verstehen, wie ein wünschenswertes Familienleben aussehen könnte; so wenn etwa geregelt wird, die Ehegatten sollten bei der Wahl des Wohnsitzes einvernehmlich vorgehen, oder die Eltern sollten ihre Kinder in gegenseitigem Einvernehmen erziehen. Auch die meisten Pflichten der Ehegatten untereinander sind infolge ihrer Höchstpersönlichkeit einer gerichtlichen Durchsetzung (oder gar Zwangsvollstreckung) nicht fähig. *Beispiel:* Ein aus der Ehewohnung ausgezogener Ehegatte kann nicht gegen seinen Willen gerichtlich zur Rückkehr verhalten werden. Allenfalls setzt er mit seinem eigenmächtigen Auszug aber einen Scheidungsgrund.

Wesentliche Regelungsbereiche und Rechtsquellen

225 Das **Eherecht** einschließlich der Eingehung und der Auflösung einer Ehe ist zum Teil im ABGB (§§ 44, 89–100), zum Teil im **Ehegesetz** enthalten. In einem weiteren Sinn gehört zum Eherecht auch das Recht des *Verlöbnisses*, also eines Eheversprechens (§§ 45 f ABGB). Die **nicht eheliche Lebensgemeinschaft** als häufige faktische gesellschaftliche Erscheinung ist hingegen nicht grundsätzlich, sondern nur in Detailfragen geregelt. So hat etwa auch der Lebensgefährte nach dem Tod des anderen ein Eintrittsrecht in den Mietvertrag, wenn dieser stirbt. Das **Kindschaftsrecht** regelt primär das Verhältnis der Kinder zu ihren Eltern, fallweise auch das zu ihren Großeltern oder Adoptiveltern (§§ 137–203 und 231–235 ABGB). Große Bedeutung kommt dabei dem Abstammungsrecht zu.

Eherecht

226 Erste Voraussetzung der Eheschließung ist die **Ehefähigkeit** der beiden Brautleute. Diese Voraussetzung ist grundsätzlich mit Volljährigkeit (vollendetem 18. Lebensjahr) erfüllt; überdies müssen die beiden Ehewilligen entscheidungsfähig sein (§ 1 EheG). Verschiedengeschlechtlichkeit verlangt das Gesetz seit 1.1.2019 nicht mehr („Ehe für alle"). **Eheverbote** führen dazu, dass der Standesbeamte die Trauung nicht vornehmen darf. Besonders bedeutsame Eheverbote machen eine dennoch geschlossene Ehe vernichtbar. Dazu gehört das Verbot der **Blutsverwandtschaft** (§ 6 EheG),

der **Doppelehe** (§ 8 EheG) und des Bestehens einer **eingetragenen Partnerschaft** (§ 9 EheG); ferner das der **Adoption** (§ 10 EheG).

Für die Zeit aufrechter Ehe gelten zwei Grundsätze: die **Ausgewogenheit** (= Gleichwertigkeit) der Beiträge beider Ehegatten, aber auch der Vorrang (abweichender) **einvernehmlicher Regelung** (siehe etwa § 91 Abs 1 ABGB). Überdies haben die Partner einander im Notfall materiellen (insbesondere finanziellen) und immateriellen (psychischen) Beistand zu leisten. Mit Blick auf die immer häufiger werdenden „Patchwork"-Familien ist ausdrücklich vorgesehen, dass der eheliche Beistand die Unterstützung bei der Obsorge über die Kinder (bloß) des Partners, also die „Stiefkinder", miterfasst. Auch für die **Unterhaltspflichten** (§ 94 ABGB) gilt der Grundsatz, dass die Ehegatten diese einvernehmlich gestalten können. Grundsätzlich haben beide Ehegatten zur Deckung ihrer Bedürfnisse nach Gleichbehandlungskriterien beizutragen. Dies allerdings nur so weit, wie es in ihren Kräften steht; anders also etwa bei Krankheit. Liegt eine sogenannte **„Hausfrauenehe"** vor (Gleiches gilt für die „Hausmannehe"), geht das Gesetz davon aus, dass der im Haushalt tätige Teil damit seinen Beitrag leistet.

Das **Ehegüterrecht** entscheidet die Frage, wem das in die Ehe ein- 227
gebrachte oder während der Ehe erworbene Vermögen gehört, wer also Eigentümer der konkreten Stücke ist. Grundsätzlich gilt der gesetzliche Güterstand der **Gütertrennung**. Stets können aber die Brautleute einvernehmlich mittels **Ehepakts** die von ihnen gewünschte Regelung treffen. Der gesetzliche Güterstand hat für die Vermögensaufteilung nach Scheidung allerdings keinerlei Bedeutung. Dafür bestehen eigene Regelungen, die nicht auf die Eigentumsverhältnisse abstellen, sondern eine möglichst gerechte Aufteilung herbeiführen wollen.

Leider hält heutzutage etwa jede zweite Ehe nicht bis zum Tod eines 228
Partners. Eine **Scheidung** kommt dann in Betracht, wenn einer der im Ehegesetz aufgezählten **Scheidungsgründe** vorliegt (§§ 49–55a). Es gilt das **Zerrüttungsprinzip**: Die eheliche Gemeinschaft muss faktisch beendet und auch eine Wiederherstellung nicht zu erwarten sein. Eine solche Zerrüttung erfolgt öfters, ohne dass einem der Ehegatten ein konkreter Vorwurf gemacht werden kann. Dem Zerrüttungsprinzip angenähert ist die **einvernehmliche Scheidung** (§ 55a EheG). Hier kommt es unter gewissen Voraussetzungen über Antrag beider Ehegatten zum Scheidungsausspruch (Beschluss im außerstreitigen Verfahren). Die (unheilbare) Zerrüttung wird vom Richter jedoch nicht eigens geprüft; es genügt das Zugeständnis der Ehepartner. Bei der **Verschuldensscheidung** im Vordergrund steht der generalklauselhafte Scheidungsgrund **„schwere Eheverfehlung"** (§ 49 EheG). Ein solches Fehlverhalten des einen berechtigt den anderen Teil dann zur Verschuldensscheidung, wenn es die Ehe *unheilbar zerrüttet* hat. Als Beispiele nennt das Gesetz den Ehebruch sowie

die Zufügung körperlicher Gewalt oder schweren seelischen Leides. Ist die Ehe aus anderen Gründen **unheilbar zerrüttet**, soll auch gegen den Willen des anderen Teils in vielen Fällen eine Scheidung möglich sein. Das Gesetz nennt hier objektive Ehewidrigkeiten, die aber nicht auf Verschulden, sondern auf einer psychischen Krankheit oder einer vergleichbaren Beeinträchtigungen des anderen Teils beruhen (§ 50 EheG), ansteckende oder ekelerregende Krankheiten des Partners (§ 52 EheG) sowie die schon seit mindestens drei Jahren bestehende Auflösung der häuslichen Gemeinschaft (§ 55 EheG).

229 Einige **Folgen der Ehescheidung** resultieren schon aus der Natur der Sache: So erlöschen selbstverständlich alle Rechte und Pflichten, die sich aus dem Eheband ergeben haben. Von großer Bedeutung ist die **Aufteilung des Ehevermögens**. Für den Fall der Nichteinigung ist unter anderem Folgendes zu beachten: Aufzuteilen sind das eheliche Gebrauchsvermögen und die ehelichen Ersparnisse (§ 81 EheG). Zum **Gebrauchsvermögen** gehören alle körperlichen Sachen, die dem Gebrauch beider Ehegatten gedient haben. Insbesondere sind das die Ehewohnung und der Hausrat, nicht aber etwa Dinge, die nur einer der Partner für sein Hobby angeschafft hat. Zu den **Ersparnissen** zählen Wertanlagen, die die Gatten während ihrer Ehe angesammelt haben und die üblicherweise zur Verwertung bestimmt sind. Das sind insbesondere Bargeld, Spareinlagen oder Wertpapiere. Das Gesetz zählt daneben Gegenstände auf, die der Aufteilung *entzogen* sind. Dazu gehören etwa alle Dinge, die ein Ehegatte in die Ehe eingebracht, von Todes wegen (durch Erbschaft) erworben hat oder die ihm von einem Dritten geschenkt wurden; Besonderes gilt uU auch für die Ehewohnung (§ 82 EheG). Von der Aufteilung ausgenommen sind aus Gründen öffentlichen Interesses (Arbeitsplatzsicherung) auch **Sachen, die zu einem Unternehmen gehören oder Anteile an einem Unternehmen sind**, sofern es sich nicht um bloße Wertanlagen handelt. Um zu verhindern, dass ein Ehegatte alles Erworbene in sein Unternehmen steckt und so der andere nach Scheidung leer ausgeht, wird die Berücksichtigung solcher Werte ausdrücklich angeordnet. Die Aufteilung steht unter der Maxime der Billigkeit (= Gerechtigkeit). Besonderes Gewicht kommt dem Beitrag des einzelnen Gatten zum Erwerb des Vermögens und dem Wohl der Kinder zu; ferner soll die Aufteilung so erfolgen, dass sich die Lebensbereiche der Geschiedenen in Zukunft möglichst wenig überschneiden (§§ 83 f EheG).

Für den **Unterhalt nach Scheidung** ist – heutzutage rechtspolitisch bereits heiß umstritten – zwischen Scheidung aus Verschulden und ohne Verschulden zu differenzieren: So soll dem *nicht oder kaum schuldigen* Ehegatten die Aufrechterhaltung seines bisherigen Lebensstandards möglich sein; ihm steht daher ein den bisherigen Lebensverhältnissen der Ehegatten *angemessener* nachehelicher Unterhalt zu. Eine zumutbare, jedoch nicht ausgeübte Erwerbstätigkeit ist zulasten des berechtigten Teils zu berücksichtigen. Unterhalt ist grundsätzlich in Form einer **monatlichen Geldrente** zu gewähren (§ 70 EheG). Der Unterhaltsanspruch erlischt etwa bei Wiederverheiratung.

Für die Rechtsfolgen der Scheidung auf das Verhältnis der Eltern zu ihren gemeinsamen Kindern ist wesentlichstes Kriterium das **Kindeswohl.** Die Kindesobsorge *beider* Eltern bleibt an sich auch nach der Scheidung aufrecht, wobei abweichende Vereinbarungen möglich sind. In jedem Fall muss geklärt sein, bei welchem Elternteil sich das Kind in Zukunft hauptsächlich aufhalten soll. Können sich die Eltern nicht einmal über diesen letzten Punkt einigen bzw widersprechen die getroffenen Vereinbarungen nach Ansicht des Gerichts dem Kindeswohl, hat das Gericht – allenfalls nach einer sechsmonatigen *Phase vorläufiger (gemeinsamer) elterlicher Verantwortung* – einen Elternteil mit der *alleinigen* Obsorge zu betrauen. Dem anderen Teil verbleiben aber in aller Regel gewisse Mindestrechte wie das *Kontaktrecht* (früher: Besuchsrecht). Details zu all dem in den §§ 179–182 und 186–190 ABGB).

Eingetragene Partnerschaft

Seit dem im Jahre 2010 in Kraft getretenen EPG haben sich formalisier- 230
te Lebensgemeinschaften gleichgeschlechtlicher Personen immer weiter der traditionellen Ehe angenähert. Häufig wurden diese Entwicklungen durch Gerichte (EGMR, VfGH) und nicht durch den Gesetzgeber angestoßen. Das geltende EPG weist mittlerweile nur mehr wenige inhaltliche Unterschiede zum Eherecht auf; auch steht die eingetragene Partnerschaft seit 1.1.2019 verschiedengeschlechtlichen Paaren ebenso offen wie gleichgeschlechtlichen. Erstaunlicherweise findet die eingetragene Partnerschaft nunmehr auch unter verschiedengeschlechtlichen Paaren regen Zulauf. So wurden im Jahre 2020 über 1250 Partnerschaften geschlossen, davon aber nur gut 80 von gleichgeschlechtlichen Personen, während sich über 600 Gleichgeschlechtliche für die Ehe entschieden haben.

Im Unterschied zur Ehe gibt es bei der eingetragenen Partnerschaft etwa kein rechtlich relevantes Verlöbnis, müssen beide Partner zwingend volljährig sein, gibt es keine ausdrückliche Pflicht zur Treue und kommt eine Auflösung wegen Zerrüttung immer schon nach dreijähriger Aufhebung der häuslichen Gemeinschaft in Betracht.

Kindschaftsrecht

Innerhalb und außerhalb einer Ehe geborene Kinder werden heutzutage 231
rechtlich so weit wie möglich gleich behandelt. Gewisse „naturbedingte" Unterschiede verlangen allerdings nach wie vor Beachtung: So muss das

„uneheliche" Kind regelmäßig erst nach seinem Vater fahnden. Grundgedanke des **Abstammungsrechts** ist der prinzipielle Vorrang der biologischen vor der „sozialen" Wirklichkeit. Schon ob ein Kind, das während aufrechter Ehe geboren wird, tatsächlich vom Ehemann der Mutter abstammt, steht nicht mit Sicherheit fest. Davon ist aber bis zur gerichtlichen Feststellung der Nichtabstammung bzw einer anderen Vaterschaft auszugehen. Gleiches gilt dann, wenn der Ehemann nicht früher als 300 Tage vor der Geburt gestorben ist. Ansonsten ist Vater im Rechtssinn jener, der seine Vaterschaft anerkannt hat oder dessen Vaterschaft gerichtlich festgestellt wurde (§ 144 Abs 1 ABGB). Vor allem, aber nicht nur dann, wenn es rechtlich (noch) keinen Vater gibt, wird – nicht zuletzt wegen des Kindesunterhalts – häufig eine **Vaterschaftsfeststellung** in die Wege geleitet (§§ 148 ff ABGB). Gelingt der Beweis der „Beiwohnung" in der kritischen Zeit (innerhalb von 180–300 Tagen vor der Geburt), gilt der Antragsgegner kraft **Zeugungsvermutung** als Vater, sofern er nicht den Gegenbeweis (der Nichtvaterschaft) führen kann.
Seit der Öffnung der Ehe und der EP für gleichgeschlechtliche Paare kommt auch eine „Zweitmutterschaft" jener Frau in Frage, die mit der gebärenden Mutter in einer bestimmten Zeitphase verheiratet oder verpartnert war (s § 144 Abs 2 ABGB). Im Gesetz ist daher immer wieder nicht bloß vom Vater, sondern auch neutral vom „anderen Elternteil" die Rede.

232 Zentraler und umfassender Begriff des Kindschaftsrechts ist – neben dem Kindeswohl – der der **Obsorge**. Dazu gehören Pflege und Erziehung, gesetzliche Vertretung und Vermögensverwaltung. Diese Rechte und Pflichten stehen den *ehelichen Eltern* zu. Unter bestimmten Umständen kann einem Elternteil die Obsorge ganz oder teilweise entzogen werden; sie kann dann auch Großeltern zukommen (§§ 177 ff ABGB). Da das *außerhalb einer Ehe geborene Kind* regelmäßig bei der Mutter aufwächst, ist diese trotz Anerkennung oder Feststellung des Vaters (zunächst) allein zur Obsorge berechtigt und verpflichtet. Dem Vater werden regelmäßig Kontaktrechte und uU auch Mitspracherechte eingeräumt. Bei Einvernehmen der Eltern ist die Bestimmung einer gemeinsamen Obsorge vor dem Standesbeamten möglich; mangels Einvernehmens kommt bei Vorliegen entsprechender Voraussetzungen (Kindeswohl!) auf Antrag des Vaters eine gerichtliche Entscheidung in Betracht, nach der er an der Obsorge beteiligt wird oder sogar die alleinige Obsorge übertragen erhält.

Neben immateriellen Rechtsbeziehungen zwischen Eltern und Kindern – es geht hierbei um Beistandspflichten sowie um Pflege und Erziehung – kommt dem **Unterhaltsrecht** große praktische Bedeutung zu. Grundsätzlich haben Vater und Mutter *anteilig* zur Deckung der Bedürfnisse des Kindes beizutragen. Art und Höhe des Unterhalts hängen von den Vermögensverhältnissen, aber auch vom Gesundheitszustand jedes Elternteils ab. Der nicht erwerbstätige Teil leistet durch Haushaltsführung und Kinderbetreuung seinen Unterhaltsbeitrag (§ 231 ABGB). Beim

Umfang der Unterhaltspflicht ist ganz wesentlich auf die Anlagen, Fähigkeiten, Neigungen und Entwicklungsmöglichkeiten des Kindes Bedacht zu nehmen. Einem intelligenten und ausreichend fleißigen Kind ist daher jedenfalls auch ein Studium zu ermöglichen, soweit dies für die Eltern finanziell tragbar ist. Die Unterhaltsberechtigung des Kindes endet nicht mit der Volljährigkeit, sondern mit der **Selbsterhaltungsfähigkeit**. Damit haben also Studenten regelmäßig Unterhaltsansprüche gegen ihre Eltern; aus Krankheitsgründen Arbeitsunfähige (zB wegen angeborener geistiger und körperlicher Behinderung) können bis an ihr Lebensende mit Unterstützung rechnen. Sind die eigenen Einkünfte nicht hoch genug, wird der Unterhaltsanspruch gegen die Eltern bloß gemindert. Auch die **Familienbeihilfe** führt, sofern sie dem Unterhaltsberechtigten zukommt, zur Reduzierung der Ansprüche gegen die Eltern. Wenn sich der Unterhaltsverpflichtete seinen Verpflichtungen entzieht, gewährt der Bund minderjährigen Kindern Unterhalt **(Unterhaltsvorschußgesetz)**. Dem Bund stehen dann Regressansprüche gegenüber dem Unterhaltspflichtigen zu.

Durch die **Adoption** (**Annahme an Kindesstatt**; §§ 191–203 ABGB) 233
wird die Beziehung zwischen ehelichen Kindern und ihren Eltern rechtlich („künstlich") nachgebildet. Die Adoption erfolgt durch schriftlichen Vertrag zwischen Annehmendem und Wahlkind, der mit gerichtlicher Zustimmung wirksam wird. Auch die Annahme durch eine Einzelperson, etwa den unehelichen Vater, ist grundsätzlich möglich. **Altersgrenzen** sollen verhindern, dass unreife Personen Adoptivkinder großziehen. Die Wahleltern müssen daher das 25. Lebensjahr vollendet haben und älter als das Wahlkind sowie überdies entscheidungsfähig sein.

3. Erbrecht

Allgemeines

Das Erbrecht hat zu entscheiden, wer in die **privatrechtlichen Rech-** 234
te und Pflichten eines Verstorbenen nachfolgt. Diese Rechtspositionen erlöschen nur ausnahmsweise mit dem Tode; so etwa die Pflichten eines Künstlers oder ein Wohnrecht auf Lebenszeit. Das Erbrecht ist ein wesentlicher Faktor freier Marktwirtschaft. Privateigentum wäre nicht viel wert, wenn es nicht über Generationen hinaus Bestand haben könnte.

Das österreichische Erbrecht, das zum 1.1.2017 umfassend novelliert wurde, ist von zwei Grundsätzen beherrscht. Diese sind die **Testierfreiheit** und die **Familienerbfolge**. Kurz gesagt, soll danach die Verlassenschaft an den gelangen, den der Erblasser selbst als seinen „Nachfolger" ausgewählt hat. Aber auch die nähesten Angehörigen sollen nicht leer ausgehen. Die engsten Verwandten und der Ehegatte oder der eingetragene

Partner (eP) des Verstorbenen erben daher regelmäßig, wenn kein Testament vorhanden ist. Sogar trotz gegenteiliger letztwilliger Verfügung bekommen gewisse nahe Angehörige jedenfalls aus der Verlassenschaft stammende Vermögenswerte; Details hierzu regelt das **Pflichtteilsrecht**.

Der **Erblasser** wird im Gesetz nunmehr als „der Verstorbene" bezeichnet; **Erbe** ist derjenige, der in die Rechte und Pflichten des Erblassers nachfolgt. Das können auch mehrere Personen (zu gleichen oder unterschiedlichen Anteilen) sein. Die Summe der vererblichen Rechte und Pflichten wird im ABGB als Verlassenschaft bezeichnet (früher und in anderen Rchtsquellen auch als Nachlass). **Letztwillige Verfügung** ist eine Anordnung des Erblassers, wer aus dem Vermögen etwas bzw nichts erhalten soll. Wichtigste Erscheinungsformen sind das **Testament** und das **Vermächtnis**. Anders als nach manchen ausländischen Rechtsordnungen erwirbt der Erbe oder die Erbengemeinschaft die Verlassenschaft nicht sofort mit dem Tod des Erblassers, dem sogenannten **Erbfall**. Vielmehr ist ein förmliches **Verlassenschaftsverfahren** zwischengeschaltet, das mit der sog Einantwortung endet (Rz 242 aE).

Erbrechtliche Regelungen finden sich vor allem im ABGB (§§ 531–824), Verfahrensbestimmungen sind im **Außerstreitgesetz** enthalten. Schließlich gibt es Sonderregelungen für die Nachfolge in landwirtschaftliche Höfe (zB das **Anerbengesetz 1958**), durch die eine Zersplitterung des Bauerngutes in kleine, lebensunfähige Einheiten verhindert werden soll.

Gesetzliche Erbfolge

235 Meist hinterlassen Verstorbene keine letztwillige Verfügung. Nach dem Grundsatz der Familienerbfolge sollen in diesem Fall die nähesten (Bluts-) Verwandten des Verstorbenen erben (§§ 730 ff ABGB). Da ein Erblasser aber oft mehrere Verwandte hinterlässt, muss das Gesetz entscheiden, ob (und auf welche Weise) der Nachlass in solchen Fällen aufgeteilt werden soll oder ob einzelne Verwandte die anderen verdrängen. In Österreich gilt das sogenannte **Parentelensystem**. Dieses System unterscheidet mehrere **Linien (Parentelen)** der Verwandten. Die dem Erblasser nähere Linie schließt alle entfernteren von der Erbfolge aus. Auch der **Grad** der Verwandtschaft ist nur innerhalb der einzelnen Linien von Bedeutung: Dabei ist die Gradesnähe durch die Anzahl der die Verwandtschaft zwischen Erblasser und konkretem Verwandten vermittelnden Zeugungen ausschlaggebend. So ist etwa die Schwester des Verstorbenen mit diesem im zweiten Grad verwandt (Zeugung des Erblassers und Zeugung der Schwester). In der **ersten Linie** stehen die Kinder des Verstorbenen sowie deren Nachkommen. Sind Kinder vor dem Erblasser verstorben, erhalten deren Nachkommen, also die Enkel des Erblassers, gemeinsam das, was der

Verstorbene bei Erleben des Erbfalls erhalten hätte. In der **zweiten Linie** finden sich die Eltern des Verstorbenen und deren Nachkommen, das sind also die Geschwister des Erblassers, sowie deren Kinder. Die **dritte Linie** setzt sich aus den Großeltern und deren Nachkommen zusammen (sofern sie nicht schon in der ersten oder zweiten Linie enthalten sind). Die **vierte Linie** umfasst nur mehr die Urgroßeltern des Verstorbenen, nicht mehr deren Nachkommen (Grenze des Verwandtenerbrechts).

Neben Kindern und deren Nachkommen stehen dem **Ehegatten oder dem eingetragenen Partner (eP)** des Verstorbenen **ein Drittel** des Nachlasses zu. Neben beiden Eltern erhält der überlebende Partner erhält er **zwei Drittel**. Ist ein Elternteil des Erblassers vorverstorben, fällt ihm auch dessen Anteil zu. Seit dem 1.1.2017 erben Großeltern oder Geschwister neben dem überlebenden Partner nichts mehr. Haben die Eltern den Erblasser nicht überlebt, fällt diesem daher die gesamte Verlassenschaft zu (s § 744 ABGB).

Der überlebende Partner hat überdies Anspruch auf das gesetzliche Vorausvermächtnis, zu dem vor allem das Recht gehört, weiterhin in der bisher gemeinsam bewohnten Wohnung zu bleiben; ebenso erhält er die zum Haushalt gehörenden beweglichen Sachen, also den sog Hausrat (§ 745 ABGB; zugunsten eines bloßen Lebensgefährten sieht Abs 2 dieser Norm ein solches, allerdings auf ein Jahr befristetes gesetzliches Vermächtnis vor).

Stirbt jemand, ohne einen Ehegatten bzw einen eP oder zumindest einen Verwandten der ersten bis vierten Linie zu hinterlassen, kann der Lebensgefährte der verstorbenen Person „außerordentlicher" Erbe werden (§ 748 ABGB). Kommt weder ein gesetzlicher Erbe noch der Lebensgefährte als Erbe in Betracht und hat der Verstorbene zwar keine Erben eingesetzt, wohl aber zugunsten von Vermächtnisnehmern verfügt, erben diese anteilig (§ 749 ABGB). Erst in allerletzter Linie sieht § 750 ABGB ein Aneignungsrecht des Bundes vor.

Testamentarische Erbfolge

Vor allem vermögende Personen wollen selbst entscheiden, wer was und 236
wie viel bekommt: Die einsame Pensionistin ist von ihrer Familie enttäuscht und hinterlässt alles dem Tierschutzverein oder der Kirche. Da das Abgehen vom gesetzlichen Erbrecht aber keine Selbstverständlichkeit ist und der Erblasser nach seinem Tod nicht mehr gefragt werden kann, was er tatsächlich wollte, muss das Erbrecht (in den §§ 552 ff ABGB) unter anderem festlegen, wann eine letztwillige Verfügung, vor allem ein Testament, gültig und wie bei Unklarheiten seines Inhalts vorzugehen ist; ferner, ob und inwieweit bestimmte Personen trotz Existenz eines (gegenläufigen) Testaments jedenfalls etwas aus der Verlassenschaft erhalten sollen.

Notwendige Gültigkeitsvoraussetzungen sind das Vorliegen einer Erbeinsetzung, die Einhaltung einer zulässigen Testamentsform und bestimmte Eigenschaften des Testators.

Eine **Erbeinsetzung** liegt dann vor, wenn die Verfügung – die dann als Testament bezeichnet wird – einen oder mehrere Erben bestimmt. Diese können entweder auf die gesamte Verlassenschaft oder auf eine Quote eingesetzt sein. Soll hingegen nach dem Wortlaut der Verfügung jemand nur bestimmte Stücke aus dem Vermögen des Verstorbenen enthalten, ist regelmäßig ein bloßes **Vermächtnis** gegeben. Sogar ein **„negatives Testament"** ist denkbar: Hier ordnet der Erblasser nicht an, wer Erbe werden soll, sondern schließt Erbanwärter vom (gesetzlichen) Erbrecht aus.

237 Damit Streit darüber, ob eine letztwillige Verfügung echt oder vom Erblasser wirklich so gewollt war, möglichst nicht entsteht, lässt das Gesetz nur einige erschöpfend aufgezählte **Formen** zu. Zu unterscheiden ist einmal zwischen **privaten** und **öffentlichen Testamenten**. Zu den privaten gehört zunächst das **eigenhändige** Testament. Hier schreibt der Erblasser selbst den *gesamten* Text und setzt seine Unterschrift darunter (§ 578 ABGB). Wird der Text maschinell oder von jemand anderem geschrieben, liegt ein **fremdhändiges** Testament vor. Es ist nur bei Unterfertigung durch den Erblasser sowie dreier Zeugen gültig. Zusätzlich muss der Testator eigenhändig erklären, dass es sich um seinen letzten Willen handelt; auf die gleiche Weise müssen die Zeugen auf ihre Zeugeneigenschaft hinweisen (§ 579 ABGB). Ein **mündlich** errichtetes Testament ist hingegen nicht ohne weiteres wirksam, da diese Form zu Missbrauch einlädt. Vielmehr ist es nur als **Nottestament** in Gefahrenfällen zulässig und verliert drei Monate nach Wegfall der Gefahr seine Gültigkeit (§ 584 ABGB). Öffentliche Testamente werden vor einem **Gericht** oder einem **Notar** errichtet; dies kann durch mündliche Erklärung oder durch Übergabe eines Schriftstücks geschehen (§§ 581–583 ABGB).

Soweit **Zeugen** für die Wirksamkeit eines Testaments erforderlich sind, müssen diese bestimmte Voraussetzungen erfüllen, so das *Vollenden des 18. Lebensjahres*. Hinsichtlich ihnen selbst gemachter Zuwendungen können sie niemals wirksam Zeugnis ablegen. Errichtet also etwa ein Erblasser ein fremdhändiges Testament, in dem er auch seiner Pflegerin ein Vermächtnis aussetzt, und gehört die Pflegerin zu den drei beigezogenen Zeugen, so ist die zu ihren Gunsten gemachte Verfügung ungültig, die übrigen sind hingegen gültig.

238 Um sicherzustellen, dass die letztwillige Verfügung dem „wirklichen Willen" des Testators entspricht, muss dieser bei Abfassung der Verfügung **testierfähig** sein. Dazu muss er die Bedeutung und die Folgen seiner letztwilligen Verfügung verstehen und sich entsprechend verhalten können (§ 566 ABGB). **Unmündige** sind gänzlich testierunfähig, **mündige** Minderjährige können – außer in Notfällen – nur vor einem Gericht oder

einem Notar testieren (§ 569 ABGB). Gesetzliche Vertretung (etwa durch Eltern oder Erwachsenenvertreter) ist beim Testierakt ausgeschlossen (§ 564 ABGB)! Bei fehlender Testierfähigkeit ist die letztwillige Verfügung *ungültig* (§ 567 ABGB) und es kommt zur gesetzlichen Erbfolge.

Doch auch Personen, die im Vollbesitz ihrer geistigen Kräfte sind, kann bei ihrer Verfügung ein **Willensmangel** unterlaufen. Nach ihrem Tod können solche Mängel regelmäßig von denjenigen geltend gemacht werden, die bei Wegfall der Verfügung an den Nachlass kämen. Anfechtbar ist eine Verfügung jedenfalls dann, wenn **List** oder **Zwang** im Spiel waren. Aber auch sonstige **wesentliche Irrtümer** sind zu beachten. Als Folge der Anfechtung wird die Verfügung beseitigt, soweit der Willensmangel reicht, wodurch in diesem Umfang **gesetzliche Erbfolge** eintritt. Eine „Richtigstellung" dahingehend, dass derjenige Erbe wird, den der Erblasser ohne Willensmangel bedacht hätte, kommt wegen der strengen Formvorschriften nicht in Frage.

Bei der Interpretation nicht eindeutiger Formulierungen des Erblassers ist die Erforschung des **wirklichen Willens des Testators** oberste Maxime. Zur Feststellung dieses Willens dürfen auch Umstände in Betracht gezogen werden, die außerhalb der letztwilligen Verfügung liegen. Hatte der Erblasser also etwa schon öfters erklärt, die Briefmarkensammlung solle der „Onkel Fritz" bekommen, ist dieser als Vermächtnisnehmer anzusehen, wenn der Testator den solcherart Begünstigten nur als „Fritz" bezeichnet hat und es auch einen Bruder namens Fritz gibt.

Letztwillige Verfügungen binden den Erblasser bei Lebzeiten generell nicht. Der jederzeitige **Widerruf** einseitiger letztwilliger Erklärungen ist also möglich. Auch für den Widerruf sind an sich die Testamentsformen einzuhalten. Oft erfolgt der Widerruf jedoch bloß **stillschweigend**; so durch Vernichten der Testamentsurkunde oder durch Errichtung einer neuen Verfügung. Grundsätzlich hebt ein späteres Testament die frühere Verfügung zur Gänze auf.

Wichtige Einzelfragen

Auch an sich durch Gesetz oder Testament berufene Personen können 239
vom Nachlass ausgeschlossen sein. Vor allem drei Varianten sind dabei zu unterscheiden: Den Ausschluss mit Zustimmung des Erbanwärters nennt man **Erbverzicht**. Hier verzichtet jemand, der an sich zur Erbschaft berufen wäre, durch Vertrag mit dem Erblasser auf sein künftiges Erbrecht (§ 551 ABGB); regelmäßig erhält er dafür eine Vorwegabfindung. Überhaupt nichts bekommen soll hingegen derjenige, der sich grober Verfehlungen gegen den Erblasser schuldig gemacht hat. Eine solche **Erbunwürdigkeit** liegt etwa bei gewissen strafbaren Handlungen gegen den Erblasser vor. Erbunwürdig ist auch, wer durch List oder Zwang den

Erblasser zu einer bestimmten letztwilligen Verfügung bringt oder ihn daran hindert, eine solche zu errichten oder abzuändern (§§ 539–542 ABGB). Ohne Enterbung muss derjenige, der ein rechtliches Interesse besitzt, den konkreten Unwürdigkeitsgrund geltend machen und nachweisen. Dies ist nicht möglich, wenn der Erblasser die Verfehlung verziehen hat. Erfährt der Erblasser von den relevanten Tatsachen noch zu seinen Lebzeiten, hat er die Möglichkeit einer **Enterbung** (§§ 769–775 ABGB). Enterbung ohne Enterbungsgrund ist hinsichtlich des Pflichtteils selbstverständlich wirkungslos.

240 Wird jemand ohne Einsetzung als Erbe letztwillig bedacht, liegt ein **Vermächtnis (Legat)** vor. In vielerlei Hinsicht (zB Formpflicht) ist das Vermächtnis wie ein Testament zu behandeln. Vermächtnisse werden meist jemandem ausgesetzt, der nicht Erbe ist. Das Vermächtnis kann verschiedene Inhalte haben: Der Onkel soll die Briefmarkensammlung erhalten; dem Freund, dem der Erblasser ein Darlehen gegeben hat, soll die Schuld erlassen sein. Mit der Anordnung eines Vermächtnisses hat der Erblasser zugleich zum Ausdruck gebracht, dass ihm bestimmte Personen besonders nahestehen, weshalb sie uU außerordentliche Erben werden können (s Rz 235 aE).

241 Das **Pflichtteilsrecht** bildet eine Testierschranke. Bestimmten Personen muss der Verstorbene etwas hinterlassen. Das sind seine allernächsten Angehörigen, nämlich seine Nachkommen sowie der überlebende Ehegatte bzw der eP (§ 757 ABGB). Kein Pflichtteilsrecht haben etwa die Geschwister oder die Großeltern; zum 1.1.2017 wurden auch die Eltern aus dem Kreis der Pflichtteilsberechtigten eliminiert. Bei der Berechnung der Höhe des Pflichtteilsanspruchs wird vom gesetzlichen Erbrecht ausgegangen. Der Pflichtteil beträgt die Hälfte davon (§ 759 ABGB).

Grundlage der Berechnung des Pflichtteilsanspruchs ist die **gesamte Verlassenschaft**, also die Aktiven vermindert um die Passiven; Vorempfänge sind mit zu beachten (§§ 778 ff ABGB). Der **Pflichtteilsanspruch** zwischen Eltern und Kindern kann durch letztwillige Verfügung bis zur Hälfte **gemindert** werden, wenn zwischen dem Verfügenden und dem nach ihm Pflichtteilsberechtigten für einem längeren Zeitraum vor seinem Tod kein Naheverhältnis bestand, wie es zwischen solchen Familienangehörigen an sich üblich ist (§ 776 ABGB).

242 Nach dem Tod einer Person gibt es regelmäßig eine Mehrzahl von Gläubigern, die aus dem Nachlass bzw vom Erben etwas erhalten wollen: Der Erblasser schuldet noch aus einem zu Lebzeiten abgeschlossenen Kaufvertrag Zahlung des Preises **(Erblasserschulden)**; Pflichtteilsberechtigte oder Unterhaltsgläubiger des Verstorbenen machen ihre Ansprüche geltend (**Erbfall-** oder **Erbgangschulden**); die Ehefrau des Erben begehrt von ihm Unterhalt **(Erbenschulden)**. Für die (eigenen) Erbenschulden haftet

der Erbe selbstverständlich mit seinem gesamten Vermögen; sie haben mit dem Tod des Erblassers ja nichts zu tun. Für Erblasser- und Erbfallschulden ist zu unterscheiden: Hat der Erbe im Verlassenschaftsverfahren eine **unbedingte Erbantrittserklärung** abgegeben, haftet er auch für diese Schulden ohne Beschränkung auf die Verlassenschaft. Bei **bedingter Erbantrittserklärung** ist seine Haftung hingegen mit dem Wert der Verlassenschaft begrenzt. Bei erkennbar überschuldetem Nachlass empfiehlt sich die **Ausschlagung der Erbschaft** durch negative Erbantrittserklärung.

Der Erbe erhält den Nachlass nicht sofort mit dem Tod des Erblassers, dem **Erbfall**, sondern erst nach gerichtlicher Klärung seiner Berechtigung. In diesem Verfahren geben alle, die ein Erbrecht zu haben glauben, ihre **Erbantrittserklärungen** ab. Sind alle abgegebenen Erbantrittserklärungen miteinander vereinbar, stellen sich keine Probleme. Bei **Widersprüchen** hat das Außerstreitgericht das Erbrecht der tatsächlich Berechtigten festzustellen und die Erklärungen der Übrigen abzuweisen (§§ 161 ff AußStrG).

Hat der Erbansprecher alle Voraussetzungen erfüllt und insbesondere sein Erbrecht nachgewiesen, wird ihm der Nachlass durch Gerichtsbeschluss übergeben **(Einantwortung)**. Bis dahin ist Träger aller vererblichen Rechte und Pflichten die als eigenständiges Rechtssubjekt angesehene (**ruhende) Verlassenschaft.** Nun erst wird der Erbe Gesamtrechtsnachfolger des Erblassers. Er erwirbt insbesondere Eigentum an den Nachlasssachen und wird Schuldner der Erbschaftsgläubiger.

4. Sachenrecht

Begriff, Regelungszweck und Grundsätze

Das Sachenrecht ist das **Recht der Güterzuordnung**. Das bedeutet, der jeweils Berechtigte hat ein absolutes Herrschaftsrecht in Bezug auf die Sache. Dieses absolute oder dingliche Recht gibt ihm grundsätzlich die Möglichkeit, gegen nicht berechtigte Personen vorzugehen, die in irgendeiner Weise (Gebrauch, Beschädigung, Entziehung usw) auf die Sache einwirken; also grundsätzlich gegen jedermann. Wichtigstes und umfassendstes Sachenrecht ist das **Eigentum**. 243

Das allgemeine Sachenrecht ist in den **§§ 285–530 ABGB** geregelt. Für Rechtsverhältnisse an Liegenschaften sind vor allem das **Allgemeine Grundbuchsgesetz (GBG) 1955**, das **Allgemeine Grundbuchsanlegungsgesetz (GAG) 1929** und das **Grundbuchsumstellungsgesetz (GUG) 1980** von Bedeutung. Als wichtig zu erwähnen sind ferner das **Wohnungseigentumsgesetz (WEG) 2002** sowie das **Baurechtsgesetz (BauRG) 1912**.

244 Der Regelungszweck des Sachenrechts liegt in der **Offenkundigkeit der Güterzuordnung**. Wegen der absoluten Zuordnung der Sache zu einer bestimmten Person muss jedem erkennbar sein, wer der Berechtigte ist. Damit sollte aber auch jede Veränderung der dinglichen Rechtslage offenkundig sein. Dies leitet zu den Grundsätzen des Sachenrechts über.

Im Grundsatz wird die **Publizität (Offenkundigkeit)** der Sachenrechte dadurch gewährleistet, dass der Berechtigte die Sache bei sich hat. Dies ist zwar schon deshalb kein verlässliches Merkmal, weil Sachen oft auch bloß aufgrund obligatorischer Rechte (Miete, Leihe, Verwahrung usw) bei jemand anderem als dem Eigentümer sind. Dennoch knüpft das Gesetz an die Innehabung den **Rechtsschein** der dinglichen Berechtigung. Bei Liegenschaften (Grundstücken) ergeben sich die dinglichen Rechtsverhältnisse regelmäßig aus dem **Grundbuch**.

Wegen des Erfordernisses der Klarheit der dinglichen Rechtsverhältnisse können die Parteien nicht – anders etwa im Vertragsrecht – beliebige Sachenrechte begründen. Vielmehr besteht eine geschlossene Zahl der Sachenrechte und damit ein **Typenzwang**. Wichtigstes und umfassendstes Recht ist das **Eigentum**. Alle anderen dinglichen Befugnisse sind in irgendeiner Weise Einschränkungen dieses Rechts. Sie werden daher auch **beschränkte dingliche Rechte** genannt. Zu ihnen gehören das Pfandrecht, die Dienstbarkeit (Servitut) sowie Baurecht und Reallast.

Der **Spezialitätsgrundsatz** besagt, dass dingliche Rechtsänderungen für jede Sache gesondert vorgenommen werden müssen. So kann man sich zwar vertraglich verpflichten, ein Unternehmen zu verkaufen; die Eigentumsübertragung hat aber an sich für jeden Gegenstand gesondert zu erfolgen.

Eine sachenrechtliche Verfügung ist immer nur dann wirksam, wenn sie auf einem **gültigen Titel** (Rechtsgrund) beruht. Dieser Titel liegt häufig in einem **Vertrag**. Neben dem gültigen Titel ist ferner eine gesetzlich anerkannte **Erwerbungsart (Modus)** zur Übertragung des Sachenrechts notwendig (§ 380 ABGB). Klassische Erwerbungsart ist die körperliche Übergabe der Sache.

Grundsätzlich kann niemand mehr an Rechten übertragen, als er selbst hat (§ 442 ABGB). Wer nicht Eigentümer ist, kann daher an sich auch nicht Eigentum verschaffen. Von diesem Grundsatz gibt es allerdings bedeutsame Ausnahmen, insbesondere für den gutgläubigen Erwerb, dessen Regelung in § 367 ABGB auf einer umfassenden Interessenabwägung beruht.

Die Sache

245 Trotz des weiten Sachbegriffs des ABGB (§ 285 ABGB) gilt das Sachenrecht ieS bloß für **körperliche Sachen**; nicht hingegen für unkörperliche wie

Forderungs- oder Urheberrechte. So ist etwa die Übertragung von Forderungsrechten, zB eines Geldanspruchs, eigens geregelt (**Zessions- oder Abtretungsrecht**, §§ 1392 ff ABGB). Wichtig ist die Unterscheidung in bewegliche und unbewegliche Sachen. **Liegenschaften (Grundstücke)** sind jedenfalls **unbeweglich**. Rechtsänderungen daran bedürfen grundsätzlich einer Eintragung im Grundbuch. UU werden aber sogar Sachen, die mit einem Grundstück fest verbunden sind, als **beweglich** angesehen. Solche Bauwerke heißen **Überbauten** (**Superädifikate**; siehe § 435 ABGB).

Einzelsachen sind „natürliche Einheiten". Eine Teilung führt meist unweigerlich zur Zerstörung. In der modernen Produktionsgesellschaft häufiger und bedeutsamer sind aber die **Sachverbindungen**. Je nach Intensität der Verbindung sind hier verschiedene Arten zu unterscheiden: Beim **unselbständigen Bestandteil** liegt eine besonders enge Beziehung zur Hauptsache vor. Der Bestandteil kann ohne Wertverlust von der Hauptsache nicht getrennt werden (zB das einzelne Blatt eines Buches). Daher herrscht zwingend **Eigentümeridentität**. Anders ist die Rechtslage hingegen bei **selbständigen Bestandteilen** und bei **Zubehör**: Diese Sachen (Autoreifen, Autoradio) können ohne Wertverlust von der Hauptsache getrennt werden und daher auch einem anderen als dem Eigentümer der Hauptsache gehören. Sie sind also „sonderrechtsfähig"; im Zweifel teilen sie jedoch das rechtliche Schicksal der Hauptsache.

Seit mittlerweile über 30 Jahren werden **Tiere** formal nicht mehr den Sachen zugeordnet, sondern bilden eine eigene Kategorie (§ 285a ABGB). Soweit Spezialregeln (etwa Vorschriften zum Tierschutz wie der Tierquälerei-Paragraf im Strafgesetzbuch) fehlen, greifen allerdings weiterhin die für (leblose) Gegenstände geltenden Vorschriften ein. Daher kann man etwa auch einen jungen Hund nach den Vorschriften über den Kauf erwerben und daran Eigentum erlangen.

Innehabung und Besitz

Vom Eigentum zu unterscheiden sind Innehabung und Besitz. **Inhaber** 246
ist derjenige, der eine Sache in seiner Macht oder Gewahrsame hat. Innehabung ist damit ein reines Faktum; es kommt bloß auf die *tatsächliche Sachherrschaft* an, also auf die Sachnähe sowie die Möglichkeit der Einflussnahme auf die Sache. **Besitzer** ist, wer den Willen hat, die Sache als die seinige zu behalten. Besitzer ist also nicht schon jeder, der eine Sache tatsächlich in seiner Gewahrsame hat. Er muss darüber hinaus den **Willen** haben, sie **für sich innezuhaben**. Dass er tatsächlich ein *Recht an der Sache* hat, wird hingegen nicht gefordert. Damit ist etwa auch der Dieb (unrechtmäßiger) Besitzer.

247 Eigenmächtige Störungen des aktuellen Besitzstandes sind immer Angriffe gegen den allgemeinen Rechtsfrieden. Generell darf in einem Rechtsstaat niemand gewaltsam Selbsthilfe üben. Jeder hat vermeintlich bestehende Rechte mithilfe der dafür eingerichteten Behörden (insbesondere der Gerichte) zu verfolgen. So darf auch der Besitzer seinen Besitz im Wege der **Selbsthilfe** nur verteidigen, falls behördliche Hilfe zu spät käme (§ 344 ABGB). § 339 ABGB zeigt deutlich, dass die Rechtsordnung Eigenmächtigkeiten ganz generell nicht akzeptiert: „Der Besitz mag von was immer für einer Beschaffenheit sein, so ist niemand befugt, denselben eigenmächtig zu stören." Zum Schutz des Besitzes ist ein eigenes **Besitzstörungsverfahren** vorgesehen (§§ 454 ff ZPO).

Da der Besitz kein Recht ist, genügt zum **Besitzerwerb** die faktische Herstellung der Besitzvoraussetzungen, also ein körperliches Naheverhältnis (Gewahrsame) sowie der Besitzwille. Ohne Besitz kommt grundsätzlich kein Eigentumserwerb in Betracht. Die Herstellung der **Gewahrsame (Innehabung)** kann einseitig durch Besitzergreifung erfolgen oder abgeleitet durch Besitzverschaffung (§§ 426 ff ABGB): Der bisherige Inhaber übergibt die Sache körperlich oder erklärt, sie nunmehr für den Erwerber innezuhaben (zB als Verwahrer).

Das Eigentum

248 Eigentum ist das umfassende Herrschaftsrecht an einer körperlichen Sache. Um deutlich zu machen, dass das Eigentumsrecht alle denkbaren Befugnisse in Bezug auf eine Sache in sich vereint, spricht das Gesetz davon, dass der Eigentümer mit der Sache „nach seiner Willkür" verfahren und jeden anderen ausschließen kann (§ 354 ABGB). Dies darf allerdings nicht wörtlich genommen werden, da es natürlich auch Eigentums(ausübungs)-schranken gibt.

Steht die Sache bloß im Eigentum einer (natürlichen oder juristischen) Person, spricht man von **Alleineigentum**. Sind mehrere Personen an einer Sache als Eigentümer berechtigt, liegt regelmäßig **Miteigentum** vor, seltener Teileigentum. Eine solche Miteigentumsgemeinschaft kann aus ganz unterschiedlichen Gründen entstehen: Ein Ehepaar ersteht gemeinsam ein Auto, drei Kinder erben ein Grundstück. Von besonderer praktischer Bedeutung ist das im WEG geregelte Wohnungseigentum. Für das Miteigentum ist charakteristisch, dass jeder Miteigentümer an der gesamten Sache, aber bloß quotenmäßig berechtigt ist. Es besteht also **Eigentum nach Bruchteilen**. Damit stellen sich manche Sonderfragen, etwa hinsichtlich Benutzung und Verwaltung der Sache. Für die Veräußerung ist die Sache aber klar: Jeder Miteigentümer kann den eigenen Anteil verkaufen und übereignen, nicht aber die gesamte Sache.

Wie schon ausgeführt, erfolgt der **Eigentumserwerb** regelmäßig **zweiaktig**: Aufgrund eines Vertrages (Kauf, Tausch, Schenkung, Werkvertrag usw) wird die Sache übergeben. Nur in wenigen, gesetzlich geregelten Fällen (zB Verarbeitung oder Aneignung herrenloser Sachen) genügt die Setzung eines *Modus*, der regelmäßig in der Besitzergreifung besteht.

Das Eigentum darf selbstverständlich nicht wirklich „nach Willkür" aus- 249
geübt werden. Von Beschränkungen sind insbesondere die Eigentumsrechte an Liegenschaften (Grundverkehrs-, Bodenbeschaffungs-, Stadterneuerungsgesetze usw) sowie an Tieren (Tierversuchs- und Tierschutzgesetze) betroffen. Es existieren aber auch privatrechtliche Schranken; etwa das sogenannte **Nachbarrecht**. Danach sind insbesondere *Immissionen* (Lärm, Geruch usw) verboten, die das gewöhnliche Ausmaß überschreiten und die ortsübliche Nutzung des Nachbargrundstückes wesentlich beeinträchtigen (§ 364 ABGB); etwa durch Viehhaltung im reinen Wohngebiet. Bei massivem „Entzug von Licht und Luft" infolge Pflanzenwuchs verlangt das Gesetz sogar eine unzumutbare Beeinträchtigung. Besonderes gilt bei Störungen durch eine **behördlich genehmigte Anlage**: Soweit die – regelmäßig im überindividuellen Interesse liegende – Genehmigung reicht, kann niemals Unterlassung begehrt werden. Zum Ausgleich dafür kann der beeinträchtigte Eigentümer jedoch alle Schäden ersetzt verlangen, die ihm aufgrund der Emissionen entstanden sind.

Dem **Schutz des Eigentums** dient vor allem die **Eigentumsklage**: 250
Hat der Eigentümer die Sache nicht mehr in seiner Gewahrsame, kann er sie von jedem Inhaber herausverlangen (§ 366 ABGB). Damit diese Klage im Ernstfall Erfolg hat, muss er sein Eigentum sowie die Innehabung der Sache durch den Beklagten nachweisen. Hat der Beklagte allerdings ihm gegenüber ein Recht zur Innehabung (zB als Mieter oder Entleiher), ist die Klage abzuweisen. Wird das Eigentum bloß gestört (zB gehen Nachbarn ohne Gestattung über das Grundstück), kommt die **Eigentumsfreiheitsklage** in Betracht. Verlangt wird damit Wiederherstellung des vorigen Standes (Beseitigung der Störungsquelle, etwa des auf fremdem Grund abgelagerten Mülls) sowie Unterlassung weiterer Störungen. Kein Untersagungsanspruch besteht selbstverständlich dann, wenn die Benutzung der fremden Sache zulässigerweise erfolgt, etwa aufgrund einer *Servitut* (Dienstbarkeit; §§ 472 ff ABGB); einer Befugnis, die selbst zu den dinglichen Rechten gehört. Aus der absoluten Zuordnung des Eigentums zu einer bestimmten Person ergibt sich auch, dass der Eigentümer bei Beschädigung oder Zerstörung der Sache regelmäßig **Schadenersatz** begehren kann. Haben andere Personen aus der fremden Sache – etwa durch Benützung – unberechtigt Vorteile gezogen, können dem Eigentümer auch **Bereicherungsansprüche** zustehen.

Zum **Verlust des Eigentums** an einer bestimmten Sache kommt es vor 251
allem dann, wenn sie vernichtet wird; aber auch immer dann, wenn ein

anderer Alleineigentum erwirbt. Das ist auch durch **Enteignung** möglich. Eine solche darf nur stattfinden, wenn sie durch ein besonderes öffentliches Interesse notwendig wird. Praktisch bedeutsam sind Enteignungen zum Zwecke des Straßen-, Eisenbahn- oder Kraftwerksbaus. Obwohl Art 5 des **Staatsgrundgesetzes (StGG)** die Entschädigung nicht erwähnt, ist doch anerkannt, dass **Enteignung nur gegen Entschädigung** zulässig ist (so auch § 365 ABGB).

Das Grundbuch

252 Rechtsverhältnisse an Liegenschaften werden regelmäßig *durch Grundbuchseintragung* begründet und geändert **(Eintragungsgrundsatz)**. Das Grundbuch besteht aus Hauptbuch und Urkundensammlung (§ 1 GBG). Für jede flächenmäßige Einheit wurde eine Grundbuchseinlage mit eigener Einlagezahl angelegt. Jede Einlage beinhaltet ein Gutsbestandsblatt (A-Blatt), ein Eigentumsblatt (B-Blatt) und ein Lastenblatt (C-Blatt). Schon seit längerer Zeit werden gemäß dem Grundbuchsumstellungsgesetz (GUG) die Register mittels EDV geführt. Elektronische Abfragen des Grundbuchs sind möglich; ebenso Eingaben wie Einverleibungs-, Vormerkungs- oder Löschungsgesuche.

Zu den wichtigsten Prinzipien des Grundbuchsrechts zählt der **Vertrauensgrundsatz**. Vereinfacht gesagt bedeutet dieser, dass jedermann auf die Richtigkeit der Grundbuchseintragungen vertrauen darf. Es muss weder mit schon ursprünglich unrichtigen Eintragungen noch mit einer späteren Änderung der Rechtsverhältnisse gerechnet werden, die aus dem Grundbuch nicht ersichtlich ist. Der **Öffentlichkeitsgrundsatz** besagt, dass prinzipiell jedermann zum Grundbuch Zugang hat. Wichtig ist auch das **Prioritätsprinzip**: Wer zuerst kommt, mahlt zuerst. Werden also etwa mehrere Anträge auf Einverleibung des Eigentumsrechtes gestellt, weil der Eigentümer seine Liegenschaft in betrügerischer Absicht mehrfach verkauft hat, wird derjenige als neuer Eigentümer einverleibt, dessen Antrag zuerst bei Gericht eingelangt ist. Von besonderer praktischer Bedeutung ist dieser Grundsatz bei der Einverleibung von Pfandrechten. Je besser der Rang, desto größer ist die Wahrscheinlichkeit voller Befriedigung für den Fall der Verwertung des Grundstücks. Zu erwähnen ist ferner, dass Grundbuchseintragungen regelmäßig bloß **auf Antrag** erfolgen und dass der Grundbuchsbeamte nur eine **formelle Prüfung** der Anträge vornimmt. Er untersucht also etwa, ob die Kaufvertragsurkunde eine Intabulationsklausel enthält und die Unterschriften notariell beglaubigt sind. Eine inhaltliche Prüfung (zB der Gültigkeit des Vertrages) ist dem streitigen Verfahren vorbehalten.

Das Pfandrecht als Beispiel eines dinglichen Sicherungsrechts

Das Pfandrecht (§§ 447–470 ABGB) ist ein beschränktes dingliches Recht an einer fremden Sache. Es wird häufig zur Absicherung von Kreditgeschäften begründet. Der Kreditgeber kann ja nicht sicher sein, ob die Rückzahlung zum vereinbarten Zeitpunkt auch wirklich erfolgen bzw wie sich das Vermögen des Kreditnehmers bis dahin entwickeln wird. Kann er auf ein Pfand greifen, ist er bis zu dessen Wert jedenfalls gesichert, was vor allem in der Schuldnerinsolvenz Ausfälle vermeidet. Der Pfandgläubiger hat dann die Möglichkeit, sich bei Nichterfüllung der gesicherten Forderung durch Verwertung der Pfandsache vor anderen Gläubigern zu befriedigen **(Sicherungs- und Befriedigungsfunktion)**. 253

Häufig wird das Pfand vom persönlichen Schuldner selbst bestellt; die pfandrechtlichen Regelungen gelten aber ebenso für Pfänder, die von dritter Seite (zB von der Großmutter des Kreditnehmers) stammen. Grundsätzlich können alle **verwertbaren Sachen** verpfändet werden. Sache ist wieder in einem weiten Sinn zu verstehen. Ein Pfandrecht kann daher auch an Forderungen wie etwa Lohnansprüchen aus Dienstverhältnissen begründet werden. Um dem Schuldner ein Existenzminimum zu belassen, existieren vor allem für die exekutive Pfändung betraglich genau festgelegte **Pfändungsgrenzen** bzw **Pfändungsverbote.**

Auch für den Erwerb von Pfandrechten gilt das Erfordernis von *Titel und Modus*. Der Rechtsgrund (Titel) besteht regelmäßig im **Pfandbestellungsvertrag**, also einer Vereinbarung zwischen Pfandeigentümer und Gläubiger. Es gibt allerdings auch eine Reihe gesetzlicher Pfandrechte, die ohne rechtsgeschäftliche Vereinbarung entstehen; etwa die des Spediteurs oder Frachtführers. Rechtsgeschäftliche Pfandrechte bedürfen zu ihrer Entstehung überdies auch einer **Erwerbungsart (Modus)**. Pfandrechte müssen nach dem Willen des Gesetzes besonders offenkundig (publik) sein. Daher gilt im Bereich des Pfandrechts beinahe uneingeschränkt das **Faustpfand- bzw Publizitätsprinzip** (§§ 451 f ABGB): Sofern möglich, ist die Pfandsache dem Pfandgläubiger körperlich zu übergeben; Verbleiben beim Verpfänder könnte ja leicht zu einer Täuschung über sein Vermögen führen.

Bevor die durch das Pfand gesicherte Schuld fällig ist, darf bzw muss der Pfandgläubiger die Pfandsache bloß verwahren, aber nicht benutzen. Wird die gesicherte Forderung getilgt, hat er die Sache an den Pfandbesteller zurückzustellen. Verwirklicht sich allerdings das gesicherte Risiko des Pfandgläubigers, zahlt nämlich der persönliche Schuldner bei Fälligkeit nicht, kann der Pfandgläubiger sein **Befriedigungsrecht** durch **Pfandverwertung** ausüben.

Das **Pfandrecht an unbeweglichen Sachen (Liegenschaften)** 254
wird deshalb **Hypothek** (= besitzloses Pfand) genannt, weil es nicht mit

Sachinnehabung durch den Pfandgläubiger verbunden ist. Der Pfandbesteller kann damit die Pfandsache wie bisher nutzen. Dies ist der große Vorteil gegenüber dem Faustpfand, das volkswirtschaftlich gesehen deshalb Nachteile mit sich bringt, weil regelmäßig Nutzungsmöglichkeiten brachliegen. Pfandrechte an Liegenschaften werden durch **Eintragung im Lastenblatt des Grundbuchs** begründet. Die Höhe der gesicherten Geldsumme ist ziffernmäßig einzutragen; ebenso die Höhe der Zinsen (§ 14 Abs 1 GBG). Im Gegensatz zu beweglichen Sachen kommt es bei Liegenschaften häufig vor, dass ein Grundstück **mehrfach verpfändet** wird. Für die Rechte der Pfandgläubiger gilt dabei ein strenges **Rangprinzip**. Bei der Verwertung werden die Pfandgläubiger nach ihrer Rangreihenfolge befriedigt. Dies ist besonders dann von Bedeutung, wenn der Verwertungserlös nicht ausreicht, um alle Forderungen zu befriedigen.

5. Vertragsrecht

Begriff und Bedeutung des Vertrages

255 **Verträge** sind zwei- oder mehrseitige Vereinbarungen, die für die Beteiligten **rechtlich verbindliche Regelungen** aufstellen. Da die österreichische Rechtsordnung vom **Prinzip der Selbstbestimmung (Privatautonomie)** geprägt ist, können Verträge mit beliebigem Inhalt abgeschlossen werden, solange sie nicht gegen zwingende Rechtsnormen (einschließlich der guten Sitten) verstoßen. Diese **Vertragsfreiheit** bildet die Grundvoraussetzung einer liberalen Wirtschaftsordnung. Der Vertrag ist damit auch das wichtigste Instrument des Wirtschaftsverkehrs.

Unter annähernd gleich starken Partnern bringt es bereits der **Vertragsschlussmechanismus** mit sich, dass es – zumindest tendenziell – zu „gerechten Vereinbarungen" kommt: Der Vertragsinhalt ist ja regelmäßig ein Kompromiss zwischen den Idealvorstellungen des einen und denen des anderen Teils. Jede Partei trägt damit aber auch das Risiko, die (subjektive) Günstigkeit des angebahnten Geschäftes falsch einzuschätzen: Der Käufer bietet einen zu hohen Preis, weil er den Kaufgegenstand für wertvoller hält, als er tatsächlich ist; jemand erwirbt einen Gegenstand, den er wegen Krankheit schon bald nicht mehr benutzen kann, usw. Grundsätzlich muss jeder Vertragsteil das Risiko einer solchen Fehleinschätzung endgültig tragen. Dieses Prinzip ist allerdings von zahlreichen Ausnahmen durchbrochen. Eklatante wirtschaftliche Übermacht des anderen Vertragspartners, die gar kein echtes Aushandeln zulässt (Stichwort „Verbraucherschutz"), wird dabei ebenso berücksichtigt wie etwa ein massiver Mangel in der Willensbildung eines der Vertragspartner (Stichwort „Täuschung").

Der Vertragsschluss

Verträge kommen ganz generell durch **Angebot und Annahme** zustande. Das Muster sieht wie folgt aus: Der Anbietende (Offerent) schlägt einen bestimmten Vertragsinhalt vor, der Angebotsempfänger (Oblat) nimmt den Vorschlag an. 256

Um die Handlung oder Erklärung einer Person als **Angebot** im Rechtssinn werten zu können, müssen bestimmte Voraussetzungen erfüllt sein. Unabdingbar sind dabei ausreichende **inhaltliche Bestimmtheit** sowie ein entsprechender **Bindungswille** des Erklärenden. Ein Angebot ist dann inhaltlich ausreichend **bestimmt,** wenn es durch die bloße Erklärung des Einverständnisses („einverstanden", „ja" oä) angenommen werden kann. Das bedeutet, es muss die **Mindestbestandteile des angestrebten Vertragstyps** (Hauptleistungen) enthalten. Bei Kaufvertrag sind das Ware und Preis. Ein endgültiger **Bindungswille** liegt dann vor, wenn sich der Erklärende aus der Sicht des Erklärungsempfängers festlegen und nicht bloß unverbindlich zu Vertragsverhandlungen einladen will. Wer Kataloge versendet, in Zeitungen inseriert oder Waren im Schaufenster ausstellt, offeriert grundsätzlich nicht.

Erste wesentliche Voraussetzung einer wirksamen **Annahmeerklärung**, die einen Vertrag zustande bringt, ist die **Übereinstimmung mit dem Offert**. Dies gilt auch für Vertragspunkte, die nicht die beiderseitigen Hauptleistungen betreffen. Daher hindert etwa Uneinigkeit über Leistungstermin oder Zahlungsmodalitäten die Vertragsperfektion. Ob Angebot und Annahme übereinstimmen, muss durch **Vergleich der beiden abgegebenen Erklärungen** ermittelt werden. Können diese zur Deckung gebracht werden, spricht man von **Konsens**. Ansonsten liegt **Dissens** und damit **Ablehnung des gestellten Offerts** vor. Ablehnung bringt das Offert sofort zum Erlöschen. Nicht selten kommt es zu einer „abändernden Annahme": Jemand erklärt etwa, das Angebot anzunehmen, aber statt der geforderten 100 nur 85 zahlen zu wollen. Hier wurde das Angebot selbstverständlich *nicht* angenommen; der Erklärung ist aber ein neues Angebot des anderen Teils zu entnehmen.

Der Offerent muss von der Entscheidung des Angebotsempfängers (des Oblaten) Kenntnis erlangen. Grundsätzlich reicht es nicht aus, wenn sich der Empfänger „im stillen Kämmerlein" für die Annahme des Offerts entscheidet. Die Annahme ist daher grundsätzlich eine **empfangsbedürftige Willenserklärung**. Zur Wirksamkeit der Annahmeerklärung ist somit der **Zugang** beim Offerenten notwendig. Zugang bedeutet Gelangen in den Machtbereich des Empfängers, so dass dieser vom Inhalt der Erklärung Kenntnis nehmen kann (Einwurf in den Hausbriefkasten, Sprechen auf die Mailbox).

Die Vertragsparteien

257 In den meisten Fällen kommen Verträge zwischen *zwei* Partnern zustande (anders zB bei Gesellschaftsverträgen). Dabei spielt es keine Rolle, ob sie natürliche oder juristische Personen sind. Wohl aber kann ihre Position im Wirtschaftsleben von Bedeutung sein. Für Verträge zwischen einem **Verbraucher (Konsumenten)** und einem **Unternehmer** greift heutzutage eine Vielzahl von Schutzvorschriften ein; so vor allem die des **Konsumentenschutzgesetzes** (KSchG; zu den Begriffsbestimmungen siehe dort in § 1). Auch viele *europäische Rechtsnormen* erfassen ausschließlich Rechtsverhältnisse zwischen einem Verbraucher und einem Unternehmer. Kontrahieren hingegen zwei Unternehmer miteinander, sind die vor allem auf Liberalisierung, Vereinfachung und Beschleunigung ausgerichteten Vorschriften des **Unternehmensgesetzbuchs** (UGB) zu beachten.

Auslegung von Vertragserklärungen

258 Willenserklärungen sind häufig nicht ganz eindeutig. Daher ist es oft nötig, ihren Sinn bzw den dahinterstehenden Willen mittels **Auslegung** zu klären. Dabei ist nicht bloß auf die enge Wortbedeutung zu achten; vielmehr sind die tatsächlichen Parteiabsichten zu erforschen und ist der Vertrag im Zweifel so zu verstehen, wie es der redlichen Verkehrsübung entspricht (§ 914 ABGB). Schließlich dürfen unvollständige Vereinbarungen vom Rechtsanwender auch „zu Ende gedacht" werden; man will ja dem tatsächlichen bzw vermutlichen Parteiwillen möglichst nahekommen **(ergänzende Vertragsauslegung)**. Bleiben gewisse Äußerungen dennoch zwei- oder mehrdeutig, soll die Unklarheit bei entgeltlichen Verträgen denjenigen treffen, der sich entsprechend unklar ausgedrückt hat. Hingegen verdient bei unentgeltlichen Verträgen der Freigebige den größeren Schutz; hier wird also die ihn am wenigsten belastende Auslegungsvariante ausgewählt (§ 915 ABGB). Abweichendes soll für von Unternehmern gegenüber Verbrauchern verwendete **unklare AGB-Klauseln** gelten: Sie sind per se **unwirksam** (§ 6 Abs 3 KSchG).

Vertragsschluss unter Verwendung von Allgemeinen Geschäftsbedingungen

259 Im Massengeschäftsverkehr halten sich Unternehmer selten damit auf, Bedingungen für übliche Geschäfte mit jedem Partner gesondert auszuhandeln. Zur Vereinfachung und Rationalisierung, aber häufig auch, um ihre Interessen bestmöglich durchzusetzen, stellen sie vielmehr **„Allgemeine Geschäftsbedingungen" (AGB)** auf, die sie ihren einzelnen

Geschäftsabschlüssen zu Grunde legen; etwa in Form vorgedruckter **Vertragsformulare**. Damit ist aber auch die Privatautonomie des potenziellen Vertragspartners deutlich eingeschränkt: Er hat regelmäßig bloß die Wahl, den Vertrag wie angeboten (also mit den AGB) abzuschließen oder von einem Vertragsabschluss ganz abzusehen. Anschaulich spricht man von „verdünnter Willensfreiheit" des Partners.

AGB werden grundsätzlich nur dann Vertragsbestandteil, wenn sie wie 260
sonstige Abreden – also durch Vereinbarung! – in den Vertrag einbezogen werden (**Einbeziehungskontrolle**). Davon ist jedenfalls bereits dann auszugehen, wenn es einen deutlichen Hinweis des Verwenders auf seine AGB gab, der Partner vor Vertragsabschluss die Möglichkeit der Einsichtnahme hatte und deren Einbeziehung nicht widersprach. Doch selbst wenn sich der Geschäftspartner den AGB ausdrücklich oder schlüssig „unterworfen" hat, heißt das noch nicht, dass diese jedenfalls gültig vereinbart worden sind. AGB weichen häufig zulasten des Vertragspartners vom dispositiven Recht ab. Deshalb und wegen der angesprochenen „verdünnten Willensfreiheit" sieht der Gesetzgeber eine strenge Angemessenheitskontrolle vor. Diese lässt sich in **Geltungskontrolle** und **Inhaltskontrolle** trennen. Dabei sind zwei Fragen zu stellen: War die Klausel, um deren Anwendbarkeit es in concreto geht, für den Partner inhaltlich ungewöhnlich und nachteilig, außerdem angesichts der Textgestaltung überraschend? Weicht die Klausel inhaltlich in massiver Weise (gröblich benachteiligend) vom gesetzlich Vorgesehenen ab oder verstößt sie gar gegen konkrete Klauselverbote?

Vertragsschluss durch Stellvertreter

Das Stellvertretungsrecht (§§ 1002 ff ABGB) hat etwa für folgende Fäl- 261
le vernünftige Lösungen anzubieten: Das als Aktiengesellschaft geführte Unternehmen muss neue Mitarbeiter einstellen. Wer kann mit diesen gültige Dienstverträge abschließen? Das fünfjährige Kind macht eine größere Erbschaft. Wer soll nun das ererbte Geld verwalten? Der Verkäufer im Buchladen gewährt dem Stammkunden einen kleinen Rabatt. Muss dies der Geschäftsinhaber gegen sich gelten lassen? Jemand lässt die Waschmaschine seiner Lebensgefährtin reparieren. Von wem kann der Handwerker Zahlung des Werklohns verlangen? Stößt man auf die Begriffe **Stellvertretung, Vollmacht, Vertretungsmacht** oder **Bevollmächtigung**, geht es regelmäßig um solche Fragen. Das Stellvertretungsrecht hat primär zu entscheiden, wann das Handeln einer Person *unmittelbar* einer anderen, dem **Vertretenen (Vollmachtgeber)** zugerechnet werden kann. Der Begriff **Vollmacht** bezeichnet regelmäßig die dem Stellvertreter zustehende **Rechtsmacht**, aber auch die **Urkunde**, aus der sich eine Stellvertretungsbefugnis ergibt.

262 Selbstverständlich kann es für die Wirksamkeit einer Handlung für einen anderen nicht darauf ankommen, dass der Handelnde *behauptet*, Vertretungsmacht zu besitzen. Vielmehr muss ihm tatsächlich **Vollmacht eingeräumt** worden sein. Denkbar ist, dass bereits das **Gesetz** selbst bestimmte Personen als Vertreter einsetzt. Der deshalb sogenannte gesetzliche Vertreter ist schon aus dem Familienrecht bekannt. Die **organschaftliche** Vertretungsmacht findet sich im Recht der juristischen Personen, wo Vertreter zwingend nötig sind. Bei der **rechtsgeschäftlich** erteilten Vollmacht im eigentlichen Sinn geht es aber um die Bevollmächtigung durch an sich selbst handlungsfähige Personen. Hier erklärt der Vollmachtgeber, der Bevollmächtigte könne für ihn tätig werden. Grundsätzlich gilt auch für die Bevollmächtigung das Prinzip der Formfreiheit. Um der Gefahr zu begegnen, dass sich der Vollmachtgeber allzu weit „in die Hände" des Stellvertreters begibt, wird aber für gewisse wirtschaftlich bedeutendere Geschäfte die Einhaltung bestimmter Vorschriften verlangt. Zugleich ist jederzeitiger *Widerruf* möglich.

Der Vollmachtgeber hat es grundsätzlich in der Hand, die Rechtsmacht des Bevollmächtigten genau zu begrenzen. Dies geschieht etwa dadurch, dass die Vollmacht bloß auf ein bestimmtes Geschäft lautet oder Betragsbeschränkungen vorgesehen sind: Der technisch versierte Bevollmächtigte soll für seinen Freund einen PC kaufen, der Kaufpreis darf aber € 600,– nicht überschreiten. Praktisch wird eine Vollmacht aber oft relativ weit formuliert: Insbesondere bei komplexeren Geschäftsfällen ist vorweg selten genau absehbar, welche rechtsgeschäftlichen Handlungen notwendig sein werden. **Rechtshandlungen, die den Rahmen der Vollmacht überschreiten, sind unwirksam!** Das ohne oder in Überschreitung der Vollmacht abgeschlossene Geschäft kann aber vom (angeblichen) Vollmachtgeber im Nachhinein **durch Genehmigung geheilt** werden (§ 1016 ABGB).

Im Stellvertretungsrecht geht es regelmäßig um eine Abwägung der Interessen von Vollmachtgeber und drittem Geschäftspartner: Der Stellvertreter will nur im Rahmen seiner Vollmacht verpflichtet sein, der Dritte muss wissen oder zumindest erkennen können, wer sein Vertragspartner ist. Aus diesem Grund genügt es nicht, wenn der Handelnde mit ausreichender Vertretungsmacht versehen wurde. Wird dem Dritten nicht erkennbar, dass jener für eine andere Person handeln will, ist daher ein *Eigengeschäft* des Handelnden anzunehmen. Dieser tritt dem Dritten ja wie jeder sonstige Vertragspartner entgegen. Um unmittelbare Rechtswirkungen beim Vollmachtgeber herbeiführen zu können, ist daher Handeln **im Namen des Vertretenen** notwendig; man spricht von **Offenlegung** der Stellvertretung.

Aus alldem ergibt sich, dass der Handelnde eine andere Person nur dann wirksam unmittelbar berechtigen und verpflichten kann, **wenn er über ausreichende Vertretungsmacht verfügt und sein Handeln im Namen des Vertretenen dem dritten Geschäftspartner gegenüber**

offenlegt. Darüber hinaus darf der Handelnde nicht voll geschäftsunfähig sein, und die Rechtsordnung muss für das in Aussicht genommene Geschäft Vertretung zulassen.

Abweichungen vom allgemeinen Stellvertretungsrecht finden sich etwa bei der Prokura im Unternehmensbereich, aber auch bei der gegenüber einem Konsumenten gebrauchten Vollmacht oder bei Geschäften des haushaltsführenden Ehegatten.

Gültigkeitsvoraussetzungen und Vertragsmängel

Die in dieser Überschrift angedeuteten Probleme sind schon etwas für 263
Fortgeschrittene. Es geht dabei um Fragen wie die Gesetz- und Sittenwidrigkeit oder die Formmangelhaftigkeit von Verträgen, um die Geltendmachung von Willensmängeln (zB Irrtümern), die einem Vertragsteil bei Vertragsschluss unterlaufen sind, und um die Berufung auf die grobe Inäquivalenz eines Vertrages (zB Kauf einer Sache im Wert von € 1000,– um € 2500,– in Unkenntnis ihres wahren Wertes). Auf diese zum Teil sehr komplexen Rechtsbereiche kann im Rahmen einer Kurzeinführung in das österreichische Recht allerdings nicht näher eingegangen werden.

Erfüllung von Vertragspflichten

Häufig regeln die Parteien die für sie wesentlichen Fragen. Tun sie es nicht, 264
greift gesetzliches Dispositivrecht ein. So wird etwa geklärt, wo zu erfüllen ist (Erfüllungsort) und wen welche Mitwirkungspflicht trifft (Holschuld, Bringschuld oder Schickschuld). Gleiches gilt für den Leistungszeitpunkt, also die Fälligkeit, die mangels einer Terminbestimmung regelmäßig durch Einmahnung ausgelöst wird. Leistet der Schuldner nicht wie vorgesehen, spricht man von **Leistungsstörung**. Diese sind in Gestalt von Verzug des Schuldners und mangelhafter Erfüllung von großer praktischer Bedeutung; das *nachträgliche Unmöglichwerden* der Leistung sei hier hingegen bloß erwähnt (das verkaufte Gemälde fällt vor dem Leistungstermin einem Brand zum Opfer).

Korrekte Erfüllung einer vertraglichen Verpflichtung ist die **Leistung des Geschuldeten**. Zur **Befreiung von der Verbindlichkeit** ist neben dem Anbieten der Leistung noch erforderlich, dass der Gläubiger die Leistung **annimmt**. Dieses Annehmen ist regelmäßig aktives Mitwirken: Der Gläubiger erscheint am vereinbarten Ort, um die Ware in Empfang zu nehmen. Unter Umständen kann es allerdings auch ohne Zutun des Gläubigers zur Erfüllung kommen, so wenn der Schuldner die Geldschuld vereinbarungsgemäß auf das Konto des Gläubigers überweist oder der Werkunternehmer das Haus des Bestellers wie aufgetragen anstreicht. Bei der besonders bedeutsamen **Geldschuld** hat der Schuldner grundsätzlich **Bargeld** zu leisten. Häufiger ist allerdings die Zahlung mit sog **Buchgeld**: Der Schuldner überweist die geschuldete Geldsumme auf ein Konto des Gläubigers. Dazu ist in aller Regel die *Zustimmung des Gläubigers* notwendig. Diese wird bereits darin gesehen, dass der Gläubiger in seinem Briefpapier oder der Rechnung eine Kontoverbindung abdruckt. Fragen rund um die Tilgung von Geldschulden wurden erst im Jahre 2013 ausführlicher geregelt (siehe dazu insb § 907a ABGB).

265 Ist seit Begründung des Anspruchs bereits viel Zeit vergangen, kann ihn der Gläubiger gemäß dem Motto „irgendwann muss endgültig Schluss sein" gegen den Willen des Schuldners nicht mehr durchsetzen. Man spricht von **Verjährung**, der auch nichtvertragliche Rechte unterliegen. Gründe dafür sind vor allem die Vermeidung von Beweisschwierigkeiten und die Gewährleistung von Rechtssicherheit. Häufig sind dreijährige Fristen (etwa für den Entgeltanspruch eines Unternehmers; vgl § 1486 ABGB); die längsten betragen 30 bzw 40 Jahre (§§ 1451 ff ABGB). Sie beginnen regelmäßig mit der Möglichkeit, das Recht gerichtlich geltend zu machen, laufen also insbesondere ab Fälligkeit. Besonders wichtig ist die speziell geregelte Schadenersatzverjährung: Ersatzansprüche verjähren grundsätzlich innerhalb von drei Jahren ab dem Zeitpunkt, zu dem der Geschädigte den ihm zugfügten Schaden sowie den Schädiger kennt. Unabhängig von dieser Kenntnis ist nach 30 Jahren endgültig Schluss (§ 1489 ABGB).

Verzug

266 **Schuldner-** oder **Leistungsverzug** (§ 918 ABGB) liegt dann vor, wenn der Schuldner seine Leistung bei Fälligkeit überhaupt nicht oder doch nicht in der gehörigen Art anbietet, weshalb sie der Gläubiger nicht (oder ausdrücklich nur als Teilerfüllung) annimmt.

Bestimmte Rechtsfolgen knüpft das Gesetz schon an den **objektiven (unverschuldeten) Verzug**: Die Interessen des Gläubigers sind ja auch dann zu beachten, wenn dem Schuldner an der Nichtleistung kein Vorwurf gemacht werden kann (etwa, weil er bewusstlos im Spital liegt). Der Gläubiger kann in solchen Fällen **auf vertragsgemäßer Erfüllung** bestehen – und diesen Anspruch auch gerichtlich durchsetzen – oder den Vertrag durch **Rücktritt** zum Erlöschen bringen. Um dem Schuldner aber nochmals eine Chance zu geben, den Vertrag zu retten, muss zugleich mit der Rücktrittserklärung eine **angemessene Nachfrist** gesetzt werden. Ist der Schuldner mit einer *Geldleistungsverpflichtung* säumig, hat er den geschuldeten Betrag auch ohne Verschulden an der Verzögerung mit dem gesetzlichen Zinssatz zu verzinsen (§ 1333 Abs 1 ABGB). Diese **Verzugszinsen** betragen mangels anderer Vereinbarung 4% (§ 1000 Abs 1 ABGB). Verschärfte Rechtsfolgen treffen den Schuldner, der sich in **subjektivem**

(verschuldetem) Verzug befindet: Er hat all jene Schäden zu ersetzen, die dem Gläubiger durch die Verzögerung entstanden sind. Zwischen Unternehmern steigt der Verzugszinssatz bei schuldhaftem Verzug auf 9,2 Prozentpunkte über dem aktuellen Basiszinssatz (§ 456 UGB), der derzeit – Stand Juli 2021 – minus 0,62% beträgt.

Der Rücktritt eines Verbrauchers wegen Leistungsverzugs eines Unternehmers erfordert zwei Erklärungen des Verbrauchers: zunächst die Aufforderung zur Leistung innerhalb einer den Umständen angemessenen Nachfrist und sodann bei Erfolglosigkeit die gesonderte Rücktrittserklärung (§ 7c Abs 1 und § 7d Abs 1 KSchG).

Beim sogenannten **Fixgeschäft**, bei dem der Gläubiger an einer verspäteten Leistung offenkundig kein Interesse mehr hat (Bsp: Catering für ein Kundenevent in der Zentrale einer Bank), fällt der Vertrag mit Verstreichen des vereinbarten Leistungstermins an sich ohne Rücktritt weg (§ 919 ABGB). Für Verbrauchergeschäfte wird hingegen wiederum eine Rücktrittserklärung des Verbrauchers verlangt, die bloß keiner Nachfristsetzung bedarf (§ 7c Abs 2 KSchG).

Gewährleistung

Zum 1.1.2022 wurden die Rechtsfolgen mangelhafter Vertragserfüllung 267 aufgrund europäischer Vorgaben (wieder einmal) deutlich verändert. Vor allem ist neben die allgemeinen Vorschriften des ABGB-Gewährleistungsrechts (§§ 922 ff) ein umfangreiches Regime für den Verbraucherkauf getreten. Dieses **Verbrauchergewährleistungsgesetz (VGG)** beschränkt sich auf den Kauf von Waren und die (entgeltliche) Bereitstellung digitaler Leistungen, wobei der Verkäufer bzw Bereitsteller ein Unternehmer und dessen Vertragspartner ein Verbraucher sein muss. Als Entgelt kommt neben Geld auch die Hingabe persönlicher Daten des Verbrauchers in Frage. Unter dem praktisch bedeutsamen Rechtsinstitut der Gewährleistung versteht man die verschuldensunabhängige Einstandspflicht des Schuldners für jede **negative Abweichung der tatsächlich erbrachten von der vertraglich geschuldeten Leistung**. Vergleichsmaßstab ist immer die konkrete vertragliche Vereinbarung. Es soll verhindert werden, dass jemand für eine minderwertige Leistung die volle Gegenleistung erhält. Das Gewährleistungsrecht reagiert somit auf *Äquivalenzstörungen*. Seine Normen und nicht die des Verzugs greifen dann ein, wenn die Leistung vom Gläubiger zunächst einmal als Erfüllung angenommen wurde und sich die Mangelhaftigkeit erst später herausstellt.

Sachmängel sind körperliche Abweichungen vom Geschuldeten. Das ist allerdings in einem weiten Sinn zu verstehen; erfasst ist etwa auch der Fall, dass ein als Original verkauftes Gemälde tatsächlich gefälscht ist. Demgegenüber spricht man von einem **Rechtsmangel**, wenn der Gläubiger nicht die ihm zugesagte Rechtsposition erlangt hat; so ein Käufer kein lastenfreies Eigentum. Beispiel: K hat auf einem privaten Flohmarkt von V eine Vase gekauft. Wenig später stellt sich heraus, dass V diese Vase bei einem Einbruch in die Wohnung von E erbeutet hat. E ist Eigentümer geblieben und kann daher auch von K Herausgabe verlangen. V hat seine Verpflichtung gegenüber K zur Eigentumsverschaffung somit nicht erfüllt.

Ob überhaupt mangelhaft geleistet wurde, lässt sich im Nachhinein oft nicht sicher feststellen. An sich trifft den Gläubiger (Übernehmer) dafür die Beweislast. Ihm kommt aber die **gesetzliche Vermutung** entgegen, dass unter bestimmten Voraussetzungen (mangels erfolgreichen Gegenbeweises) eine mangelhafte Leistung anzunehmen ist, wenn der Mangel innerhalb von sechs Monaten (§ 924 ABGB) bzw innerhalb eines Jahres nach der Leistung hervorkommt (§§ 11 und 19 VGG).

268 Je nach Art und Gewicht des Mangels stehen dem Gläubiger unterschiedliche **Rechtsbehelfe** zur Verfügung. Vier Möglichkeiten kommen in Betracht: **Verbesserung** (Nachbesserung oder Nachtrag des Fehlenden), **Austausch der Sache**, **Preisminderung** (angemessene Minderung des Entgelts) oder **Auflösung des Vertrages**. Die ersten beiden Behelfe sind primär zu wählen, die beiden anderen nur dann, wenn die Leistung vom Schuldner nicht in einen vertragsgemäßen Zustand gebracht werden kann oder dies in angemessener Frist unterbleibt. Das Recht zur gänzlichen Vertragsauflösung setzt überdies einen Mangel voraus, der nicht bloß geringfügig ist (zu den Rechten des Gläubigers s § 932 ABGB sowie die §§ 12 ff und 20 ff VGG).

Grundsätzlich ist das Gewährleistungsrecht des ABGB **dispositiv**. Die Parteien können an sich sogar die Rechtsfolgen der Gewährleistung wirksam ausschließen (vgl § 929 ABGB). Der generelle Gewährleistungsausschluss bei der Veräußerung fabriksneuer Waren und bei gravierenden Mängeln wird allerdings als sittenwidrig angesehen. Für **Verbrauchergeschäfte** ist das Gewährleistungsrecht zu Gunsten des Konsumenten ohnehin fast ausnahmslos **zwingend** (§ 3 VGG, § 9 KSchG).

269 **Fristen** sind im Gewährleistungsrecht zentral (§ 933 ABGB; s ferner die §§ 10, 18 und 28 VGG). Die Frage, ob ordnungsgemäß oder mangelhaft erfüllt wurde, soll grundsätzlich innerhalb kurzer Zeit entschieden werden. Die Gewährleistungsfristen für **Sachmängel** beginnen mit dem Zeitpunkt der Ablieferung zu laufen. Sobald der Erwerber die Sache in Händen hält, hat er nämlich die Möglichkeit der Überprüfung. Die Dauer der Verjährungsfristen ist je nach Art der veräußerten Sache unterschiedlich: Sie beträgt bei beweglichen Sachen zwei Jahre, bei unbeweglichen Sachen drei Jahre. Für **Rechtsmängel** beginnt die (Verjährungs-)Frist nicht mit der Ablieferung, da solche Fehler durch Besichtigung und Prüfung des Gegenstandes nicht erkannt werden können. Ausschlaggebend ist vielmehr jener Zeitpunkt, in dem der Rechtsmangel dem Erwerber bekannt wird. Bei Sachmängeln schließt sich an die **Gewährleistungsfrist**, in der der

Mangel hervorkommen muss, eine kurze (dreimonatige) **Verjährungsfrist** an, damit der Gläubiger seine Rechte auch dann noch rechtzeitig geltend machen kann, wenn er den Mangel erst kurz vor Ablauf der Gewährleistungsfrist entdeckt.

Zwischen Unternehmern besteht für Sachmängel eine Obliegenheit des Erwerbers zur *Mängelrüge* (§ 377 UGB). Kommt er ihr nicht rechtzeitig nach, kann er seine Rechte bereits lange vor Ablauf der Gewährleistungsfristen einbüßen.

Bei wertvolleren Waren erhält der Erwerber häufig mit der Ware einen „Garantieschein". Darin wird regelmäßig für eine bestimmte Frist die **Garantie** der uneingeschränkten Gebrauchstauglichkeit übernommen. Meist stammt die Garantie vom Hersteller, nicht vom Verkäufer. Sie tritt dann neben die Gewährleistungsrechte und verstärkt so die Rechtsposition des Käufers. Details zu Garantien eines Unternehmers gegenüber einem Verbraucher regelt § 9a KSchG.

Beispiele für gesetzliche Vertragstypen

Es gibt eine Unzahl von gesetzlich ausgeformten Vertragstypen; daneben 270
haben sich weitere Formen im Wirtschaftsleben herausgebildet, was mangels Typenzwangs aufgrund der Vertragsfreiheit auf keine prinzipiellen Bedenken stößt. Vermutlich jedem bekannt sind etwa Kauf und Tausch, Miete und Pacht, Werkvertrag und Pauschalreisevertrag, aber wohl auch die gesetzlich allenfalls rudimentär erfassten Leasing- oder Mietkaufverträge. Beispielhaft seien hier bloß vier ganz unterschiedliche bürgerlichrechtliche Vertragstypen ein wenig näher vorgestellt: der Kaufvertrag als Prototyp des entgeltlichen Austauschvertrages, die Schenkung als unentgeltliches Geschäft, das Darlehen als Gebrauchsüberlassungs-Dauerschuldverhältnis und die Bürgschaft als häufig abgeschlossenes (riskantes) Sicherungsgeschäft.

Kaufvertrag

Der **Kaufvertrag** ist als Umsatzgeschäft der wirtschaftlich weitaus wich- 271
tigste Vertragstyp. Er ist dadurch gekennzeichnet, dass ein Vertragsteil dem anderen die Bezahlung einer bestimmten Summe Geldes gegen Übereignung einer Sache verspricht. Wegen des weiten Sachbegriffs können etwa auch Forderungen oder sonstige unkörperliche Sachen (Rechte) gekauft werden. Gegenleistung muss immer Geld sein; ob Zahlung mit Bar- oder Buchgeld oder gar in ausländischer Währung vereinbart wurde, ist gleichgültig. Gesetzliche Regeln enthält das ABGB in den §§ 1053–1089. Für den Kredit- und Ratenkauf durch Konsumenten ist

das **Verbraucherkreditgesetz (VKrG)** zu beachten (entgeltliche Finanzierungshilfe). Verbraucher, die einen Kaufvertrag außerhalb der üblichen Geschäftsräumlichkeiten des Verkäufers abschließen, also etwa über das Internet (Fernabsatz) oder nach Anbahnung des Geschäfts durch einen „Keiler" auf der Straße oder an der Wohnungstür, erhalten durch das **Fern- und Auswärtsgeschäfte-Gesetz (FAGG)** besonderen Schutz, wobei Informationspflichten des Unternehmers und Rücktrittsrechte des Verbrauchers im Vordergrund stehen. Für den *internationalen Warenkauf* greifen primär die Vorschriften des UN-Kaufrechts ein. Einige Sondervorschriften für den (nationalen) **Warenkauf** finden sich im UGB.

Wie auch für die meisten sonstigen Verpflichtungsgeschäfte ist für einen gültigen Vertragsabschluss eine entsprechende Willenseinigung notwendig. Die **Mindestbestandteile Ware und Preis** müssen zumindest *bestimmbar* sein. Gültig ist daher neben der Festlegung einer bestimmten Summe auch die Abrede „aktueller Listenpreis", „heutiger Tageshöchstpreis" oder die Festlegung durch eine dritte Person. Jedenfalls beim Verkauf an Private enthält der vereinbarte Kaufpreis im Zweifel auch die *Umsatzsteuer.*

Hauptpflicht des Käufers ist die **Zahlung des vereinbarten Kaufpreises**. Grundsätzlich ist Barzahlung Zug um Zug gegen Erhalt der Kaufsache geschuldet (§ 1062 ABGB). Der Verkäufer hat die verkaufte Ware im vereinbarten Zeitpunkt mangelfrei **in das Eigentum des Käufers zu übergeben**. Der Verkäufer schuldet also nicht nur Überlassung der Gewahrsame, sondern das dingliche Vollrecht an der Sache.

272 Sehr häufig kommt aus wirtschaftlichen Gründen sofortige volle Barzahlung des Kaufpreises nicht in Betracht. Der Käufer soll aber die Kaufsache möglichst sofort nutzen können. Ihm wird daher der Kaufpreis (ganz oder zum Teil) kreditiert: Er erhält die Sache sofort, muss seine Zahlungen aber erst in Zukunft erbringen **(Kredit- bzw Ratenkauf)**. Da die Verfügungsgeschäfte an sich voneinander unabhängig sind, erhält der Käufer mangels gegenteiliger Vereinbarung in dem Augenblick Alleineigentum am Kaufgegenstand, in dem er die Sache übergeben erhält (§ 1063 ABGB). **Eigentumsvorbehaltsabreden**, die das Eigentum bis zur vollständigen Kaufpreiszahlung dem Verkäufer belassen, sind allerdings häufig und wirksam.

Schenkungsvertrag

273 Die **Schenkung** (§§ 938 ff ABGB) ist bloß *einseitig* verpflichtend, aber dennoch ein Vertrag. Es muss sich nämlich niemand gegen seinen Willen etwas aufdrängen lassen. Daher bedarf es auch einer Zustimmung des Beschenkten. Der Schenker verpflichtet sich, einem anderen (dem Beschenkten) eine Sache unentgeltlich in dessen Eigentum zu übergeben. Diese

(endgültige) Eigentumsverschaffungspflicht unterscheidet die Schenkung von anderen unentgeltlichen Verträgen wie etwa der Leihe, dem Darlehen ohne Verzinsungspflicht, unentgeltlichen Aufträgen usw.

Da der Schenker für seine Leistung nichts erhält, schützt ihn das Gesetz durch besondere Formvorschriften vor Übereilung. Dieses Schutzes bedarf er nur dann nicht, wenn er das Geschenk tatsächlich aus der Hand gibt; nach der *wirklichen Übergabe* kann ein Formmangel des Titelgeschäftes daher nicht mehr geltend gemacht werden. Das *bloße Schenkungsversprechen* (Schenkungsvertrag ohne gleichzeitige Übergabe) löst allerdings nur dann klagbare Ansprüche des Beschenkten aus, wenn der Schenkungsvertrag als Notariatsakt errichtet wurde (§ 943 ABGB, § 1 NotAktsG).

Wegen der Freigebigkeit des Schenkers, der keinerlei Gegenleistung erhält, haben Schenkungsverträge eine geringere Bestandsgarantie. Von Bedeutung ist vor allem der **Widerruf wegen groben Undanks**: Hat sich der Beschenkte gewisser gerichtlich strafbarer Handlungen gegen den Schenker schuldig gemacht, die einen Mangel an dankbarer Gesinnung bekunden, kann die Schenkung widerrufen werden.

Darlehensvertrag

Beim **Darlehen** (§§ 983 ff ABGB) erhält der Darlehensnehmer vertretba- 274
re Sachen zur freien Verfügung; regelmäßig ist Eigentum zu verschaffen. Zugleich wird im Vertrag vereinbart, dass dem Darlehensgeber zu einem bestimmten Zeitpunkt oder nach wirksamer Kündigung die gleiche Menge in der gleichen Qualität zurückzugeben ist. Von praktischer Bedeutung ist insbesondere das Darlehen an Geld; aber auch andere Sachen (Lebensmittel, Paletten usw) kommen in Betracht.

Das im Jahre 2010 modernisierte ABGB-Darlehensrecht hält für die praktisch wichtigste Darlehensform, das als **Kreditvertrag** bezeichnete *entgeltliche Gelddarlehen*, einige Sondervorschriften bereit. Dieses kann nicht nur durch Barauszahlung, sondern auch durch Zurverfügungstellen zum Abruf („Überziehungskredit") oder durch Gutbuchung auf ein Konto des Kreditnehmers gewährt werden.

Im Wirtschaftsleben kommt vor allem das **entgeltliche Darlehen** vor, bei dem ein bestimmter Prozentsatz der Darlehenssumme als Zinsen geschuldet wird. In aller Regel wird gerade der Entgeltvereinbarung große Sorgfalt gewidmet; fehlt sie ausnahmsweise einmal, besteht eine Vermutung für Entgeltlichkeit; Unentgeltlichkeit ist etwa im Familienkreis oder im Rahmen von Nachbarschaftshilfe (Borgen von einem Liter Milch bis zum nächsten Tag) denkbar und häufig. Beim Gelddarlehen sind mangels anderer Abrede 4% Jahreszinsen zu bezahlen (§ 1000 Abs 1 ABGB).

Die **Rückzahlungs-** sowie die **Zinszahlungspflicht** wurde schon erwähnt. Haben die Parteien keinen Rückzahlungszeitpunkt vereinbart, kann das Darlehen von jedem Vertragsteil unter Einhaltung einer einmonatigen Frist gekündigt werden *(ordentliche Kündigung)*. Zwischenzeitige Wertveränderungen sind grundsätzlich unbeachtlich. Die Rückzahlungspflicht kann bei Vorliegen wichtiger Gründe vorzeitig durch *außerordentliche Kündigung* aktualisiert werden. Ein solches fristloses Kündigungsrecht wegen Unzumutbarkeit der Vertragszuhaltung steht dem Darlehensgeber insbesondere bei (qualifiziertem) Verzug mit der vereinbarten Kreditrückzahlung zu.

275 Auch Private benötigen häufig Kredit. Die entsprechenden Verträge formulieren aber typischerweise die Banken. Auch fällt ein Konditionenvergleich nicht immer leicht. Überdies ist die Belastung in der Zukunft für manchen Kreditnehmer schwer absehbar. Aus diesen und weiteren Gründen wurde aufgrund europäischer Vorgaben im Jahre 2010 ein eigenes **Verbraucherkreditgesetz (VKrG)** in Kraft gesetzt. Es gilt mit wenigen Ausnahmen für alle von einem Unternehmer gewährten Kredite ab € 200,–. Jedenfalls im Ergebnis ist der Kreditbegriff sehr weit (§ 4 VKrG); erfasst sind etwa auch eingeräumte Kontoüberziehungsrechte oder (entgeltliche) Stundungs- bzw Ratenvereinbarungen. Das Motto des VKrG scheint zu lauten: **Information ist alles.** Dem Unternehmer wird bereits *vor Vertragsschluss* eine Vielzahl von Pflichten auferlegt. So hat er dem Kreditsuchenden auf einem genau vorgegebenen Formular detaillierte Informationen zum angestrebten Kredit zu erteilen. Überdies hat er – mit unklaren Folgen bei Verletzung dieser Pflicht – die Kreditwürdigkeit des Verbrauchers zu prüfen (§ 7 VKrG). Für den *Inhalt des Kreditvertrags* selbst sind (auf Papier oder einem anderen dauerhaften Datenträger) 22 Detailangaben vorgesehen. Dem Verbraucher steht ein **freies Rücktrittsrecht** zu, das er binnen 14 Tagen ab Vertragsschluss ausüben kann; ebenso hat er das **Recht zu vorzeitiger Rückzahlung**.

Bürgschaftsvertrag

276 Die **Bürgschaft** (§§ 1346 ff ABGB) ist die wichtigste *persönliche Sicherheit*. Von einer Bürgschaft spricht man dann, wenn sich jemand einem Gläubiger gegenüber für den Fall, dass der Hauptschuldner die Verpflichtung nicht erfüllt, zur Befriedigung des Gläubigers bereit erklärt. Damit schützt sich der Kreditgeber insbesondere gegen die Zahlungsunfähigkeit seines Vertragspartners: Zahlt der Kreditnehmer nicht zurück, kann der Gläubiger auf den mithaftenden Bürgen greifen.

Der Bürgschaftsvertrag wird regelmäßig zwischen dem Bürgen und dem Gläubiger abgeschlossen. Da der Bürge aus seinem Tätigwerden selten Vorteile zu erwarten hat, vielmehr erhebliche Risiken übernimmt, soll ihn das gesetzlich vorgesehene **Schriftformerfordernis der Bürgschaftserklärung** (§ 1346 Abs 2 ABGB) vor übereilten Haftungsübernahmen schützen.

Jede Bürgschaft ist zwingend **akzessorisch**, dh vom Bestehen der Hauptschuld abhängig, die gewöhnliche Bürgschaft darüber hinaus auch **subsidiär**; der Bürge kann mangels anderer Vereinbarung (**„Bürge und Zahler"**) erst dann in Anspruch genommen werden, wenn der Hauptschuldner erfolglos gemahnt wurde. Die zwingende Akzessorietät führt vor allem dazu, dass vom Bürgen nie mehr als die aktuell offene Hauptschuld verlangt werden kann. Geringere Verpflichtung im Bürgschaftsvertrag (etwa bloß bis zu einem bestimmten Höchstbetrag) ist aber selbstverständlich möglich.

Hat ein Verbraucher eine Bürgschaft übernommen, die in einem unbilligen Missverhältnis zu seiner Leistungsfähigkeit steht, so kann der Richter dessen **Haftung** auf Antrag **mäßigen**, in krassen Fällen sogar ganz erlassen (§ 25d KSchG).

Durch die Zahlung an den Gläubiger erwirbt der Bürge von Rechts wegen (§ 1358 ABGB) die Rechte des Gläubigers gegen den Hauptschuldner **(Legalzession)**. Er erhält also sowohl die Forderung des Gläubigers als auch etwaige weitere Sicherheiten. Damit kann er jedenfalls im Umfang seiner Zahlung gegen den Hauptschuldner Rückgriff nehmen; andere Sicherungsgeber können zumindest anteilig in Regress genommen werden.

Beispiel: S nimmt bei G einen Kredit in Höhe von € 10.000,– auf. Für dessen Rückzahlung übernimmt seine Lebensgefährtin B bis zum Höchstbetrag von € 10.000,– eine Bürgschaft. Zugleich verpfändet S' Tante P eine Goldkette im Wert von € 10.000,–, weil sich G mit der unsicheren Bürgschaft nicht zufrieden geben will. Zahlt S den Kredit nicht wie vereinbart zurück und wendet sich G mit seinem Anspruch erfolgreich an B, so erwirbt B mit der Zahlung an G auch das Pfandrecht am Schmuckstück. Vom Verwertungserlös der Kette (€ 10.000,–) muss B aber die Hälfte, also € 5.000,–, an P herausgeben, da beide Sicherheiten „gleich viel wert" sind und es nicht vom Zufall abhängen soll, ob G zuerst auf die Bürgin oder zuerst auf die Pfandsache greift. [Alles auch für Juristen ziemlich kompliziert!]

6. Schadenersatzrecht

Allgemeines

Das Schadenersatzrecht (siehe vor allem die §§ 1293 ff ABGB) behandelt die Frage, wer einen Nachteil endgültig tragen soll, der sich in der Sphäre einer bestimmten Person ereignet hat. Entgegen der landläufigen Meinung lautet der gesetzliche **Grundsatz**: Der Schaden trifft denjenigen, in dessen Vermögen oder Person er sich ereignet hat (§ 1311 ABGB). Wer beim Joggen stolpert und sich den Fuß bricht oder wer seinen Fotoapparat 277 in eine Schlucht fallen lässt, hat grundsätzlich – vorbehaltlich einer entsprechenden Versicherung – alle daraus entstehenden Nachteile selbst zu tragen. Nur wenn die gesetzlichen Voraussetzungen eines Schadenersatzanspruchs erfüllt sind, kann der Nachteil auf einen anderen, den Schädiger, überwälzt werden.

Das Schadenersatzrecht besteht im Wesentlichen aus zwei Spuren: der **Verschuldens-** und der **Gefährdungshaftung**. Die Haftungsnormen des ABGB gehören grundsätzlich in den Bereich der Verschuldenshaftung. Wie der Name schon sagt, kann nur derjenige für den Schaden eines anderen haftpflichtig werden, der ihn *schuldhaft* (subjektiv vorwerfbar) verursacht hat. Bei der Gefährdungshaftung wird hingegen demjenigen eine strengere Haftung auferlegt, der sich zu seinem Nutzen einer gefährlichen Sache bedient; insbesondere dem Halter eines Kraftfahrzeugs.

Verschuldenshaftung

278 Zunächst sollen die *kumulativen* Voraussetzungen der Verschuldenshaftung bloß aufgezählt werden: Der Täter muss bei einem Dritten rechtswidrig und schuldhaft einen Schaden verursacht haben. Man prüft daher folgende **vier Schadenersatzvoraussetzungen**: Schaden, Rechtswidrigkeit, Verursachung und Verschulden.

Zu unterscheiden sind **Vermögensschäden (materielle Schäden)** und **immaterielle (ideelle) Schäden**. Vermögensschäden sind durch eine *Minderung des Vermögens* des Geschädigten definiert: Das Auto ist nach dem Unfall nur mehr die Hälfte wert. Demgegenüber führen ideelle Schädigungen keine Veränderung in der Vermögenslage des Geschädigten herbei: Der durch einen Unfall verletzte Arbeitslose hat zehn Tage starke und weitere drei Wochen leichte Schmerzen. Ideelle Schäden werden nur ausnahmsweise ersetzt; so vor allem bei Körperverletzung, aber auch bei entgangener Urlaubsfreude.

Wer sich erlaubt verhält, muss in aller Regel keinen Ersatz leisten. Die **Rechtswidrigkeit** eines Verhaltens kann sich aus folgenden Umständen ergeben: Verletzung absoluter Rechte (zB Eigentum, Freiheit, körperliche Unversehrtheit usw); Verletzung konkreter gesetzlicher Verhaltensnormen bzw Schutzgesetze (zB Vorschriften der StVO); Verletzung von Vertragspflichten; Verletzung von Verkehrssicherungspflichten (zB Streupflicht); Verstoß gegen die guten Sitten bzw Rechtsmissbrauch.

Dass jemand nur dann einen Schaden ersetzen muss, wenn er diesen **verursacht** hat, erscheint selbstverständlich. Auch die Prüfung der **Ursächlichkeit (Kausalität)** knüpft wieder an menschliches *Verhalten* an. Dabei fragt man: Wäre der Schaden eingetreten, wenn der Schädiger die konkrete Handlung nicht gesetzt hätte? Wäre der Schaden ausgeblieben, wenn der Schädiger die pflichtgemäße Handlung vorgenommen hätte?

Im Bereich der Verschuldenshaftung kommt dem Element des **Verschuldens** besondere Bedeutung zu. Verschulden ist **subjektive Vorwerfbarkeit**. Die massivste Verschuldensform ist der **Vorsatz**. Zum vorsätzlichen Handeln gehört neben dem Bewusstsein der Rechtswidrigkeit (zumindest) die Billigung eines Schadenseintritts. **Fahrlässigkeit** liegt demgegenüber dann vor, wenn jemand die gehörige Sorgfalt außer Acht lässt. Grundsätzlich ist in Bezug auf den konkreten Schädiger zu prüfen, ob dieser bei zumutbarer Aufmerksamkeit hätte bemerken können, dass er rechtswidrig handelt und dass er sich anders hätte verhalten können. In manchen Bereichen kommt weiteren Abstufungen (grobe und leichte Fahrlässigkeit, entschuldbare Fehlleistung) Bedeutung zu. Verschulden setzt *Deliktsfähigkeit* voraus. Diese beginnt grundsätzlich mit dem 14. Lebensjahr; Jüngere haften nur ausnahmsweise (siehe dazu Rz 222 mit einem anschaulichen Beispiel). Es lohnt sich, die dafür relevanten §§ 1308–1310 ABGB zu lesen!

Im Prinzip soll der Geschädigte so gestellt werden, wie er ohne Schädi- 279
gung stünde. Daher sieht § 1323 ABGB primär **Naturalherstellung (Naturalrestitution)** vor. Dies ist aber nur in wenigen Fällen sinnvoll (zB Herausgabe der gestohlenen Sache). Von weitaus größerer Bedeutung ist der **Geldersatz**. Der Geschädigte kann vom Schädiger also die Wertdifferenz zwischen unbeschädigter und beschädigter Sache oder die Reparaturkosten *in Geld* verlangen.

Häufig, vor allem im Straßenverkehr, hat sich auch der Geschädigte nicht ganz sorgfältig verhalten. Man spricht dann von **Mitverschulden (Mitverantwortlichkeit)**, die dazu führt, dass vom Schädiger nur anteiliger Ersatz zu leisten ist.

Bei auch bloß leicht fahrlässiger **Körperverletzung** sind Heilungskosten, Verdienstentgang und Schmerzengeld zu leisten (§ 1325 ABGB), wobei die Heilungskosten im Ergebnis regelmäßig vom Sozialversicherungsträger vorgestreckt werden. Bei **Tötung** eines Menschen sind neben den Kosten der versuchten Heilung die des *Begräbnisses* zu ersetzen. Daneben erhalten all jene Personen einen direkten Schadenersatzanspruch, denen der Getötete nach dem Gesetz Unterhalt zu gewähren hatte (§ 1327 ABGB). In engem Umfang wird sogar Ersatz für Schockschäden und Trauerschmerz gewährt.

Zentrale Bedeutung kommt in einer arbeitsteiligen Wirtschaft auch der 280
Einstandspflicht für Hilfspersonal zu; der **Gehilfenhaftung**. Schädigt ein Gehilfe jemanden, dem sein Geschäftsherr zu einer Leistung verpflichtet ist, wird der Geschäftsherr ersatzpflichtig (Haftung für **Erfüllungsgehilfen**, § 1313a ABGB); anders dann, wenn zwischen dem Geschädigten und dem Geschäftsherrn keine rechtliche Sonderverbindung bestand (grundsätzliche Nichtzurechnung des **Besorgungsgehilfen**, § 1315 ABGB).

Beispiel: L, der Lieferwagenfahrer von U, beschädigt auf seiner Fahrt zunächst das am Straßenrand abgestellte Fahrrad von F, bevor er in der Einfahrt von Us Kunden G dessen Hund anfährt. G kann den Ersatz der Tierarztkosten direkt von U verlangen, während F grundsätzlich nur Ansprüche gegen den unmittelbaren Schädiger L geltend machen kann. (U könnte, sofern Halter des Fahrzeugs, von F aber uU nach dem EKHG in Anspruch genommen werden; dazu sofort Rz 281.) Hat der Geschäftsherr dem geschädigten Dritten Schadenersatz geleistet, so kann er regelmäßig gegen seinen Gehilfen **Regress** nehmen.

Gefährdungshaftung

281 Bestimmte Sachen sind besonders schadensträchtig (= gefährlich). Der Gesetzgeber hat hier im Wesentlichen zwei Möglichkeiten: Er kann ihre Benutzung überhaupt verbieten oder ihre Gefährlichkeit dadurch berücksichtigen, dass er bei Verwirklichung des Risikos (= des Eintritts von Schäden) „großzügig" Ersatzansprüche gewährt. Dieser zweite Weg ist der der **Gefährdungshaftung**. Folgt aus der Verwendung der gefährlichen Sache ein Schaden, hat ihn der Halter auch ohne Verschuldensvorwurf zu ersetzen. Da die drohenden Schäden außerordentlich groß sein können, wird die Gefährdungshaftung nicht selten mit einer Pflichthaftpflichtversicherung gekoppelt.

Das österreichische Recht kennt eine ganze Reihe von Gefährdungshaftungsvorschriften. Hier sei nur kurz auf die Haftung nach dem **Eisenbahn- und Kraftfahrzeughaftpflichtgesetz (EKHG)** eingegangen; und auch da nur auf Kraftfahrzeuge. Die Gefährdungshaftungsbestimmungen dieses Gesetzes sind anzuwenden, wenn durch einen Unfall beim Betrieb eines Kraftfahrzeuges ein Mensch getötet oder verletzt oder eine Sache beschädigt wird (§ 1 EKHG). Haften soll prinzipiell derjenige, der aus der gefährlichen Sache ansonsten Nutzen zieht (**Halter**). Den bloßen *Lenker* trifft hingegen keine Gefährdungshaftung; er haftet vielmehr nach Verschuldensgrundsätzen. Auch die Haftung nach EKHG ist keine reine Erfolgshaftung. Daher muss der Halter nicht schlechthin jeden Schaden ersetzen, der aus dem Betrieb des Kraftfahrzeuges resultiert. Vereinfacht gesagt ist die Haftung dann regelmäßig ausgeschlossen, wenn der Unfall *durch ein unabwendbares Ereignis* verursacht wurde, das nicht auf Mängeln des Fahrzeugs beruht (Details in § 9 EKHG). Um die Haftung ohne Verschulden nicht ins Unermessliche steigen zu lassen und versicherbar zu machen, sieht das EKHG überdies **Haftungshöchstbeträge** vor. Von einem Kraftfahrzeug verursachte Sachschäden müssen pro Unfall etwa nur bis zum Betrag von € 1,3 Mio ersetzt werden.

Produkthaftung

Das **Produkthaftungsgesetz (PHG)** sieht eine verschuldensunabhängige Haftung vor, wenn durch den Fehler eines Produkts ein Mensch getötet, am Körper verletzt oder an der Gesundheit geschädigt oder eine von dem Produkt verschiedene körperliche Sache beschädigt wird (§ 1 Abs 1 PHG). Dabei ist **Produkt** jede bewegliche körperliche Sache einschließlich Energie (§ 4 PHG). Die Produkthaftung ist primär eine Haftung des **Herstellers (Produzenten)**. Ihm ist die Fehlerhaftigkeit seines Produkts ja regelmäßig zuzurechnen. 282

Diese **Fehlerhaftigkeit** ist auch die zentrale Haftungsvoraussetzung. Dafür sind die *berechtigten Sicherheitserwartungen* entscheidend (§ 5 PHG). Von Bedeutung sind dabei vor allem die Darbietung des Produkts, der zu erwartende Gebrauch sowie der Zeitpunkt seines Inverkehrbringens. Ein Produkt kann also etwa fehlerhaft sein, weil es Konstruktions- oder Produktionsmängel aufweist (instabile Leiter); die Fehlerhaftigkeit kann aber auch in einer lückenhaften Bedienungsanleitung begründet sein.

Für **Körperschäden** wird nach PHG unbeschränkt gehaftet. Wird die **Sache** eines Verbrauchers beschädigt, so ist nur der € 500,– übersteigende Teil zu ersetzen. Darunter liegende Schäden sind **Selbstbehalt** des Geschädigten (§ 2 PHG) und nur nach allgemeinen Verschuldenshaftungsgrundsätzen ersatzfähig. Wurde die beschädigte Sache unternehmerisch genutzt, gibt es nach PHG überhaupt keinen Ersatz.

Schaden und ungerechtfertigte Bereicherung

Streng vom Schadenersatzrecht ist das **Bereicherungsrecht** zu unterscheiden. Vermögenswerte, seien es dingliche oder obligatorische Rechte, sind prinzipiell ganz konkreten Personen zugeordnet. Vermögensverschiebungen zwischen Personen bedürfen daher einer Rechtfertigung. Diese liegt häufig in einem Vertrag. Erfolgt nun ein Leistungsaustausch, obwohl der Vertrag unwirksam war, war dieser Austausch rechtsgrundlos, die Vermögensverschiebung also ungerechtfertigt. Man spricht daher von **ungerechtfertigter Bereicherung**. 283

Wer einen Vermögenswert ohne Rechtsgrund erhalten hat, soll diesen grundsätzlich nicht behalten dürfen. Er ist (ungerechtfertigt) bereichert. *Beispiel:* A gibt M € 1000,–, weil er glaubt, ihm diesen Betrag zu schulden. Tatsächlich schuldet A das Geld P, dem Zwillingsbruder von M. Ergebnis: A muss seinem wirklichen Gläubiger P (nochmals) zahlen, kann die € 1000,– jedoch von M zurückfordern.

Ansprüche wegen ungerechtfertigter Bereicherung, auch Kondiktionen genannt, sind **verschuldensunabhängig**. Sogar wer ohne Fahrlässigkeit fremde Vermögenswerte erhält oder für sich verwendet, muss sie prinzipiell herausgeben oder für ihre Verwendung eine Vergütung leisten.

284 Das ABGB kennt ganz unterschiedliche Tatbestände von **Leistungskondiktionen** (§§ 1431 ff ABGB). Im Grundsatz gilt aber für alle dasselbe. Wesentlich ist vor allem, dass der ohne Rechtsgrund Leistende schutzwürdig ist. Das ist in der Regel schon wegen des fehlenden Rechtsgrundes der Fall; anders aber etwa dann, wenn die Leistung in Kenntnis ihrer Rechtsgrundlosigkeit erfolgt. Erfolgte die Vermögensverschiebung hingegen nicht durch eine bewusste Zuwendung, sondern auf sonstige Weise, sind häufig die Voraussetzungen des **Verwendungsanspruchs** gegeben (§ 1041 ABGB). Wer eine fremde Sache (im weiteren Sinn) ohne Rechtsgrund zu seinem Nutzen verwendet, hat dafür Ersatz zu leisten. *Beispiel:* Jemand stiehlt ein Auto, benützt es selbst einige Zeit und vermietet es auch fallweise an Freunde.

Primär kann der Entreicherte **Herausgabe des Geleisteten** (oder des sonst in das Vermögen des Bereicherten Gelangten) verlangen. So ist das ohne Rechtsgrund im Besitz des Bereicherten befindliche Auto wieder dem Eigentümer zurückzustellen. Die Rückgabe kann aber inzwischen unmöglich geworden sein; manchmal kommt sie von vornherein nicht in Betracht, wie bei rechtsgrundlos erbrachten Arbeitsleistungen. In solchen Fällen ist der Wert der Sache bzw der Leistung in Geld zu vergüten. Der Bereicherte soll eben keine ungerechtfertigten Vorteile behalten. Daher sind auch Vorteile zu vergüten, die sonst trotz Sachrückgabe beim Benutzer blieben (wie das Entgelt aus der Vermietung).

Privatrecht – Sonderprivatrechte

1. Unternehmens- und Gesellschaftsrecht

Allgemeines

Vor allem um den besonderen Bedürfnissen des Geschäftsverkehrs (etwa nach Schnelligkeit, geringen Förmlichkeiten, Rechtssicherheit usw) Rechnung zu tragen, aber auch um zentrale Fragen der Unternehmensorganisation (zB Gesellschaftsformen, Rechnungslegung, Namen) zu regeln, hat der Gesetzgeber ein Sonderrecht für professionelle Wirtschaftstreibende geschaffen. Es fand sich früher überwiegend im Handelsgesetzbuch (HGB); an dessen Stelle ist mit dem Jahr 2007 das **Unternehmensgesetzbuch (UGB)** getreten. Das UGB baut auf dem allgemeinen Zivilrecht auf. Dieses ist daher anwendbar, soweit keine unternehmensrechtlichen Sonderregeln bestehen. Daneben spielen auch sogenannte „Unternehmensbräuche", also tatsächlich geübte und von den beteiligten Verkehrskreisen anerkannte Gepflogenheiten, eine Rolle (zB Usancen im Interbankenbereich). 285

Unternehmer

Das Unternehmensrecht gilt als Sonderprivatrecht nicht für jeden Rechtsunterworfenen. Die **Grundregel** lautet, dass die Vorschriften des UGB für *alle* Unternehmer und deren Rechtsgeschäfte gelten. Unternehmer ist in erster Linie, wer ein Unternehmen – also eine **auf Dauer angelegte Organisation selbständiger wirtschaftlicher Tätigkeit** – betreibt (§ 1 UGB). Dieser Unternehmensbegriff ist so weit, dass im Prinzip jede selbständige Erwerbstätigkeit darunter fällt. Allerdings sind kleinere Einzelunternehmer (§ 8 Abs 1 UGB) und – sachlich wenig überzeugend – Freiberufler sowie Land- und Forstwirte (§ 4 UGB) von Teilen des UGB ausgenommen. 286

Doch sogar ohne Unternehmen kann man Unternehmer sein! Unternehmer **kraft Rechtsform** sind etwa (auch zu nichtunternehmerischen Zwecken gegründete) AG, GmbH, Genossenschaften etc (§ 2 UGB). Ferner wird aus Gründen der Rechtssicherheit jeder – ob zu Recht oder nicht – im Firmenbuch Eingetragene als Unternehmer behandelt (Unternehmer **kraft Eintragung**; § 3 UGB).

Firma

287 Im allgemeinen Sprachgebrauch werden die Begriffe „Unternehmen" und „Firma" oft gleichgesetzt. Das ist ungenau: Die **Firma** ist nämlich bloß der im Firmenbuch eingetragener **Name des Unternehmers**, unter dem er seine Geschäfte betreibt und die Unterschrift abgibt (§ 17 UGB). Bei der Namenswahl sind dem Unternehmer kaum Grenzen gesetzt; auch Fantasiefirmen sind erlaubt. Da die Firma wie jeder Name vor allem *Individualisierungsfunktion* hat, darf sie allerdings keine Verwechslungen zulassen. Die Firma dient auch der *Publizität* der unternehmerischen Tätigkeit. Der Gebrauch einer Firma macht klar, dass es sich beim Verwender um einen Unternehmer iSd UGB handelt. Das Recht, eine Firma zu führen (Unterfertigung von Geschäftspapieren, Verwendung als Parteibezeichnung vor Behörden etc), ist absolut – also gegenüber jedermann – geschützt: Gebrauch durch Unbefugte kann daher untersagt werden.

Von der Firma zu unterscheiden sind ähnliche im Geschäftsverkehr übliche Kennzeichen, insb *Unternehmens- oder Etablissementbezeichnungen* („Café Europa"), *Marken* zur Produktkennzeichnung („Coke"), aber auch Domain-Namen.

Unternehmensbezogene Geschäfte

288 Das UGB hält eine ganze Reihe von Vorschriften bereit, die für sogenannte „unternehmensbezogene Geschäfte" Abweichungen vom Zivilrecht vorsehen (§§ 343 ff). Diese Sonderregeln sollen vor allem eine **erleichterte und beschleunigte Geschäftsabwicklung** bewirken und die **Sicherheit des Rechtsverkehrs** bestärken. Unternehmensbezogene Geschäfte sind alle Geschäfte eines Unternehmers, die zum Betrieb seines Unternehmens gehören. Die Regeln des UGB gelten grundsätzlich auch für einseitige unternehmensbezogene Geschäfte, sind also nicht nur für den Unternehmer, sondern auch für den Verbraucher maßgeblich (§ 345 UGB). Da aber Verbraucher weniger Erfahrung und Professionalität mitbringen als Unternehmer, wäre die Anwendung des UGB auf Nichtunternehmer in vielen Fällen unbillig. Bestimmungen, die gerade die Berufserfahrung Wirtschaftstreibender mitberücksichtigen und ihnen dementsprechend Sonderpflichten auferlegen, gelten daher nur, wenn *beide* Vertragspartner Unternehmer sind. Wieder andere Vorschriften des UGB wenden sich bloß an den unternehmerischen Partner.

289 Der umfassende Regelungskomplex, der nicht zuletzt auch Vorschriften für Geschäfte von **Absatzmittlern** (Kommissionären, Handelsvertretern, Maklern) und **Transportunternehmern** (Spediteuren, Lagerhaltern, Frächtern) bereithält, sei hier anhand einiger Beispiele veranschaulicht:

So regelt etwa § 348 UGB, dass mehrere Unternehmer, die sich gemeinschaftlich zu einer teilbaren Leistung verpflichtet haben, im Zweifel nicht bloß anteilig haften, sondern als **Gesamtschuldner** jeweils für den ganzen Betrag („einer für alle, und alle für einen"). Ferner gebühren im Fall des Zahlungsverzugs beim beiderseitig unternehmensbezogenen Geschäft nicht bloß 4% **Verzugszinsen**, sondern 9,2% über dem Basiszinssatz, es sei denn, der Schuldner kann nachweisen, dass er für die Verzögerung nicht verantwortlich ist (§ 456 UGB; näher Rz 266).

Besonders wichtig sind die Sonderbestimmungen zum **Warenkauf** 290
(§§ 373–381 UGB). Hervorgehoben seien die – nur beim beiderseitigen unternehmensbezogenen Warenkauf anzuwendenden – Vorschriften zur **Mängelrüge** (§§ 377 f UGB): Im Interesse einer raschen Abwicklung des Geschäfts wird vom Erwerber ein erhöhtes Maß an Sorgfalt verlangt. Ihn trifft die Obliegenheit, Mängel der Ware binnen angemessener Frist anzuzeigen. Gewöhnlich ist eine Mangelrüge innerhalb von 14 Tagen ab Ablieferung noch rechtzeitig; bei verderblicher Ware hat man weniger Zeit, bei komplizierten Maschinen mehr. War der Mangel hingegen zunächst geheim, läuft die angemessene Frist ab seiner Entdeckung. Eine ausufernde Obliegenheit zur Untersuchung der Ware besteht nicht: Bei größeren Warenlieferungen sind bloß Stichproben zu ziehen. Unterlässt der Erwerber die (fristgerechte) Anzeige, verliert er viele Rechte, die ihm an sich zustünden (Gewährleistung, Schadenersatz, Anfechtung oder Anpassung des Vertrages wegen Irrtums). All das gilt freilich nicht, wenn der Verkäufer den Mangel kannte, aber verschwiegen hat; ebenso wenig, wenn er ihn zumindest grob fahrlässig verursacht hat. Der Käufer muss nicht bloß Qualitätsmängel der geleisteten Waren rügen, sondern auch Quantitätsmängel. Selbst die Lieferung von „falscher", also nicht vereinbarter Ware (**Anderslieferung**) ist uU anzuzeigen.

Unternehmensorganisation

Wer ein Unternehmen gründen will, muss sich zunächst einmal der Frage 291
stellen, welche **Rechtsform** für die angestrebte Tätigkeit zweckmäßig ist. Die Wahl der Rechtsform hängt von mehreren Faktoren ab: Benötigt man viel Kapital? Ist ein Familienbetrieb oder die Beteiligung einer Vielzahl von Kapitalgebern geplant? Was ist steuerlich günstiger? Soll eine Haftung mit dem gesamten persönlichen Vermögen vermieden werden? Schreiben gesetzliche Vorschriften für die geplante Tätigkeit gar eine bestimmte Rechtsform vor? Die Möglichkeiten sind vielfältig und reichen vom Tätigwerden als Einzelunternehmer über Zusammenschlüsse in Personengesellschaften bis hin zur AG, für die zumindest € 70.000,– Grundkapital notwendig sind.

Spezielle Fragen im Zusammenhang mit gesellschaftlichen Zusammenschlüssen behandelt das **Gesellschaftsrecht**, und zwar aufgrund seiner wirtschaftlichen Bedeutung großteils sehr ausführlich. Für einzelne Gesellschaftsformen existieren eigene *Sondergesetze* (zB AktG, GmbHG). Wesentliche Bestimmungen enthalten aber auch ABGB und UGB. Die **Gesellschaft** iwS ist definiert als rechtsgeschäftlicher Zusammenschluss zweier oder mehrerer Personen zur Erreichung eines – regelmäßig gemeinsamen – Zwecks durch organisiertes Zusammenwirken. Das Gesellschaftsrecht ist von einigen wesentlichen Prinzipien beherrscht:

- Es steht nur eine **geschlossene Zahl** (*numerus clausus*) **von Gesellschaftsformen** zur Verfügung. Neue Gesellschaftstypen können also nicht einfach in der Wirtschaftspraxis „erfunden" werden. Auch ein Abgehen von einzelnen gesetzlichen Regelungen ist nur in engen Grenzen zulässig (**Inhaltszwang**). Manchen Unternehmern ist es nicht einmal freigestellt, zwischen den einzelnen vorgegebenen Gesellschaftsformen zu wählen. So kommt für das Bausparkassengeschäft bloß die Rechtsform der AG in Betracht (§ 5 Abs 1 Z 1 Bausparkassengesetz).
- Grund für diese weitreichende Beschränkung der Privatautonomie ist der **Gläubigerschutz**, der in Österreich auf zwei Wegen verwirklicht wird: Entweder haftet zumindest ein Gesellschafter persönlich mit seinem gesamten Vermögen für Gesellschaftsschulden (so etwa bei der GesbR, OG, KG, siehe unten); oder es bestehen detailliert und zwingend geregelte Pflichten über Aufbringung und Erhaltung des Gesellschaftskapitals (zB bei GmbH und AG). Ohne den sogenannten **Typenzwang** könnten sich Gesellschafter zulasten von Gläubigern die Rosinen aus jeder Gesellschaftsform herauspicken, etwa eine Gesellschaft ohne Eigenkapital und ohne persönliche Haftung der Gesellschafter gründen.

292 Man spricht von einer **Außengesellschaft**, wenn sie – wie regelmäßig – nach außen in Erscheinung tritt. Eine reine **Innengesellschaft** ist zB die „stille Gesellschaft". Auch wird nach der Rechtsfähigkeit differenziert: AG und GmbH sind als juristische Personen **rechtsfähig**; kraft ausdrücklicher Anordnung (§ 105 UGB) gilt das auch für OG und KG. **Nicht rechtsfähig** ist dagegen die schlichte Gesellschaft des bürgerlichen Rechts. Gängig ist auch die Unterscheidung zwischen **Personengesellschaften** und **Kapitalgesellschaften**: Bei Ersteren (zB OG und KG) stehen die Gesellschafter und dessen persönlicher Einsatz, nicht das Gesellschaftsvermögen im Vordergrund – eine Vermögensbeteiligung der Gesellschafter ist nicht zwingend erforderlich. Bei Kapitalgesellschaften (zB GmbH und AG) kommt ebendieser Beteiligung zentrale Bedeutung zu. Schließlich werden häufig **Körperschaften** – das sind Gesellschaften, die als juristische Personen gegenüber ihren Mitgliedern *verselbständigt* sind (AG, GmbH, Verein, SE, Genossenschaft etc) – den **Gesellschaften ieS** gegenübergestellt.

„Urform" der Gesellschaft und gleichzeitig eine der losesten Formen des 293
Zusammenschlusses ist die **Gesellschaft bürgerlichen Rechts (GesbR,** §§ 1175–1216e ABGB), die formlos – auch schlüssig – zur Verfolgung eines gemeinsamen Zwecks gegründet werden kann (zB eine zur Abwicklung eines Tunnelbauprojekts gegründete ARGE).

Die **stille Gesellschaft** (§§ 179–188 UGB) tritt als *reine Innengesellschaft* Dritten gegenüber nicht in Erscheinung. Sie besteht aus einem – nach außen hin sichtbaren – Unternehmensinhaber und einem „stillen Gesellschafter", der intern als Geldgeber tätig wird, indem er sich mit einer Vermögenseinlage beteiligt.

Die **offene Gesellschaft (OG**, §§ 105–160 UGB) ist eine unter eigener Firma geführte Gesellschaft, bei der mindestens zwei Gesellschafter gesamthandschaftlich verbunden sind und bei keinem der Gesellschafter die Haftung gegenüber den Gesellschaftsgläubigern beschränkt ist. Sie ist rechtsfähig und kann jedem erlaubten Zweck dienen (§ 105 UGB); dh es muss nicht zwingend eine unternehmerische Tätigkeit entfaltet werden.

Die **Kommanditgesellschaft (KG,** §§ 161–178 UGB) ist der OG weitestgehend nachgebildet. Es gibt aber einen entscheidenden Unterschied: Die KG muss aus zumindest einem **Kommanditisten** und einem **Komplementär** bestehen. Während der Komplementär – gleich einem OG-Gesellschafter – gegenüber den Gesellschaftsgläubigern unbeschränkt persönlich haftet, ist die Haftung des Kommanditisten auf den Betrag einer bestimmten Summe beschränkt (§ 161 UGB). Sonderform einer KG ist die praktisch häufige **GmbH & Co KG**, bei der eine GmbH als Komplementärin fungiert: Durch diese Konstruktion sollen Vorteile von Kapitalgesellschaft und Personengesellschaft miteinander verbunden werden.

Die weit verbreitete **Gesellschaft mit beschränkter Haftung (GmbH)** ist in einem eigenen Sondergesetz (GmbHG) geregelt. Gesellschaftsgläubiger können grundsätzlich nur auf das Vermögen der GmbH, nicht auf das der einzelnen Gesellschafter zugreifen. Das **Stammkapital** einer GmbH muss **mindestens € 35.000,–** betragen und setzt sich aus den Stammeinlagen der Gesellschafter zusammen. Jedes Mitglied besitzt einen Geschäftsanteil. Anerkannt wird auch die sogenannte **Einpersonen-GmbH**, obwohl diese mit einer Gesellschaft nicht mehr viel zu tun hat; sogar die einpersonale *Gründung* ist zulässig.

Eine vor allem für *große Betriebe* geeignete Organisationsform ist die im AktG geregelte **Aktiengesellschaft (AG)**. An ihr sind die Gesellschafter mit Einlagen auf das in Aktien zerlegte Grundkapital (Mindestbetrag **€ 70.000,–**) beteiligt, ohne persönlich für die Verbindlichkeiten der Gesellschaft zu haften. Aufgrund ihrer Ausgestaltung ist sie besonders zur Aufnahme vieler Mitglieder geeignet (Kapitalsammelfunktion). Gesellschafter (Aktionäre) haben tendenziell weniger Einfluss auf die Geschäftsführung, die in der Hand des weisungsfreien Vorstandes liegt. Allerdings ist auch hier die Gründung einer einpersonalen AG zulässig.

Genossenschaften, genauer Erwerbs- und Wirtschaftsgenossenschaften, sind nach dem **GenG** Vereinigungen von nicht geschlossener Mitgliederzahl, die im Wesentlichen der Förderung des Erwerbes oder der Wirtschaft ihrer Mitglieder dienen. Nicht selten sind Kreditgenossenschaften (zB die Raiffeisengenossenschaften) sowie Bau-, Wohnungs- und Siedlungsgenossenschaften. Hinter genossenschaftlichen Zusammenschlüssen stecken die Grundgedanken der *Selbsthilfe und Selbstverwaltung*.

Viele österreichische **Vereine** ohne Gewinnerzielungsabsicht („Idealvereine"; zB Sportvereine, aber auch Autofahrerclubs) beruhen auf dem Vereinsgesetz 1951, das mittlerweile vom **Vereinsgesetz 2002 (VerG)** abgelöst wurde.

Auf EG-Verordnungen beruhen die Europäische wirtschaftliche Interessenvereinigung (EWIV), die Europäische Gesellschaft (Societas Europaea, SE) und die Europäische Genossenschaft (Societas Cooperativa Europaea, SCE). Die praktische Bedeutung dieser neuen Gesellschaftsformen ist aber in Österreich bislang sehr gering.

294 Wie Einzelpersonen sind auch Gesellschaften zuweilen an – faktischen oder rechtlichen – Zusammenschlüssen interessiert; etwa durch Konzernierung. Von einem **Konzern** wird gesprochen, wenn rechtlich selbständige Unternehmen zu wirtschaftlichen Zwecken unter einheitlicher Leitung zusammengefasst sind. Oft übt ein Unternehmen im Konzernverband einen *beherrschenden Einfluss* auf die anderen aus. Das geschieht in der Regel durch gesellschaftsrechtliche Beteiligung – man spricht dann von **Mutter- und Tochtergesellschaften**.

Prozessrechtliche Besonderheiten

295 In Wien existieren für Streitigkeiten aus unternehmensbezogenen Geschäften ein eigenes **Bezirksgericht für Handelssachen** und ein eigenes **Handelsgericht**. Generell ist in der „Handelsgerichtsbarkeit" eine teilweise Beteiligung fachmännischer **Laienrichter** („Kommerzialräte") vorgesehen, die die Berufsrichter mit dem nötigen Branchenwissen versorgen sollen.

2. Arbeitsrecht

Allgemeines

296 Das Arbeitsrecht ist das Sonderprivatrecht der Arbeitnehmer, also der **unselbständig Erwerbstätigen**, in ihrer Beziehung zum Arbeitgeber. Einige wenige arbeitsrechtliche Regeln finden sich im ABGB. Daneben bestehen

etliche Sondergesetze, die die allgemeinen Bestimmungen des ABGB teilweise verdrängen. Als Beispiele seien hier bloß genannt: AngestelltenG, ArbeitnehmerInnenschutzG, ArbeitsverfassungsG, ArbeitszeitG, AusländerbeschäftigungsG, BetriebspensionsG, DienstnehmerhaftpflichtG, MutterschutzG, UrlaubsG, VertragsbedienstetenG.

Hauptzweck vieler arbeitsrechtlicher Sondernormen ist der **Schutz des Arbeitnehmers** vor dem in aller Regel wirtschaftlich überlegenen Arbeitgeber. Aus diesem Grund herrschen im Arbeitsrecht *zwingende (Mindest-) Bestimmungen* vor. Im einzelnen Arbeitsvertrag kann davon überhaupt nicht bzw nur zugunsten des Arbeitnehmers abgewichen werden. Generelles Anliegen des Arbeitsrechts ist ein gerechter Interessenausgleich zwischen Arbeitnehmern und Arbeitgebern, wodurch von vornherein soziale Konflikte vermieden werden sollen. Die Rede ist von der **„Friedensfunktion“** des Arbeitsrechts.

Üblicherweise wird das Gebiet des Arbeitsrechts in zwei Bereiche unterteilt: das **Individualarbeitsrecht** und das **Kollektivarbeitsrecht**. Das Individualarbeitsrecht betrifft die Rechtsbeziehung zwischen den einzelnen Arbeitnehmern und Arbeitgebern; es umfasst das *Arbeitsvertragsrecht* und das *Arbeitnehmerschutzrecht (ieS)*. Das kollektive Arbeitsrecht behandelt vor allem die Rechtsstellung und die Rechtsbeziehungen der überbetrieblichen Interessenvertretungen auf Arbeitnehmer- und Arbeitgeberseite (Kammern und Gewerkschaften), insbesondere das *Kollektivvertragsrecht*. Auch das *Betriebsverfassungsrecht*, also das Recht der betrieblichen Interessenvertretung (Betriebsrat), gehört dazu.

Arbeitsvertrag (Dienstvertrag)

Dreh- und Angelpunkt für die Anwendung arbeitsrechtlicher Vorschriften 297
ist das Bestehen eines Arbeitsverhältnisses. Grundsätzlich kann sich nämlich nur auf diese Vorschriften stützen, wer Arbeitnehmer ist, also einen **Dienstvertrag** abgeschlossen hat. Ob von einem Dienstvertrag auszugehen ist, kann aber im Einzelfall durchaus strittig sein: Nicht selten versuchen Wirtschaftstreibende, die Anwendung für sie nachteiliger arbeitsrechtlicher Vorschriften (UrlaubsG; ArbeitszeitG etc) zu vermeiden, indem sie mit (Teilen) ihrer Belegschaft Verträge abschließen, die sie als „Werkverträge“ oder „freie Dienstverträge“ bezeichnen. Häufig steckt aber hinter diesen Vereinbarungen doch wieder ein Dienstvertrag – die Abgrenzung ist allerdings oft nicht einfach.

Ein Dienstvertrag liegt vor, wenn sich jemand **auf gewisse Zeit zur Arbeitsleistung** für einen anderen verpflichtet (§ 1151 ABGB). Anders als etwa beim Werkvertrag ist kein bestimmter *Erfolg* („Werk“) geschuldet, sondern bloß die *Zurverfügungstellung von Arbeitskraft* („Wirken“) für einen bestimmten oder unbestimmten Zeitraum. Man spricht von einem

Dauerschuldverhältnis. Besonders gekennzeichnet ist das Arbeitsverhältnis – im Gegensatz zum „freien Dienstverhältnis“ und zum Werkvertrag – durch die starke **persönliche Abhängigkeit** des Arbeitnehmers: Er ist an Arbeitszeiten, Arbeitsort und Arbeitsabfolge gebunden, hat Weisungen seines Arbeitgebers zu beachten und darf sich im Regelfall nicht vertreten lassen. Arbeitsmittel (zB Computer, Werkzeug) stellt typischerweise der Arbeitgeber zur Verfügung; diesem kommt auch das Ergebnis der Arbeit, der unternehmerische Gewinn, zugute. Bei kaum einer Erwerbstätigkeit wird jeder der aufgezählten Punkte zu bejahen sein. Für die Annahme eines Dienstvertrages reicht aber schon das Überwiegen der für das Arbeitsverhältnis typischen Elemente.

Eine Sonderstellung nehmen **Beamte** ein: Sie schließen mit Bund, Land oder Gemeinde keinen (Dienst-)Vertrag, sondern werden – heutzutage immer seltener – durch einen öffentlich-rechtlichen Akt „bestellt“. Ihr Dienstverhältnis richtet sich daher allein nach öffentlichem Recht (Beamten-Dienstrechtsgesetz). Anderes gilt jedoch für *Vertragsbedienstete*.

Arbeiter und Angestellte

298 Arbeitnehmer werden in **Arbeiter** und **Angestellte** unterteilt. Nach wie vor kommt dieser historisch überkommenen, sachlich schon lange nicht mehr überzeugenden Differenzierung rechtliche Bedeutung zu. Für Angestellte gelten nämlich die Regelungen des **Angestelltengesetzes (AngG)**, die sie in Teilbereichen nach wie vor gegenüber den allgemeinen Bestimmungen privilegieren, so etwa hinsichtlich des Entlassungsschutzes. Für Arbeiter existieren keine entsprechenden Vorschriften; sie unterliegen nach wie vor der nicht mehr zeitgemäßen **Gewerbeordnung 1859 (GewO 1859)**. Abgesehen davon werden teilweise auch **Arbeiter-** und **Angestelltenkollektivverträge** mit jeweils unterschiedlichem Inhalt geschlossen.

Angestellter ist, wer im Betrieb eines Kaufmannes oder sonstigen Gewerbetreibenden vorwiegend zur Leistung **kaufmännischer** oder **höherer nichtkaufmännischer Dienste** oder zu **Kanzleiarbeiten** angestellt ist (§ 1 AngG). Unter diesen Angestelltenbegriff fallen etwa Kassiere, Buchalterinnen, Ärztinnen, Übersetzer, Orchestermusiker, Sekretäre etc; Arbeiter sind beispielsweise Regalbetreuer, Mechaniker und Fußballer.

Kollektivvertrag und Betriebsvereinbarung

299 Von erheblicher wirtschaftlicher und sozialer Bedeutung sind Kollektivverträge und Betriebsvereinbarungen, deren Zustandekommen und Inhalt im **Arbeitsverfassungsgesetz (ArbVG)** geregelt sind. **Kollektivverträge**

werden zwischen den kollektivvertragsfähigen Interessenvertretungen der Arbeitnehmer und Arbeitgeber abgeschlossen (vor allem zwischen ÖGB und Wirtschaftskammer). Inhalt eines Kollektivvertrages darf grob gesagt alles sein, was regelmäßiger Inhalt eines Arbeitsvertrages ist. Typischerweise finden sich darin etwa Regelungen zum *Mindestentgelt* und zur *Arbeitszeit*. Im Dienstvertrag darf von diesen Vorgaben zulasten des Arbeitnehmers grundsätzlich nicht abgegangen werden. **Betriebsvereinbarungen** werden zwischen dem jeweiligen Betriebsinhaber und dem Betriebsrat abgeschlossen und gelten bloß *auf betrieblicher Ebene*. Sie dürfen nur gesetzlich oder kollektivvertraglich determinierte Angelegenheiten regeln und gehen der Einzelabrede im Dienstvertrag vor. Häufig werden in Betriebsvereinbarungen besondere Kontrollmaßnahmen (Videoüberwachung) oder Ordnungsvorschriften (Bekleidungsvorschriften, Alkohol- und Rauchverbote) beschlossen, aber etwa auch Modalitäten der Entgeltabrechnung und -auszahlung.

Prozessrechtliche Besonderheiten

Das **Arbeits- und Sozialgerichtsgesetz (ASGG)** bestimmt für arbeits- 300
rechtliche Streitigkeiten einige verfahrensrechtliche Besonderheiten. So entscheiden etwa in allen Instanzen Senate, die aus Berufsrichtern und fachkundigen **Laienrichtern** (je zur Hälfte aus dem Kreis der Arbeitsnehmer und der Arbeitgeber) zusammengesetzt sind. Zum Schutz des Arbeitnehmers als typischerweise schwächerer Prozesspartei bestehen umfassende **Anleitungspflichten** des Gerichts: Es muss ihn quasi „an der Hand" durch das Verfahren führen. Ferner ist für Wien ein gesondertes **Arbeits- und Sozialgericht** eingerichtet.

3. Versicherungsvertragsrecht

Allgemeines

Im **Versicherungsvertrag** verspricht ein *Versicherer* dem *Versicherungs-* 301
nehmer, ein näher bestimmtes Risiko – zB Haftpflicht, Feuer, Diebstahl – abzudecken. Gegenleistung ist eine periodisch zu zahlende *Prämie*. Dabei muss der Versicherungsnehmer nicht immer auch der (einzige) *Versicherte* sein; das ist derjenige, um dessen Risiko es geht. Die von den Eltern abgeschlossene Haushaltsversicherung gilt zB auch für die im Haushalt lebenden Kinder. Ferner kann vereinbart werden, dass die Versicherungsleistung einem Dritten zukommen soll, der gar nicht der Versicherte (also die „Gefahrenperson") ist; so bei der Lebensversicherung. Die erforderlichen

Mittel für die Auszahlung der Versicherungsleistung bringt die *Gefahrengemeinschaft* – bestehend aus der Gesamtheit der Versicherungsnehmer – auf. Die jeweiligen Prämien werden nach versicherungsmathematischen Grundsätzen (Wahrscheinlichkeitsstatistiken) kalkuliert.

Das Versicherungsvertragsrecht, geregelt vor allem im **Versicherungsvertragsgesetz (VersVG)**, ist vom **Sozialversicherungsrecht** zu unterscheiden: Beim einen beruht die Versicherung auf einem privatrechtlichen Vertrag, beim anderen auf öffentlich-rechtlichen Normen (zB dem ASVG). Zum Schutz des Versicherungsnehmers sind etliche der darin enthaltenen Vorschriften *relativ zwingend*; im Versicherungsvertrag kann nur für den Versicherungsnehmer Günstigeres vereinbart werden. Die individuelle Vereinbarung eines Versicherungsvertrages ist absolut unüblich. Versicherungsunternehmen schließen Verträge gewöhnlich nur unter Zugrundelegung vorformulierter AGB ab. Die sehr umfangreichen, sogenannten **Allgemeinen Versicherungsbedingungen** sind daher ein wichtiger Bestandteil des Versicherungsvertragsrechts. Hinzu kommen regelmäßig noch Sonderbedingungen für die einzelnen Versicherungssparten.

Versicherungsformen

302 Beinahe jedes Risiko kann versichert werden. Das VersVG behandelt jedoch nur die wichtigsten Versicherungsarten. Für den Rest gilt grundsätzlich allgemeines Vertragsrecht; einzelne Bestimmungen des VersVG können jedoch auch hier analog herangezogen werden.

Üblicherweise werden **Personen-** und **Nichtpersonenversicherungen** unterschieden: Bei der ersten Gruppe geht es um Nachteile, die durch Beeinträchtigungen der menschlichen Gesundheit eintreten (zB Lebens-, Unfall-, Krankenversicherung). Zur zweiten Kategorie gehören alle übrigen Versicherungen (zB Feuer-, Hagel-, Rechtsschutz- oder Kfz-Kaskoversicherung).

Weiters wird in **Summen**- und **Schadensversicherungen** unterteilt: Bei den einen ist der im Versicherungsfall zu leistende Betrag im Vorhinein bestimmt (zB Kapitalleistungen aus der Lebensversicherung, Taggeldleistungen aus der Unfallversicherung). Bei den anderen hängt die Leistung von der konkreten Schadenshöhe ab. Ist kein Vermögensschaden eingetreten, wird überhaupt keine Versicherungsleistung erbracht (zB Grundstückswert wird durch Brand sogar gesteigert).

303 Wichtiger Sonderfall einer Schadensversicherung ist die **Haftpflichtversicherung**: Hier lässt sich der Versicherungsnehmer das Risiko abdecken, anderen Personen gegenüber schadenersatzpflichtig zu werden. Der Versicherer ist aus dem Versicherungsvertrag *bloß dem Versicherungsnehmer* verpflichtet. Der geschädigte Dritte kann grundsätzlich nichts von der Versicherung fordern. Eine Ausnahme (Direktanspruch des Geschädigten)

besteht etwa bei der gesetzlich vorgeschriebenen – also ausnahmsweise nicht freiwilligen! – Kfz-Haftpflichtversicherung und der Berufshaftpflichtversicherung freiberuflich tätiger Ärzte und Zahnärzte.

Rechte und Pflichten aus dem Versicherungsvertrag

Die Hauptpflicht des Versicherers besteht im „Versicherthalten“, also in 304
der Gewährung von **Versicherungsschutz**. Der Versicherungsschutz beginnt grundsätzlich am Mittag des Tages, an dem der Vertrag abgeschlossen wird, und erlischt erst mit Beendigung des Vertrags (durch Fristablauf oder Kündigung). Das setzt aber rechtzeitige **Prämienzahlung** durch den Versicherungsnehmer voraus. Zahlt er aus eigenem Verschulden nicht rechtzeitig, so wird der Versicherer unter bestimmten Voraussetzungen (Mahnung, Warnung durch Rechtsbelehrung usw) leistungsfrei. Ansonsten ist der Versicherer im sogenannten **Versicherungsfall** aber grundsätzlich zur „Deckung“ verpflichtet; dh er muss die vertraglich vereinbarte Versicherungsleistung erbringen. Der Versicherungsfall ist die Verwirklichung des versicherten Risikos (zB Tod bei der Lebensversicherung; Brand bei der Feuerversicherung). Wenn der Versicherungsnehmer den Versicherungsfall vorsätzlich herbeiführt (zB Selbstmord, Brandstiftung), besteht jedoch keine Leistungspflicht. Bei der Schadensversicherung – nicht aber bei der Haftpflichtversicherung – schadet ihm bereits grobe Fahrlässigkeit.

Das Versicherungsvertragsrecht ist im Übrigen durch eine ganze Rei- 305
he von **Nebenpflichten bzw Obliegenheiten des Versicherungsnehmers** gekennzeichnet, die vor allem die Kalkulierbarkeit des Risikos für den Versicherer gewährleisten sollen. Dabei geht es insbesondere um Anzeigeobliegenheiten bei Vertragsabschluss, etwa in Bezug auf personenbezogene Gesundheitsdaten. Auch trifft den Versicherungsnehmer die Obliegenheit, keine Gefahrenerhöhung vorzunehmen (zB ein Moped „aufzufrisieren“). Schließlich obliegt es dem Versicherungsnehmer, den Versicherer unverzüglich vom Eintritt des Versicherungsfalles zu verständigen. Die Verletzung dieser Gebote führt nicht selten zur Leistungsfreiheit des Versicherers.

Auch den Versicherer treffen gegenüber dem Versicherungsnehmer gewisse Nebenpflichten. So hat er dem Versicherungsnehmer vor allem eine Urkunde über den Versicherungsvertrag (Versicherungsschein; besser bekannt als **„Polizze“**) auszuhändigen.

Sozialrecht

Das Sozialrecht befasst sich mit der Absicherung der **Lebensgrundlagen** und Lebensbedingungen der Menschen. In einem sehr weiten Sinne kann man darunter alle Regelungen verstehen, die der Daseinsvorsorge der Menschen dienen, etwa auch das Recht der Krankenanstalten, der Abfallentsorgung oder der Wasserversorgung und -entsorgung. In einem engeren Sinne wird unter dem Sozialrecht vor allem das Sozialversicherungsrecht, dann aber auch das Arbeitslosenversicherungsrecht und das Sozialhilferecht verstanden. 306

Zur **Sozialversicherung** gehören die **Kranken-, die Unfall- und die Pensionsversicherung** (iwS auch die **Arbeitslosenversicherung**). Dabei wird die Pensions-, Unfall- und Krankenversicherung durch Selbstverwaltungsträger besorgt. Durch Zusammenschluss aller Angehörigen einer bestimmten Berufsgruppe zu einer Versicherungsgemeinschaft werden die Risiken auf alle Angehörigen dieser Berufsgruppe verteilt. Während eine freiwillige Versicherung auf einer Beitrittserklärung, Anmeldung beim Versicherungsträger und Selbstfinanzierung beruht (siehe auch gerade oben Rz 301 ff), sind bei der Pflichtversicherung alle Bedingungen durch Gesetz und „Satzung", also durch Verordnung des jeweiligen Sozialversicherungsträgers festgelegt, also etwa der Beginn und das Ende der Versicherung, die Leistungsrechte und die Beitragspflichten. Die Finanzierung erfolgt idR durch Beiträge der Dienstnehmer und der Arbeitgeber sowie durch Zuschüsse aus Steuermitteln.

Die **allgemeine Sozialversicherung** für die meisten unselbständig Erwerbstätigen wurde nach Vorbildern schon aus der ausgehenden Monarchie durch das ASVG 1955 eingeführt. Eine große Reform hat jüngst die meisten Sozialversicherungsträger zur Österreichischen Gesundheitskasse zusammengelegt. Sonderversicherungen bestehen u.a. nach dem B-KUVG (für Beamte), dem BSVG (für Bauern), dem GSVG (für Selbständige; daneben verfügen einige der gesetzlichen beruflichen Vertretungen, der Kammern, über eigene Sozialsysteme). Im Dachverband der Sozialversicherungsträger sind alle Sozialversicherungsträger zusammengeschlossen. 307

In der Sozialversicherung werden die Menschen gegen die typischen Lebensrisiken der Krankheit, des Unfalls und der Pension abgesichert. **Gesamtverträge** sichern die Erbringung entsprechender Leistungen durch Ärzte, Therapeuten und Apotheken; auch in die **Krankenanstaltenfinanzierung** sind die Sozialversicherungsträger involviert. Im Verhältnis zu den Versicherten bestimmt die jeweilige **Satzung** des Sozialversicherungsträgers den Umfang der Ansprüche auf Leistungen. Streitigkeiten über Beiträge und Beitragspflicht werden idR im Verwaltungswege, Streitigkeiten über Leistungssachen gerichtlich ausgetragen. Für **Klagen** in Sozialrechtssachen ist – außer im Falle der Arbeitslosenversicherung – jenes

Landesgericht zuständig, in dessen Sprengel der Versicherte seinen Wohnsitz hat, in Wien und Randgemeinden das **Arbeits- und Sozialgericht** Wien.

308 Die **Arbeitslosenversicherung** ist staatlich organisiert und wird durch das sogenannte **Arbeitsmarktservice** (AMS) durchgeführt. Sie schützt den Menschen zwar nicht vor der Arbeitslosigkeit, bietet ihm aber für diesen Fall finanzielle Unterstützung und Vermittlung zu einem neuen Arbeitsplatz an. Voraussetzung für den Bezug von Arbeitslosengeld ist der Erwerb einer **Anwartschaft**, man muss also eine bestimmte Zeit hindurch sozialversicherungspflichtig beschäftigt gewesen sein, bevor man Anspruch auf Arbeitslosengeld hat. Darüber hinaus setzt die Inanspruchnahme von Arbeitslosengeld **Arbeitswilligkeit** und **Arbeitsfähigkeit** voraus.

309 Ziel der **Sozialhilfe** ist es, Hilfsbedürftigen die Führung eines menschenwürdigen Lebens zu ermöglichen. „**Sozialhilfegesetze**“ der Länder sehen vor allem die Einrichtung sozialer Dienste durch Sozialhilfeträger (Hauskrankenpflege, Familien-, Heimhilfe, Beratungsdienste, Kontaktpflege, Erholungsmöglichkeiten) vor. Das **Bundespflegegeldgesetz** 1993 schuf eine Regelung für ganz Österreich. Pflegebedürftige Menschen haben unabhängig von der Ursache der Bedürftigkeit Anspruch auf Pflegegeld. 2011 wurde ein eigener Kompetenztatbestand für das Pflegegeldwesen des Bundes geschaffen, das nun nicht mehr mit dem Pflegegeldrecht der Länder konkurriert.

310 2010 wurde nach langem Streit eine sogenannte bedarfsorientierte **Mindestsicherung** eingeführt, die Menschen ein bundeseinheitliches Mindesteinkommen sichern soll, die sich ein solches anders – insbesondere durch den Einsatz ihrer Arbeitskraft, aber auch vorhandenen Vermögens – nicht verschaffen können. Die diesbezügliche Vereinbarung zwischen Bund und Ländern ist aber 2016 ausgelaufen. Der Bund hat inzwischen ein Sozialhilfe-Grundsatzgesetz erlassen, dessen Ausführungsgesetzgebung und Vollziehung Sache der Länder ist.

Strafrecht

Ziel des Strafrechts ist es, das Verhalten der Normunterworfenen durch **Androhung** und gegebenenfalls **Vollzug** eines mit Tadel verbundenen Übels (**Geld- oder Freiheitsstrafe**) zu steuern. 311

Absolute Straftheorien sahen in der Strafe Vergeltung. Der Täter sollte jenes Übel erleiden, das er für seine Tat verdient (Talionsprinzip, Spiegelstrafe).

Nach den **relativen Straftheorien** ist die Strafe nicht zum Zwecke der Erzielung von Gerechtigkeit, sondern zum Schutz der Gesellschaft da. Der Strafzweck der **Generalprävention** geht von der abschreckenden Wirkung für die Allgemeinheit aus, derjenige der **Spezialprävention** von der Abhaltung des konkreten Täters. Dabei wird zwischen dem Resozialisierungszweck beim besserungsfähigen und dem Sicherungszweck beim nicht besserungsfähigen Täter unterschieden.

Wie die Frage nach dem Sinn und Zweck der Strafe, so führt auch die Frage, welche Werte in den **Rechtsgüterkatalog** des Strafgesetzes kommen sollen, zur Rechtsphilosophie. Im demokratischen Rechtsstaat sind die Menschenrechte Grundwerte, denen im Strafgesetz besondere Rechtsgüter entsprechen (Leben, Freiheit, Eigentum, Privatsphäre). **Es liegt nahe, diese Güter auch durch strafrechtliche Vorschriften abzusichern.** 312

Was strafbar ist, muss zum Zeitpunkt der Handlung aus einem Gesetz (wie dem Strafgesetzbuch oder Nebengesetzen) ersichtlich sein – „**Keine Strafe ohne Gesetz**".

Das Hauptgesetz des österreichischen Strafrechts, das **StGB** (Strafgesetzbuch), gliedert sich in einen **Allgemeinen** und einen **Besonderen Teil**. Der Allgemeine Teil beschäftigt sich mit Voraussetzungen der Strafbarkeit (Schuld, also Vorsatz oder Fahrlässigkeit; Rechtfertigung, also etwa Notwehr und dergleichen; sonstige Bedingungen der Strafbarkeit, also etwa Strafaufhebungsgründe wie der Rücktritt vom Versuch oder die Verjährung) sowie mit den **Rechtsfolgen von mit Strafe bedrohten Handlungen**: Man unterscheidet Strafen, vorbeugende Maßnahmen und vermögensrechtliche Anordnungen. Strafbare Handlungen werden in Verbrechen und Vergehen eingeteilt, wobei Verbrechen vorsätzlich begangene Handlungen sind, die mit mehr als dreijähriger Freiheitsstrafe bedroht sind. 313

Der Besondere Teil des StGB normiert die einzelnen **Straftatbestände**. Diese sind in folgende Abschnitte unterteilt:

- strafbare Handlungen gegen Leib und Leben (zB Körperverletzung),
- Schwangerschaftsabbruch,
- strafbare Handlungen gegen die Freiheit (zB Entführung),
- strafbare Handlungen gegen die Ehre (zB üble Nachrede),

- die Verletzung der Privatsphäre und bestimmter Berufsgeheimnisse (zB Verletzung des Briefgeheimnisses),
- strafbare Handlungen gegen fremdes Vermögen (zB Sachbeschädigung),
- gemeingefährliche strafbare Handlungen und strafbare Handlungen gegen die Umwelt (zB Brandstiftung),
- strafbare Handlungen gegen den religiösen Frieden und die Ruhe der Toten (zB Herabwürdigung religiöser Lehren),
- strafbare Handlungen gegen Ehe und Familie (zB Kindsentziehung),
- strafbare Handlungen gegen die sexuelle Integrität und Selbstbestimmung (zB Vergewaltigung),
- Tierquälerei,
- strafbare Handlungen gegen die Zuverlässigkeit von Urkunden und Beweiszeichen (zB Urkundenfälschung),
- strafbare Handlungen gegen die Sicherheit des Verkehrs mit Geld, Wertpapieren, Wertzeichen und unbaren Zahlungsmitteln (zB Geldfälschung),
- Hochverrat und andere Angriffe gegen den Staat,
- Angriffe auf oberste Staatsorgane,
- Landesverrat,
- strafbare Handlungen gegen das Bundesheer,
- strafbare Handlungen bei Wahlen und Volksabstimmungen (zB Fälschung bei einer Wahl oder Volksabstimmung),
- strafbare Handlungen gegen die Staatsgewalt (zB Siegelbruch),
- strafbare Handlungen gegen den öffentlichen Frieden (zB terroristische Straftaten),
- strafbare Handlungen gegen die Rechtspflege (zB falsche Beweisaussage),
- strafbare Verletzungen der Amtspflicht, Korruption und verwandte strafbare Handlungen (zB Bestechlichkeit),
- Amtsanmaßung und Erschleichung eines Amtes,
- Störung der Beziehungen zum Ausland (zB Herabwürdigung fremder Symbole),
- Völkermord, Verbrechen gegen die Menschlichkeit, Kriegsverbrechen.

Neben dem StGB sind Strafbestimmungen auch in zahlreichen Nebengesetzen vorgesehen; sie finden sich beispielsweise in so verschiedenen Materiengesetzen wie im Suchtmittelgesetz, dem Waffengesetz, den Steuergesetzen, dem Verbotsgesetz oder dem Vergaberecht.

314 Nur ein Verhalten, das einem der im Gesetz aufgezählten Straftatbestände („Tatbilder") entspricht, dh **tatbestandsmäßig** ist, ist strafbar. Dazu muss dieses Verhalten auch **rechtswidrig** und **schuldhaft** gesetzt worden sein. Die Tatbestandsmäßigkeit „indiziert" dabei die Rechtswidrigkeit.

Auch tatbestandsmäßige Handlungen können aber – eben etwa durch Notwehr – gerechtfertigt sein. Nicht schuldhaft handelt und daher straflos ist, wer das Unrecht der Tat nicht einsehen konnte, wer unwillkürlich handelt oder die Tat in einem **Notstand** begeht, dh in einer Zwangslage, in der ihm nach seinen persönlichen Verhältnissen ein anderes Verhalten nicht zumutbar ist.

Strafbar sind Haupttäter und Beteiligte (Bestimmungs- und Beitragstäter). Strafbar ist auch, wer erfolglos versuchte, einen anderen zu einer Straftat anzustiften (versuchte Verleitung). Der **Versuch** ist nach dem Schuldprinzip wie die vollendete Tat mit Strafe bedroht; dass die Tat nicht ausgeführt wurde, ist aber ein Milderungsgrund. Freiwilliger Rücktritt vom Versuch bewirkt Straflosigkeit.

Nach Ablauf einer Frist, die je nach der Schwere der Straftat zwischen einem und zwanzig Jahren abgestuft ist, **verjähren** Straftaten. Sie können dann nicht mehr verfolgt werden. Bestimmte Verbrechen verjähren nie.

Jedermann hat Anspruch darauf, dass seine Sache in billiger Weise öffentlich und innerhalb einer angemessenen Frist gehört wird, und zwar von einem unabhängigen und unparteiischen, auf Gesetz beruhenden Gericht, das über die Stichhaltigkeit der gegen ihn erhobenen strafrechtlichen Anklage entscheidet (**„fair trial"**).

Das gerichtliche Strafrecht wird daher, im Gegensatz zum Verwaltungsstrafrecht, nicht von Verwaltungsbehörden, sondern von **Gerichten** vollzogen (siehe dazu noch unten Rz 349 ff).

Bis zum gerichtlichen Nachweis der Schuld wird vermutet, dass der wegen einer strafbaren Handlung Angeklagte unschuldig ist. Die **Unschuldsvermutung** kann nur durch ein rechtskräftiges Urteil widerlegt werden.

Verfahrensrecht – Überblick

1. Grundlagen

Verfahrensrecht ist die Summe aller Normen, die regeln, wie der Staat im Verhältnis zum Normunterworfenen vorzugehen hat, wenn dessen Rechte und Pflichten geregelt werden sollen. Verfahrensrecht handelt daher stets von der Hoheitsgewalt, also von jenen (prozessualen) Rechtsverhältnissen, in denen der Einzelne einer Vorgangsweise (= einem Verfahren) unterworfen ist, dessen Ausgang für seine Rechtsposition entscheidend ist. In jedem Rechtsbereich sind Verfahren zu führen, damit und bevor individuell-konkrete Erledigungen (Urteile, Bescheide, Beschlüsse, Erkenntnisse) erlassen werden können. Vor den **Zivilgerichten** wird über Schadenersatz oder Unterhalt und Obsorge gestritten, vor den **Verwaltungsbehörden** über Baubewilligung, Lenkerberechtigung oder Aufstieg in die nächst höhere Schulstufe. Im **Verwaltungsstrafverfahren** werden Strafen für Schnellfahren oder dergleichen verhängt, im **Gerichtsstrafverfahren** wird über die Verhängung empfindlicher Strafen wegen schwerer wiegender Delikte (zB gegen Leib und Leben, Eigentum oder Sexualsphäre) entschieden. 315

Damit ist klar, dass es im Verfahren jedenfalls um wichtige Interessen des Einzelnen geht, die er auch entsprechend verteidigen können muss. Aus diesem Grund spielen **Verfahrensgrundrechte** eine besondere Rolle für die Gestaltung aller Arten von Verfahren: 316

Niemand darf seinem **gesetzlichen Richter**, also der jeweils nach dem Gesetz zuständigen Behörde entzogen werden (Art 83 Abs 2 B-VG). In **Strafsachen** hat jedermann Anspruch auf wenigstens eine **zweite Instanz**, also auf Überprüfung der ersten Entscheidung durch eine höhere Behörde (Art 2 des 7. ZP zur EMRK). **Rechtsschutzmöglichkeiten** sind aber darüber hinaus auch im sonstigen Verfahrensrecht überall eingerichtet. In Strafsachen darf ein und derselbe Täter wegen ein und derselben Tat **nur einmal verfolgt** werden (Art 4 des 7. ZP zur EMRK); selbst wenn das erste Verfahren mit Freispruch geendet hat, darf der Staat kein weiteres Verfahren wegen derselben Tat gegen den Verdächtigen führen. Im Strafverfahren gilt weiters die **Unschuldsvermutung**. Vor allem aber gilt im Strafverfahren wie auch in den zivilrechtlichen Streitigkeiten das Recht auf Entscheidung durch ein unabhängiges, auf Gesetz beruhendes, unparteiisches **Tribunal** (Art 6 EMRK).

Selbstverständlich gilt im Verfahrensrecht wie überhaupt für jede Vollziehung das **Legalitätsprinzip**, sodass auch das Verfahren nur nach den Vorschriften geführt werden darf, die das Gesetz dafür aufgestellt hat. **Zuständig** dafür ist zunächst derjenige Gesetzgeber, der für die Regelung 317 des jeweiligen Sachzusammenhangs zuständig ist: Für das Strafverfahren der Strafrechtsgesetzgeber (Bund), für das Zivilverfahren der Zivilrechtsgesetzgeber (Bund), für das Verwaltungsverfahren der jeweils zuständige Sachgesetzgeber, in Jagdangelegenheiten also zB der Jagdrechtsgesetzgeber (Land). Weil aber die Zuständigkeiten in der Verwaltung auf Bund und Länder verteilt sind und es unzweckmäßig wäre, für jede Angelegenheit ein eigenes Verfahrensrecht einzurichten, verfügt der Bund über die Kompetenz, ein **einheitliches Verwaltungsverfahrensrecht** zu schaffen, von dem nur die jeweils in einem konkreten Sachzusammenhang notwendigen Ausnahmen zulässig sind.

2. Grundbegriffe

318 Die Personen, deren Rechte vom Ausgang eines Verfahrens abhängig sind, die also um einen Kaufpreis, eine Baubewilligung oder ein Sorgerecht streiten oder wegen einer Straftat angeklagt sind, heißen **Parteien**. Ihnen kommen besondere Rechte im Verfahren zu, mit deren Hilfe sie ihren Rechtsstandpunkt vertreten und ihre Interessen gegenüber der Gerichts- oder Verwaltungsbehörde wahren können.

Je nach Rechtsgebiet und Verfahrensordnung gilt im Verfahren entweder der Grundsatz der **Amtswegigkeit** und der materiellen Wahrheit oder der Grundsatz der **Parteiendisposition**. Im einen Fall hat die Behörde von Amts wegen, also von sich aus vorzugehen und den maßgeblichen Sachverhalt festzustellen, im anderen Fall agiert die Behörde nur nach Maßgabe von Anträgen der Parteien, die Sachverhaltsteile oder Rechte und Pflichten außer Streit stellen und entscheiden können, welche Rechte sie überhaupt geltend machen wollen.

Die Verfahrensbehörde kann in aller Regel nach eigenem Ermessen oder nach Antrag **Beweise** aufnehmen und würdigen, Parteien **laden** und die **Sitzungspolizei** ausüben, **verfahrensleitende** Entscheidungen treffen (zB Verbindung zweier Rechtssachen, Vertagung einer Verhandlung). Jedenfalls aber muss sie die **Parteien anhören** und ihnen ihre besonderen Rechte (wie zB Akteneinsicht und Rechtsmittel) gewähren.

Am Ende des Verfahrens erlässt das Gericht ein **Urteil** oder einen **Beschluss**, die Verwaltungsbehörde idR einen **Bescheid** (in der Verwaltungs- und Verfassungsgerichtsbarkeit wird in der Sache mit **Erkenntnis** entschieden, wenn nicht mit Beschluss abgelehnt oder zurückgewiesen wird). Solche **Erledigungen** werden erst mit ihrer **Erlassung** wirksam, das ist die mündliche Verkündung oder die rechtsgültige Zustellung, die in der Regel nach einem eigenen (für alle verschiedenen Verfahren maßgeblichen) Gesetz durchzuführen ist, dem Zustellgesetz – schließlich muss sichergestellt werden, dass die Parteien vom Verfahrensausgang auch tatsächlich erfahren (können).

Gegen die Entscheidung der ersten Instanz stehen in aller Regel **Rechtsmittel** zur Verfügung, also Berufungs-, Beschwerde- oder Rekursmöglichkeiten, die es dem Betroffenen ermöglichen, die Überprüfung der Entscheidung durch ein übergeordnetes Gericht zu initiieren. Solche Rechtsmittel sind **ordentliche**, wenn sie im Rahmen eines Instanzenzuges vorgesehen sind, und **außerordentliche**, wenn sie an eine Behörde außerhalb eines im Behördenaufbau angelegten Instanzenzuges gerichtet sind. Sie sind **remonstrativ**, wenn (zunächst) die Behörde darüber zu entscheiden hat, von der schon die bekämpfte Entscheidung stammt, und sie sind **devolutiv**, wenn sie an eine übergeordnete Instanz gerichtet sind. Rechtsmittel können **aufschiebende Wirkung** haben; in manchen Fällen muss diese Wirkung aber erst eigens zuerkannt werden, damit die bekämpfte Entscheidung nicht schon vollzogen wird, während noch das Rechtsmittelverfahren läuft. 319

Ob nach einer zweiten Instanz auch noch eine dritte Instanz im ordentlichen Instanzenzug angerufen oder ob allenfalls ein außerordentliches Rechtsmittel bei einem **Höchstgericht** erhoben werden kann, ist in den jeweiligen Verfahrensordnungen jeweils unterschiedlich geregelt. Einige (internationale) Rechtsbehelfe setzen jedenfalls die Erschöpfung aller (nationalen) Rechtsmittel voraus. Die jeweils letzte anrufbare Behörde entscheidet jedenfalls endgültig, weil sonst ein infiniter Rekurs entstünde – irgendwann muss Schluss sein (**Grenzorgane**).

Steht kein (ordentliches) Rechtsmittel (mehr) zur Verfügung, so werden Entscheidungen von Gerichten und Verwaltungsbehörden **rechtskräftig**, also unanfechtbar. Dies kann der Fall sein, wenn kein Rechtsmittel (mehr) vorgesehen oder die Frist dafür versäumt worden ist, wenn auf die Erhebung eines Rechtsmittels verzichtet oder ein erhobenes Rechtsmittel zurückgezogen wurde. Folge dieser Rechtskraft ist die Unwiederholbarkeit, Unabänderlichkeit und Endgültigkeit der Entscheidung, die dann nur noch in besonderen Fällen aufgehoben werden kann (etwa, wenn sie durch [Urkunden-]Betrug erschlichen wurde). Rechtskraft tritt dabei auch ein, wenn die Entscheidung nicht rechtmäßig ist – die Rechtsordnung stellt hier **Rechtssicherheit** ab einem bestimmten Stadium des Verfahrens **vor Rechtmäßigkeit**.

Verfahrensrecht – Details

1. Das Allgemeine Verwaltungsverfahren

Rechtsgrundlagen

Das Verwaltungsverfahrensrecht regelt das Rechtverhältnis zwischen dem Einzelnen, auf den sich ein verwaltungsbehördliches Verfahren bezieht, und der Behörde, die zur Vollziehung einer Verwaltungsvorschrift zuständig ist. Soweit nicht abweichende Verfahrensvorschriften bestehen, ist das Verwaltungsverfahren im 320

- **Allgemeinen Verwaltungsverfahrensgesetz** (AVG) und im
- **Verwaltungsstrafgesetz** (VStG), die Vollstreckung im
- **Verwaltungsvollstreckungsgesetz** (VVG) geregelt.

Diese Gesetze sind mit dem Einführungsgesetz zu den Verwaltungsverfahrensgesetzen (EGVG) in Kraft getreten. Ausgenommen von ihrem Anwendungsbereich sind zB die Verfahren über **Abgaben** (BAO), im **Dienstrecht**, Disziplinarverfahren sowie **Wahl**- und **Prüfungsverfahren**. Im Folgenden wird das Verfahren nach dem **AVG** grob skizziert.

Beteiligte und Parteien

Alle Personen, die eine Tätigkeit der Behörde in Anspruch nehmen oder auf die sich diese Tätigkeit bezieht, sind Beteiligte, also auch zB Zeugen oder Personen, die eine Anzeige erstatten wollen. **Partei** ist, wer an der Sache vermöge eines Rechtsanspruches oder eines rechtlichen Interesses beteiligt ist, kurz: wer von der Tätigkeit einer Behörde **rechtlich betroffen** ist. Parteien haben besondere Rechte im Verfahren, zB 321

- **Akteneinsicht**,
- **Parteiengehör**,
- **Ablehnung** von nichtamtlichen Sachverständigen oder Dolmetschern,
- **Ladung zur mündlichen Verhandlung**,
- **Bescheidzustellung**,
- **Rechtsmittelbefugnis**.

Im **Betriebsanlagenverfahren** hat zB der **Unternehmer** Parteistellung. Ebenfalls Parteistellung hat, wer als **Nachbar** durch den Bestand oder Betrieb der Anlage gefährdet oder belästigt werden könnte. Die Parteistellung des Nachbarn muss aber rechtzeitig durch rechtserhebliche

Einwendungen **aktualisiert** werden, ansonsten verliert der Nachbar seine **Parteistellung** (Präklusion).

Zuständigkeit

322 Die **Zuständigkeit** ergibt sich aus den **Materiengesetzen**, also aus den die verschiedenen Verwaltungsgebiete regelnden Gesetzen. Im Betriebsanlagenrecht ist zB die Bezirksverwaltungsbehörde als Gewerbebehörde mit der Vollziehung betraut.

Instanzenzüge, also Rechtsmittel an übergeordnete Verwaltungsbehörden gibt es nur innerhalb der Gemeinde, wo sie der Gesetzgeber nicht nach Art 118 Abs 4 B-VG ausgeschlossen hat. Im Übrigen steht nach der Erlassung eines verwaltungsbehördlichen Bescheides nur noch die **Beschwerde** an ein Verwaltungsgericht (des Bundes oder Landes) offen (siehe unten).

Verfahren erster Instanz

323 Verwaltungsverfahren werden entweder

- auf **Antrag** oder
- von **Amts** wegen

eingeleitet. **Anbringen** der Partei sind nötigenfalls zu **verbessern**, wozu die Behörde denjenigen auch anleiten muss, der keine professionelle Vertretung (etwa durch einen Rechtsanwalt) hat (**Verbesserungsauftrag**, **Manuduktion**).

324 Kern jedes Verfahrens ist das **Ermittlungsverfahren**, in dem von Amts wegen die **materielle Wahrheit**, also der maßgebende Sachverhalt festzustellen ist. Das Ermittlungsverfahren ist von den Grundsätzen der **Unparteilichkeit** der Behörde, der **Amtswegigkeit** (auch der Wahrnehmung von Befangenheiten), der Bestimmung des Verfahrensganges durch die Behörde und der **freien Beweiswürdigung** geprägt. Das AVG zählt die wichtigsten Beweismittel auf. Es besteht aber der Grundsatz der Unbeschränktheit und der Gleichwertigkeit der Beweismittel. Die Verwaltungsbehörden sind an keine festen Beweisregeln gebunden. Es herrscht der **Grundsatz der freien Beweiswürdigung**. Die Parteien haben ein **Recht auf Gehör**; die Behörde hat auf die Zweckmäßigkeit, Raschheit, Einfachheit und Kostenersparnis Bedacht zu nehmen.

325 Im Ermittlungsverfahren kann eine mündliche Verhandlung abgehalten werden (dies steht in der Regel im Ermessen der Behörde), die vor allem das Zusammenkommen aller Parteien und Beteiligten und eine gebündelte Erörterung aller Rechtsstandpunkte, insbesondere allfälliger

Einwendungen gegen ein Vorhaben, erlaubt. Werden solche **Einwendungen** nicht rechtzeitig bis zum Ende einer Verhandlung vorgetragen, so verliert derjenige, der die Einwendung hätte geltend machen können, seine Parteistellung und ist dem Verfahren fortan nicht mehr beizuziehen (**Präklusion**).

Unmittelbarkeit und **Mündlichkeit** stehen im **Ermessen** der Behörde, außer bei ausdrücklicher Anordnung in den Verwaltungsvorschriften. Im Verwaltungsverfahren besteht nur „Parteienöffentlichkeit".

Die Verfahrensparteien haben an der Ermittlung des maßgebenden Sachverhaltes mitzuwirken (**„Mitwirkungspflicht"**). Überdies haben sie ihr Vorbringen in einer Weise (Zeitpunkt und Vollständigkeit) zu erstatten, dass das Verfahren möglichst rasch durchgeführt werden kann („Verfahrensförderungspflicht").

Der Bescheid

Ist die Sache zur Entscheidung reif, ist den Parteien nochmals Gelegenheit zur Stellungnahme zu den Ergebnissen des Ermittlungsverfahrens einzuräumen. Danach wird die Sache entschieden, also erledigt: Ein Bescheid ist eine 326

- auf Grund eines **formellen Verfahrens** erlassene
- **individuelle** und **konkrete**
- **Erledigung**
- einer **Verwaltungssache**
- durch die Verwaltungsbehörde.

Keine Bescheide sind Schriftstücke, die nicht den ***Mindesterfordernissen*** des Bescheids entsprechen, also zB keinen Adressaten haben oder die erlassende Behörde nicht erkennen lassen, die keinen Spruch aufweisen oder von einer Nichtbehörde erlassen werden. Alle anderen Mängel (Nichterfüllung von ***Meisterfordernissen***) führen nicht zur Nichtigkeit, sondern zur Vernichtbarkeit, also zur erfolgreichen Anfechtung des Bescheids (zB Begründung, Rechtsmittelbelehrung, Einhaltung der materiellen Vorschriften). 327

Bescheide kommen als 328

- **Leistungsbescheide**,
- **Rechtsgestaltungsbescheide** oder
- **Feststellungsbescheide** vor.

Ein Bescheid muss immer aus der **Anwendung jeweils einschlägiger Rechtsvorschriften** durch die Behörde resultieren, der allerdings auch **Ermessen** eingeräumt sein kann. Der Bescheid wird mit der **Verkündung oder Zustellung** erlassen (siehe gleich unten **Rz 330**), dh er wird damit rechtlich existent.

329 Ein Bescheid, gegen den (warum auch immer) keine Berufung oder Vorstellung mehr erhoben werden kann, ist **formell rechtskräftig**. Formelle Rechtskraft ist **Unanfechtbarkeit**. Ihr folgt die materielle Rechtskraft, also die **Unwiderrufbarkeit**, **Unwiederholbarkeit** und **Endgültigkeit**. Der formell und materiell rechtskräftige Bescheid ist Bestandteil der Gesamtrechtsordnung. Die Rechtskraft kann aber **ausnahmsweise durchbrochen** werden (zB durch Wiederaufnahme des Verfahrens, Erteilung nachträglicher Auflagen, Anfechtung beim Verwaltungsgericht).

2. Zustellung und Fristen

330 Fristen sind Zeiträume, innerhalb derer oder nach deren Ablauf bestimmte Handlungen gesetzt werden können oder sollen. Verfahrensrechtliche Fristen sind derartige Zeiträume für die Setzung von Verfahrensschritten. Ein Bescheid ist allen Parteien des Verfahrens **zuzustellen**. Die **Zustellung** erfolgt entweder durch die **Post**, durch **Organe** der Behörden bzw Gemeinden oder **elektronisch**. Die Zustellung per Post erfolgt entweder überhaupt ohne Zustellnachweis, oder aber sie erfolgt mit Zustellnachweis, und zwar wiederum entweder **eigenhändig** (**RSa**) oder mit der Möglichkeit einer Zustellung an **Ersatzempfänger** (**RSb**).

Die Zustellung ist entscheidend für den Beginn der Rechtswirkungen des Bescheides und löst allfällige **Rechtsmittelfristen** aus.

3. Rechtsmittel und Rechtsmittelentscheidung

331 **Instanzenzüge**, also eine Berufung **gibt es nur noch im eigenen Wirkungsbereich der Gemeinde**, wenn sie der Gesetzgeber nicht ausschließt (Art 118 Abs 4 B-VG). Diesfalls kann jede Partei alle Elemente des Spruchs mit Berufung bekämpfen, wenn und soweit eine solche offensteht. Die Berufung hat **aufschiebende Wirkung**; der Bescheid kann also vorerst – solange über die Berufung noch nicht entschieden ist – nicht vollzogen werden. Allerdings kann die Behörde der Berufung die aufschiebende Wirkung auch **aberkennen**.

Die Berufung ist **binnen zwei Wochen** ab Zustellung des Bescheids bei der **Erstbehörde** zu erheben; diese kann den Bescheid mittels **Berufungsvorentscheidung** korrigieren. Auch dagegen steht den Parteien ein Rechtsmittel zu, der **Vorlageantrag**, der so heißt, weil er darauf gerichtet ist, dass die ursprüngliche Berufung gegen den ursprünglichen Bescheid der Berufungsbehörde vorgelegt wird.

Gelangt die Berufung zur Entscheidung durch die Berufungsbehörde, dann kann diese 332

- den angefochtenen Bescheid aufheben und die Angelegenheit zur Durchführung oder Ergänzung des Ermittlungsverfahrens an die Erstbehörde **zurückverweisen** oder
- **in der Sache** selbst entscheiden:
  - **Bestätigung des Bescheides** und Abweisung der Berufung(en),
  - **Abänderung**,
  - **ersatzlose Aufhebung** des Bescheides.

Dabei gilt – außer im Verwaltungsstrafverfahren – **kein Verschlechterungsverbot**: Für jeden Berufungswerber kann der Bescheid der zweiten Instanz ungünstiger ausfallen als jener, der ursprünglich bekämpft worden war!

Im Verwaltungsverfahren können unter bestimmten Voraussetzungen 333 auch **andere Rechtsbehelfe** ergriffen werden. Sie sind teils ebenfalls gegen Entscheidungen, teils dann vorgesehen, wenn gerade keine Entscheidung getroffen wurde.

- Antrag auf **Wiedereinsetzung** bei Versäumung einer Frist wegen eines unvorhergesehenen und unabwendbaren Ereignisses, an dessen Eintritt die Partei höchstens ein geringer Grad des Verschuldens trifft. Mit diesem Rechtsmittel ist die versäumte Handlung binnen zwei Wochen nach Wegfall des Hindernisses nachzuholen.
- Antrag auf **Wiederaufnahme**: Neue Tatsachen oder Beweismittel, die bereits bestanden haben, als der inzwischen rechtskräftige Bescheid erlassen wurde: Gefälschte Urkunde oder falsches Zeugnis; andere Beurteilung einer Vorfrage können die Wiedereröffnung eines bereits abgeschlossenen Verfahrens herbeiführen.
- **Devolutionsantrag**: Die Behörde hat ohne unnötigen Aufschub, spätestens aber sechs Monate nach dem Einlangen des Antrages den Bescheid zu erlassen. Verletzt sie diese **Entscheidungspflicht**, geht die Zuständigkeit auf schriftliches Verlangen der Partei auf die Berufungsbehörde über, wenn noch eine Berufung vorgesehen ist.

Großverfahren

Zahlreiche Verwaltungsverfahren sind heute nicht mehr klassische Ein- 334 parteienverfahren. An ihnen nehmen oft mehrere, manchmal sogar sehr viele Parteien teil. Das AVG nimmt auf diese Möglichkeiten Bedacht und trifft eigene Bestimmungen für Großverfahren. Ein solches liegt vor, wenn voraussichtlich **mehr als hundert Personen** beteiligt sein werden. Dabei muss es sich um eine konkrete **Prognoseentscheidung** der Behörde handeln, der ein **Ermittlungsverfahren** vorauszugehen hat.

Bei Großverfahren macht die Behörde den Antrag bzw die mündliche Verhandlung durch **Edikt** kund. Es ist im redaktionellen Teil zweier im Bundesland weit verbreiteter Tageszeitungen und im Amtsblatt zur Wiener Zeitung kundzumachen. Sehen die Verwaltungsvorschriften eine besondere Form der Kundmachung der mündlichen Verhandlung vor, so ist der Inhalt des Edikts auch in dieser Form kundzumachen.

Eine Kundmachung zwischen 15. 7. und 25. 8. sowie zwischen 24. 12. und 6. 1. ist unzulässig.

Ergänzend kann die Behörde jede geeignete Form der Kundmachung wählen.

Im Großverfahren kann die Behörde eine **öffentliche Erörterung** durchführen. Das ist ein Informationsforum, bei dem Interessierte („jedermann") Fragen an Sachverständige und Antragsteller stellen und ihre Meinung zum Projekt kundtun können. Es können aber weder Einwendungen erhoben noch kann das Ermittlungsverfahren beeinflusst werden.

Durch Edikt anberaumte mündliche **Verhandlungen** sind öffentlich.

Auch die **Erledigung** (der Bescheid) kann im Großverfahren durch Edikt kundgemacht werden. Dadurch vermeidet man sowohl an unterschiedliche Zustellungsdaten anknüpfende unterschiedliche Berufungsfristen als auch sogenannte übergangene Parteien, auf die man bei der Zustellung einer Entscheidung vergessen hat.

4. Verwaltungsstrafrecht und Verwaltungsstrafverfahren

335 **Verwaltungsstrafrecht** ist jener Teil des Strafrechts, bei dem **Verwaltungsbehörden** den Sachverhalt festzustellen und Strafen zu verhängen haben. Die einzelnen Verwaltungsstraftatbestände sind in hunderten Gesetzen der einzelnen Verwaltungsbereiche geregelt. Der allgemeine Teil des Verwaltungsstrafrechts ist seit 1925 im ersten Teil des Verwaltungsstrafgesetzes (VStG) kodifiziert. Das **Verwaltungsstrafverfahrensrecht** ist jener Teil des formellen Rechts (Prozessrecht), der die Zuständigkeit der Verwaltungsstrafbehörden sowie das von ihnen bei der Verhängung von Strafen einzuhaltende Verfahren regelt. Es ist im zweiten Teil des VStG kodifiziert.

336 **Verwaltungsübertretung** ist ein verbotenes Verhalten, ein Delikt, das der Normunterworfene begeht, indem er einer Vorschrift des Verwaltungsrechts zuwiderhandelt. Voraussetzungen sind die **Verwirklichung eines Tatbilds, Verschulden und Rechtswidrigkeit**. **Unterlassungen** sind verwaltungsrechtlich nur strafbar, wenn sie ausdrücklich mit Strafe bedroht sind.

Die Übertretung einer Verwaltungsvorschrift indiziert in aller Regel die **Rechtswidrigkeit**. Ausnahmsweise können aber Verwaltungsübertretungen **gerechtfertigt** sein, wenn ein Rechtfertigungsgrund wie zB Notwehr vorliegt. Strafbar ist die Verwaltungsübertretung weiters nur dann, wenn der Täter **schuldhaft** gehandelt hat. Das setzt zumindest Fahrlässigkeit voraus, also das Außerachtlassen der gebotenen Sorgfalt. Grundsätzlich genügt Fahrlässigkeit für die Strafbarkeit, wenn nicht ausdrücklich Vorsatz als Voraussetzung für die Strafbarkeit verlangt wird. Verschulden wird bei **Ungehorsamsdelikten** widerlegbar vermutet, bei denen die strafbare Handlung schon und allein in der Missachtung der Vorschrift besteht (ohne dass noch eine Schädigung eintreten müsste).

Anstiftung und Beihilfe sind strafbar. Der Versuch ist nur strafbar, wenn dies ausdrücklich angeordnet ist.

Im Verwaltungsstrafverfahren gelten grundsätzlich die Vorschriften des Allgemeinen Verwaltungsverfahrensgesetzes, soweit sie nicht ausgenommen sind (§ 24 VStG). 337

Zu den Besonderheiten des Verwaltungsstrafrechts zählt das **Inquisitionsprinzip**: Anklagende und erledigende Behörde sind eins. Es gilt auch das **Kumulationsprinzip**: Bei Verwirklichung mehrerer Delikte ist für jedes einzelne gesondert eine Strafe zu verhängen. Das Verwaltungsstrafrecht ist darüber hinaus auch von der **Offizialmaxime** beherrscht: Die Behörde hat von Amts wegen vorzugehen (Ausnahme: Privatanklagedelikte). Wie im AVG ist auch im VStG die **materielle Wahrheit** zu ermitteln – entlastende Gesichtspunkte sind daher genauso wahrzunehmen wie belastende. 338

Allgemein sind die **Bezirksverwaltungsbehörden** zur Untersuchung und Bestrafung aller Übertretungen zuständig, die nicht anderen Behörden zur Ahndung zugewiesen sind (subsidiäre Allzuständigkeit). Im sachlichen und örtlichen Wirkungsbereich einer Landespolizeidirektion ist diese zugleich auch Verwaltungsstrafbehörde erster Instanz. **Örtlich** ist jene Behörde zuständig, in deren Sprengel die Übertretung begangen wurde. 339

Die **Einleitung** des Verwaltungsstrafverfahrens erfolgt idR **von Amts wegen**. Unter einer **Verfolgungshandlung** ist jede von der Behörde gegen eine bestimmte Person als Beschuldigte wegen einer bestimmten Tat gerichtete Amtshandlung zu verstehen (zB Ladung, Vorführungsbefehl, Ersuchen um Vernehmung einer Person, Auftrag zur Ausforschung, Erlassung einer Strafverfügung). Von der ersten tauglichen Verfolgungshandlung hängt einiges ab: Durch sie wird der **Beschuldigte** identifiziert und damit zur **Partei**. In diesem Moment setzen auch seine Rechte insbesondere nach Art 6 Abs 3 EMRK, aber auch nach dem VStG selbst ein. 340

Parteien sind außer dem Beschuldigten noch ein allfälliger **Privatankläger** sowie allfällige **Privatbeteiligte**, etwa Personen, die einen zivilrechtlichen Anspruch aus der Straftat ableiten wollen.

341 Für das **Ermittlungsverfahren** gelten im Wesentlichen die Bestimmungen des AVG. Dabei hat der Beschuldigte im ordentlichen Verwaltungsstrafverfahren erster Instanz einen Anspruch auf mündliche Vernehmung. Die Behörde hat ihm jedenfalls Gelegenheit zur Rechtfertigung zu geben, die er vor der Behörde schriftlich oder mündlich vortragen kann, wenn sie ihn nicht ohnehin lädt. Zur Beantwortung der an ihn gerichteten Fragen kann er umgekehrt aber nicht gezwungen werden. In einem besonderen Naheverhältnis zum Beschuldigten stehende Personen sind von der Zeugenaussage befreit. Erscheint der Beschuldigte vor der verfolgenden Behörde, so hat sie seine Vernehmung in mündlicher Verhandlung durchzuführen.

Nach Möglichkeit unmittelbar nach Ende der mündlichen Verhandlung hat sie das **Straferkenntnis** zu fällen, den **Bescheid** also mündlich zu verkünden. Das Straferkenntnis hat Datum, Bezeichnung der Behörde, Vor- und Zuname sowie Wohnort der Partei, Spruch, Begründung und Rechtsmittelbelehrung zu enthalten. Eine andere Form der Erledigung ist die Einstellung des Verfahrens. Die Einstellung erfolgt mit Bescheid oder in Form eines begründeten Aktenvermerks und ist dem Beschuldigten mitzuteilen.

342 Die **Straftaten** und **Strafsätze** ergeben sich im Einzelnen aus den verschiedenen Verwaltungsvorschriften. Sieht eine Verwaltungsstrafnorm keine bestimmte Strafe vor, so ist eine Geldstrafe bis zu € 218,– bzw eine Freiheitsstrafe von höchstens zwei Wochen zu verhängen.

Bei Verhängung einer Geldstrafe ist für den Fall eine **Ersatzfreiheitsstrafe** festzusetzen, dass die Geldstrafe nicht eingebracht werden kann. Sie darf sechs Wochen nicht übersteigen. Falls keine besondere Regelung vorhanden ist, beträgt das Höchstmaß zwei Wochen. Die Untergrenze einer Geldstrafe beträgt € 7,–. Unter Umständen können auch beschlagnahmte Gegenstände strafweise verfallen.

343 Die Behörde kann aber auch von der Verhängung einer Strafe absehen, wenn das Verschulden des Beschuldigten geringfügig ist und die Folgen der Übertretung unbedeutend sind. Sie kann den Täter dann ermahnen.

344 Straftaten können **verjähren**: Nach idR zwölf Monaten erlischt der Verfolgungsanspruch der Behörde, wenn sie bis dahin keine taugliche Verfolgungshandlung gesetzt hat (**Verfolgungsverjährung**); nach idR drei Jahren erlischt die Strafbarkeit der Verwaltungsübertretung (**Strafbarkeitsverjährung**); innerhalb von drei Jahren nach Rechtskraft des Bescheides erlischt seine Vollstreckbarkeit (**Vollstreckungsverjährung**).

345 Das VStG sieht drei Möglichkeiten eines **abgekürzten Strafverfahrens** vor: die Erlassung einer **Strafverfügung**, einer **Anonymverfügung** und einer **Organstrafverfügung**. Hier werden Strafen **ohne Ermittlungsverfahren** verhängt. Gegen eine Anonym- oder Organstrafverfügung gibt

es kein Rechtsmittel. Bezahlt der Belangte derartige Strafen nicht, so wird stattdessen das ordentliche Strafverfahren eingeleitet, das in einen – bekämpfbaren – Bescheid mündet. Gegen die Strafverfügung muss hingegen Einspruch erhoben werden, der zur Eröffnung des ordentlichen Verfahrens führt.

5. Die Bundesabgabenordnung (BAO)

Die Bundesabgabenordnung ist das besondere Verfahrensrecht in Abgabensachen. Sie wird durch die Abgabenexekutionsordnung, das Abgabenverwaltungsorganisationsgesetz und das Zustellgesetz ergänzt. Anders als das AVG beinhaltet die BAO nicht nur Vorschriften formeller, sondern auch materiellrechtlicher Natur. So wird in der BAO nicht nur der Weg von der Steuererklärung bis zum Abgabenbescheid normiert, sondern sie enthält beispielsweise auch Regelungen über das Entstehen des Abgabenanspruches, die Abgabenhaftung, Zurechnungsvorschriften und allgemeine Begriffsbestimmungen, wie zB für den Wohnsitz, den abgabenrechtlichen Angehörigenbegriff oder für jenen der Betriebsstätte. 346

Abweichungen zum allgemeinen Verwaltungsverfahrensrecht ergeben sich insbesondere im Rechtsmittelverfahren, das diesfalls in der BAO selbst geregelt ist, während das Rechtsmittelverfahren vor den Verwaltungsgerichten in einem eigenen Gesetz, dem Verwaltungsgerichtsverfahrensgesetz (VwGVG) normiert ist. Über Rechtsmittel in Abgabensachen entscheidet das Bundesfinanzgericht, wenn nicht Landes- oder Kommunalabgeben zur Debatte stehen. Die Abgabenbehörde ist außerdem verpflichtet, eine Beschwerdevorentscheidung zu erlassen (§§ 262 f BAO). Der Beschwerde kommt im Abgabenverfahren nicht automatisch aufschiebende Wirkung zu. Dies bedeutet, dass die im Bescheid festgesetzten Abgaben eingehoben werden können, sofern nicht ein Antrag auf Aussetzung der Einhebung oder auf Zahlungserleichterung gestellt wird. 347

6. Finanzstrafverfahren

Mit dem Finanzstrafgesetz wird die Ahndung von **Verletzungen abgabenrechtlicher Bestimmungen** geregelt. Das Finanzstrafgesetz normiert die möglichen Straftatbestände, regelt das Finanzstrafverfahren und enthält Bestimmungen über das Strafausmaß. Die Kompetenz in finanzstrafrechtlichen Angelegenheiten kommt in Gesetzgebung und Vollziehung dem Bund zu. 348

7. Gerichtliches Strafverfahren

349 Die **Strafprozessordnung** regelt das **Verfahren über die Aufklärung von Straftaten**, über die Verfolgung verdächtiger Personen und über damit zusammenhängende Entscheidungen. Das Strafverfahren ist durch erhöhte Verfahrensgarantien gekennzeichnet; werden wichtige Verfahrensgrundsätze missachtet, kann das Strafurteil wegen Nichtigkeit bekämpft werden. Beispielsweise sind Beweisverwertungsverbote zum Zweck des Schutzes der geistlichen Amtsverschwiegenheit, die Umgehung von Zeugenentschlagungsrechten oder die Verletzung des Öffentlichkeitsgebots der Hauptverhandlung mit Nichtigkeit sanktioniert.

350 Das Verfahren gliedert sich in ein **Ermittlungsverfahren**, ein **Hauptverfahren** und ein **Rechtsmittelverfahren**. Das Ermittlungsverfahren dient dazu, Sachverhalt und Tatverdacht durch Ermittlungen so weit zu klären, dass die Staatsanwaltschaft über Anklage, Rücktritt von der Verfolgung oder Einstellung des Verfahrens entscheiden kann. Im Fall der Anklage soll es eine zügige Durchführung der Hauptverhandlung ermöglichen. Mit der Einbringung der Anklage beginnt die Hauptverhandlung, in der die Schuld des Angeklagten zu klären ist. Gegen das abschließende Urteil stehen dem Beschuldigten Rechtsmittel an die nächsthöhere Instanz zu.

In Bereichen der leichten und mittelschweren Kriminalität kann jedoch unter bestimmten Voraussetzungen eine Bestrafung unterbleiben. Anstelle dessen steht die **Diversion** als alternative Beendigungsmöglichkeit des Verfahrens zur Verfügung. Es sind vier Diversionsmaßnahmen vorgesehen: Zahlung eines Geldbetrages, gemeinnützige Leistungen, Probezeit oder Tatausgleich. Eine Kombination mehrerer Diversionsvarianten ist nicht zulässig.

351 Ein Grundsatz im Strafprozess ist der **Anklagegrundsatz**; das bedeutet, es müssen Anklage und Richter getrennt sein. Das hat zur Konsequenz, dass die Anklage von einer eigenen Behörde, der Staatsanwaltschaft, übernommen wird. Daneben sind Anklagen durch Private (Privatanklage, Subsidiaranklage) möglich. Ohne Anklage kann das Gericht nicht tätig werden.

352 Ein weiterer Grundsatz ist jener der Amtswegigkeit (**Offizialmaxime**), der besagt, dass grundsätzlich nur der Staat das Recht zur Anklage hat und ihm ausschließlich die Aufgabe der Bestrafung zukommt (ius puniendi). Es gilt im Strafverfahren die **amtswegige Wahrheitsforschung**: Es ist also zB auch dann ein Beweisverfahren durchzuführen, wenn der Angeklagte geständig ist. Der **Zweifelsgrundsatz** „in dubio pro reo" besagt, dass das Strafgericht von der Schuld des Angeklagten überzeugt sein muss, um ihn verurteilen zu dürfen.

353 Die – in Österreich im Verfassungsrang stehende – Europäische Menschenrechtskonvention (EMRK) gewährt jedermann das **Recht auf ein**

faires Verfahren, das unter anderem eine ausreichende Vorbereitungszeit und die freie Wahl des Rechtsanwalts einschließt. Wenn dies im Interesse der Rechtspflege notwendig ist, ist einem mittellosen Angeklagten darüber hinaus unentgeltlich ein Pflichtverteidiger beizustellen. Ebenso stellt die Menschenrechtskonvention die **Unschuldsvermutung** auf, danach wird bis zum gerichtlichen Nachweis der Schuld vermutet, dass der Verdächtige unschuldig ist.

8. Vollstreckungsverfahren

Vollstreckung (Exekution) ist die zwangsweise Durchsetzung von individuell festgesetzten Verpflichtungen. Es geht um die Durchsetzung der Erbringung einer bestimmten Leistung bzw einer Duldung oder Unterlassung. Sowohl Bescheide nach dem AVG als auch nach dem VStG, aber auch Urteile und Beschlüsse der Zivil- und Strafgerichte können vollstreckt werden. 354

Voraussetzung dafür ist jedenfalls ein **Vollstreckungstitel**, also das Vorliegen einer **Entscheidung** eines Gerichts oder einer Verwaltungsbehörde oder eines **Rückstandsausweises**, das ist kein Bescheid, sondern ein einfacher Auszug aus den Rechnungsbehelfen der Behörde. Im Titelbescheid oder Rückstandsausweis muss außerdem ausdrücklich die **Vollstreckbarkeit bestätigt** werden. Auf Basis dieses Titels wird eine **Vollstreckungsverfügung** erlassen. Erst auf Grund dieser Vollstreckungsverfügung erfolgt der eigentliche Akt der Exekution.

IdR sind die **Bezirksverwaltungsbehörden** Vollstreckungsbehörden. Im Rahmen ihres sachlichen Wirkungsbereiches kommen auch Bundespolizeibehörden, uU Gemeindebehörden als Vollstreckungsbehörden in Betracht, zur Eintreibung von Geldleistungen **Gerichte**.

Das ordentliche Rechtsmittel gegen die Vollstreckungsverfügung ist die **Berufung**. Ihr kommt **keine aufschiebende Wirkung** zu. Gegen die Verpflichtung selbst kann in diesem Stadium aber nichts mehr unternommen werden, außer es sind nach Erlassung der Entscheidung Umstände eingetreten, die diese aufheben oder hemmen. 355

Welches **Zwangsmittel** anzuwenden ist, richtet sich nach der Art der Leistung, die zu erbringen ist. Soweit die Vollstreckungsbehörde Ermessen hat, ist dieses nach dem **Grundsatz der Verhältnismäßigkeit** zu üben. Es ist jeweils das gelindeste noch zum Ziele führende Zwangsmittel anzuwenden (Schonungsprinzip). 356

Bei der **Eintreibung von Geldleistungen** sind nach den Vorschriften der Exekutionsordnung (EO) als Zwangsmittel die Exekution auf unbewegliches Vermögen, Zwangsverwaltung, Zwangsversteuerung und die Exekution auf bewegliches Vermögen, insbesondere Fahrnisexekution, Forderungsexekution und Anspruchsexekution vorgesehen.

Bei der **Verwaltungsvollstreckung** kommen die Fahrnispfändung, die Forderungspfändung sowie die Pfändung von Ansprüchen auf Herausgabe und Leistung beweglicher körperlicher Sachen in Betracht.

Als **Vollstreckungsmittel** zur Durchsetzung **vertretbarer** Leistungen ordnet das Verwaltungs-Vollstreckungsgesetz (VVG) die **Ersatzvornahme** an (die Behörde lässt auf Gefahr und Kosten des Verpflichteten die Leistung durchführen, zB das Haus abreißen). Unvertretbare Handlungen, Duldungen, Unterlassungen werden durch die Verhängung von Geld- oder Haftstrafen (**Zwangs- oder Beugestrafen**) durchgesetzt. Als Ultima Ratio zur Erfüllung einer Verpflichtung ist subsidiär die Anwendung unmittelbaren Zwangs vorgesehen.

Geldstrafen werden im Grundsatz nach denselben Regeln vollstreckt. Bei Uneinbringlichkeit wird die **Ersatzfreiheitsstrafe** vollstreckt. **Freiheitsstrafen** werden bei der Behörde bzw bei der nächstgelegenen Landespolizeidirektion, Bezirksverwaltungsbehörde oder beim nächstgelegenen gerichtlichen Gefangenenhaus vollstreckt.

357 Im **gerichtlichen Strafrecht** erfolgt der Vollzug von Freiheitsstrafen nach dem **Strafvollzugsgesetz** (StVG); der Vollzug kann entweder in einem Gefangenenhaus (Freiheitsstrafen bis 18 Monate) oder in einer Strafvollzugsanstalt (Freiheitsstrafen über 18 Monate) vollzogen werden. Bei Vollzug in einem Gefangenenhaus ist das Gefangenenhaus jenes Landesgerichts zuständig, in dessen Sprengel der Verurteilte seinen Wohnsitz hat. Bei Vollzug der Freiheitsstrafe in einer Strafvollzugsanstalt wird unter Rücksichtnahme auf die Wesensart, die Straftat und das Vorleben des Verurteilten bestimmt, in welcher Anstalt die Strafe zu vollziehen ist.

9. Zivilverfahrensrecht

Allgemeines

358 Das Zivilverfahrensrecht befasst sich mit dem **Verfahren zur Durchsetzung von privatrechtlichen Rechtspositionen** sowie mit der **Organisation** der dafür zuständigen **Gerichte**. In den allermeisten Fällen muss glücklicherweise kein Gericht zur Rechtsdurchsetzung bemüht werden. Oft herrscht ohnedies kein Streit über das Bestehen oder Nichtbestehen eines Rechts. Und sogar bei einmal entstandenen Rechtstreitigkeiten wollen häufig alle Beteiligten eine einvernehmliche Lösung erzielen; nicht zuletzt deshalb, weil man ein langwieriges und kostspieliges Zivilverfahren vermeiden möchte. Es kommt dann zur **außergerichtlichen Einigung**. Die

Streitparteien lassen sich bei ihrem Bemühen, aufeinander zuzugehen, gelegentlich auch durch professionelle Vermittler (**Mediatoren**) unterstützen. Das ist in der Regel günstiger als ein Gerichtsverfahren; abgesehen davon sollte ein Ergebnis eher Akzeptanz beanspruchen können, wenn es nicht durch Richterspruch oktroyiert wird, sondern auf einer gemeinsam entwickelten Konfliktlösung beruht.

Bei verhärteten Fronten lässt sich ein Rechtsstreit jedoch mitunter nicht vermeiden. Parteien aus der Wirtschaft kommen öfters bereits bei Anbahnung ihrer Geschäftskontakte überein, später auftretende Rechtsstreitigkeiten nicht vor staatlichen Behörden auszutragen, sondern vor einem „privaten" Gericht. Die vertragliche Vereinbarung eines solchen **Schiedsgerichts** ist in den meisten Angelegenheiten zulässig (siehe §§ 577 ff ZPO). Dessen **Schiedsspruch** wirkt wie ein gerichtliches Urteil.

Durchsetzung privater Rechte durch den Betroffenen selbst – etwa im Wege der **Selbsthilfe** oder der **Notwehr** – kommt dagegen nur in engen Grenzen in Betracht. In aller Regel bleibt ihm daher die Eröffnung eines Zivilverfahrens nicht erspart, wenn eine außergerichtliche Einigung scheitert.

Im eigentlichen **Zivilprozess** (Erkenntnisverfahren) wird geklärt, ob dem Kläger der behauptete Anspruch zusteht. Wird dies durch Urteil bejaht, weigert sich der unterlegene Beklagte aber immer noch, seine Verpflichtung zu erfüllen, muss der Anspruch zwangsweise durchgesetzt werden. Das geschieht wieder im Rahmen eines Gerichtsverfahrens, dem sogenannten **Zwangsvollstreckungsverfahren (Exekution)**. Ist der Schuldner jedoch insolvent, kann er also seinen Verbindlichkeiten nicht mehr nachkommen, erfolgt die Befriedigung aller Gläubiger gebündelt im Rahmen eines **Insolvenzverfahrens**.

Zivilprozess

Der klassische Zivilprozess ist ein **Zweiparteienverfahren**; die Parteien 359
heißen **Kläger** und **Beklagter**. Ziel ist eine endgültige Entscheidung über strittige Privatrechte. An die endgültige, das heißt **rechtskräftige Entscheidung** sind die beteiligten Parteien gebunden. Die wichtigsten (nationalen) Rechtsquellen des Zivilprozessrechts sind die **Jurisdiktionsnorm (JN)** und die **Zivilprozessordnung (ZPO)**. Die JN regelt primär *Zuständigkeitsfragen*, die ZPO hingegen den *Verfahrensablauf.*

Ein Zivilverfahren wird durch **Klage** des Rechtsschutz suchenden Klägers eingeleitet. Als Gegenstand der Klage kommt vielerlei in Betracht: die Zahlung einer Geldsumme, die Übereignung einer Sache, die Unterlassung eines bestimmten Verhaltens oder die Abgabe einer Zustimmungserklärung. Der Kläger kann sich aber freilich nicht aussuchen, bei welchem Gericht er die Klage einbringt; er muss zunächst das örtlich und sachlich zuständige Gericht eruieren. Die **örtliche Zuständigkeit** richtet sich prinzipiell nach dem Wohnort oder gewöhnlichen Aufenthalt bzw nach dem Geschäftssitz des Beklagten. Neben diesem „allgemeinen Gerichtsstand" gibt es aber noch „besondere Gerichtsstände", die entweder an dessen Stelle treten oder aber alternativ zur Verfügung stehen (zB Gerichtsstand des Erfüllungsortes).

Bei der **sachlichen Zuständigkeit** geht es darum, welcher Gerichtstyp anzurufen ist. Entscheidend ist dabei unter anderem der **Streitwert**: Bei Geldforderungen ist das in der Regel der eingeklagte Betrag. Grundsätzlich sind in erster Instanz für „kleinere Streitigkeiten" (derzeit bis zu € 15.000,–) die **Bezirksgerichte (BG)** zuständig, sonst die **Landesgerichte (LG)** (Gerichtshöfe erster Instanz). Manche Streitsachen sind aber unabhängig vom Streitwert bestimmten Gerichtstypen zugeordnet. Für familienrechtliche oder mietrechtliche Streitigkeiten ist zB stets das BG, für Amtshaftungsklagen das LG zuständig. Die **Oberlandesgerichte (OLG)** in Wien, Linz, Graz und Innsbruck werden nicht in erster Instanz, sondern nur als Rechtsmittelgerichte tätig. Das Höchstgericht in Zivilsachen ist der **Oberste Gerichtshof (OGH)**.

Zu beachten ist, dass von den Zuständigkeitsregeln der JN durch **Gerichtsstandsvereinbarungen** teilweise abgegangen werden kann (zB: *„Für alle Streitigkeiten aus diesem Vertrag ist das BG Graz-Ost zuständig."*).

360 Nach dem Einlangen der Klage prüft das Gericht unter anderem seine Zuständigkeit anhand der Angaben in der Klage. Bei Unzuständigkeit kommt es zur *Zurückweisung* der Klage. Ist das Gericht aber zuständig, stellt es die Klage dem Beklagten zu. Im Verfahren vor dem LG wird dem Beklagten zugleich aufgetragen, eine schriftliche Klagebeantwortung binnen vier Wochen einzubringen. Unterlässt er dies, ergeht ein **Versäumungsurteil** im Sinne des Klageantrages. Anderenfalls kommt es zur **mündlichen Streitverhandlung**. Im Verfahren vor dem BG ist eine Klagebeantwortung nicht vorgesehen; mit Zustellung der Klage an den Beklagten wird diesem zugleich der erste Verhandlungstermin bekanntgegeben. Besonderes gilt für Klagen auf Geldzahlung bis € 75.000,– gegenüber Beklagten mit Wohnsitz in Österreich: Hier ist ein vereinfachtes **Mahnverfahren** vorgesehen, im Rahmen dessen aufgrund der Klage ein *bedingter Zahlungsbefehl* erlassen wird. Dieser wird rechtskräftig, sofern dagegen nicht binnen vier Wochen *Einspruch* erhoben wird. Bei rechtzeitigem Einspruch wird eine mündliche Streitverhandlung anberaumt.

In der Verhandlung versuchen die Parteien, ihr Vorbringen (= ihre Behauptungen) nachzuweisen. Als **Beweismittel** kommen insbesondere die Einvernahme der Parteien und von Zeugen, aber auch Urkunden sowie Gutachten gerichtlich bestellter Sachverständiger infrage. Parteien können aber auch – zum Zweck der Verfahrensbeschleunigung – für sie ungünstige Tatsachenbehauptungen des Gegners „außer Streit stellen", mögen diese der Wirklichkeit entsprechen oder nicht. Das Gericht hat derartige Außerstreitstellungen, so sie nicht offenkundig unrichtig sind, zu akzeptieren. Ansonsten hat es jedoch die angebotenen Beweise aufzunehmen und zu „würdigen". Es muss also zB beurteilen, ob Zeugenaussagen glaubwürdig sind. Abschließend stellt es den maßgeblichen Sachverhalt nach seiner Überzeugung fest (**„freie Beweiswürdigung"**). Dieser festgestellte Sachverhalt ist die Grundlage für die rechtliche Beurteilung des eingeklagten Anspruches. Die Entscheidung über den Anspruch erfolgt mit **Urteil**, in manchen Fällen mit **Beschluss**. In der Entscheidung sind sowohl die Beweiswürdigung als auch die rechtlichen Schlussfolgerungen nachvollziehbar zu begründen. Urteile (Beschlüsse) müssen der Klage entweder (zum Teil) stattgeben oder sie abweisen. Das Gericht darf sich vor einer Entscheidung nicht „drücken", indem es den Fall etwa für „unlösbar" erklärt. Einen Teil des Urteils (Beschlusses) bildet die Entscheidung über die **Prozesskosten** (Anwaltshonorar, Gerichtsgebühren etc). Es gilt das *Erfolgshaftungsprinzip*: Die obsiegende Partei bekommt ihre Kosten im Verhältnis ihres Erfolges zu ihrem Misserfolg ersetzt.

Natürlich werden immer wieder fehlerhafte gerichtliche Entscheidun- 361
gen erlassen; es kann etwa die rechtliche Beurteilung oder schon die Tatsachenfeststellung unrichtig sein. Abgesehen davon kann die Entscheidung unter Verletzung von Verfahrensregeln zustande gekommen sein (zB Nichtzulassung von wesentlichen Beweismitteln). Hat eine Partei ihren Rechtsstandpunkt nicht voll durchsetzen können, hat sie daher grundsätzlich die Möglichkeit eines **Rechtsmittels** (Berufung, Rekurs): vom BG an das LG bzw vom LG an das OLG. Die Entscheidung des Rechtsmittelgerichts kann uU vor einer dritten Instanz, dem OGH, bekämpft werden (Revision, Revisionsrekurs). Ob der **Instanzenzug** ausgeschöpft werden kann, bestimmt sich vor allem nach dem Streitwert, aber auch nach anderen Kriterien, etwa der allgemeinen Bedeutung der konkreten Rechtsfrage.

Ist kein Rechtsmittel mehr möglich oder läuft die Rechtsmittelfrist ungenützt ab, wird die Entscheidung **rechtskräftig**. Das bedeutet, dass der konkrete **Rechtsstreit endgültig entschieden** ist. Die Parteien (und deren Rechtsnachfolger) können den Prozess grundsätzlich nicht neu aufrollen (eine „Rechtskraftdurchbrechung" gibt es nur ausnahmsweise: zB Wiederaufnahme des Verfahrens bei falscher Zeugenaussage).

Zu beachten ist, dass Parteien im Zivilprozess nicht stets selbst Verfah- 362
renshandlungen vornehmen können; zT müssen Rechtsanwälte beigezogen werden (**absolute Anwaltspflicht**), so in Verfahren vor einem LG sowie in Rechtsmittelverfahren, bei Streitwerten über € 5.000,– zum Teil auch vor einem BG. Teilweise ist angeordnet, dass die Streitpartei entweder selbst den Prozess führen oder einen Anwalt beiziehen, nicht aber zB den befreundeten Jusstudenten als Vertreter wählen kann (**relative Anwaltspflicht**); so etwa in Ehesachen.

Außerstreitverfahren

363 Gewisse zivilrechtliche Angelegenheiten werden nicht im Zivilprozess entschieden; das Erkenntnisverfahren läuft in einem besonderen „Außerstreitverfahren" ab, das im **Außerstreitgesetz (AußStrG)** geregelt ist und spezifische Aufgaben verfolgt: Tendenziell geht es hier eher um die Gestaltung *dauerhafter Rechtsbeziehungen* als um die Erledigung eines einzelnen Rechtsstreits (zB im Familienrecht). Abgesehen davon gibt es Rechtsgebiete, für die das strikte Zweiparteiensystem des Zivilprozesses nicht passt; zu denken ist etwa an das Wohnungseigentumsrecht oder an das Firmenbuch. Zentral ist aber die **Fürsorgefunktion** des Außerstreitverfahrens: Es geht gewöhnlich darum, den Parteien bei der Ordnung ihrer Angelegenheiten richterliche Hilfe zuteil werden zu lassen. Das Verfahren ist einerseits durch eine geringere Formstrenge und durch eine Betonung der Vergleichsmöglichkeiten gekennzeichnet, andererseits durch eine zT amtswegige Einleitung sowie durch die Pflicht des Gerichts, den Sachverhalt (weitgehend) von Amts wegen zu ermitteln (*Untersuchungsgrundsatz*).

In den Bereich des Außerstreitrechts fallen neben dem Verlassenschaftsverfahren auch Abstammungs- und Unterhaltsstreitigkeiten, Adoptions- und Pflegschaftssachen, Eheangelegenheiten und Erwachsenenschutzverfahren; ferner Teile des Miet- und Wohnungseigentumsrechts, das Grundbuchwesen, die Führung des Firmenbuches sowie die gerichtliche Beglaubigung von Urkunden und Unterschriften (zB von Testamenten).

Zwangsvollstreckungsverfahren

364 Der im Erkenntnisverfahren rechtskräftig Verurteilte wird seine Verbindlichkeit regelmäßig freiwillig erfüllen. Ihm steht dafür im Allgemeinen eine 14-tägige Leistungsfrist offen. Leistet er jedoch nicht rechtzeitig, kann der siegreiche Kläger ein **Zwangsvollstreckungsverfahren (Exekutionsverfahren)** einleiten. Der rechtskräftig zuerkannte Anspruch des Gläubigers wird dann, wenn nötig, mit behördlichem Zwang durchgesetzt. Dieses gerichtliche Verfahren ist in der **Exekutionsordnung (EO)** geregelt. Die Parteien des Verfahrens werden *betreibender Gläubiger* und *Verpflichteter* genannt.

Das Exekutionsverfahren findet in **zwei Abschnitten** statt, dem Bewilligungsverfahren und dem Vollzugsverfahren. Das **Bewilligungsverfahren** – ein reines Aktenverfahren ohne Verhandlung – wird auf Antrag des betreibenden Gläubigers (*Exekutionsantrag*) eingeleitet. Dieser Antrag muss insbesondere einen vollstreckbaren **Exekutionstitel** aufweisen, nur dann kann die *Exekutionsbewilligung* erteilt werden. Exekutionstitel sind zunächst einmal rechtskräftige **Urteile** und **Beschlüsse** von Zivilgerichten, aber zB auch Zahlungsbefehle, Schiedssprüche und vollstreckbare

Notariatsakte. Für Forderungen bis zu € 50.000,– existiert ein elektronisch abzuwickelndes vereinfachtes Bewilligungsverfahren.

Im **Vollzugsverfahren** kommt es zu den realen Vollstreckungshandlungen. Der Ablauf dieses Verfahrensabschnitts hängt stark von der Verbindlichkeit des Verpflichteten ab: Die Leistung einer Geldforderung muss anders erzwungen werden als eine Naturalleistung (zB Räumung einer Wohnung, Gewährung von Bucheinsicht, Errichtung eines Zauns). Diese „Naturalexekution" ist recht kompliziert (zB indirekte Erzwingung durch „Beugehaft"). Zur Vollstreckung einer Geldforderung („Geldexekution") kann grundsätzlich auf das **gesamte Vermögen** des Verpflichteten zugegriffen werden. Ist er Eigentümer einer Liegenschaft, kann es im Rahmen der *Liegenschaftsexekution* zur Zwangsversteigerung oder zur weniger einschneidenden Zwangsverwaltung bzw zwangsweisen Pfandrechtsbegründung kommen. Aber auch eine *Fahrnisexekution* in bewegliche Sachen des Verpflichteten ist denkbar; zB Pfändung und anschließend Freihandverkauf oder Versteigerung von Laptops und Fernsehern. Es gibt allerdings eine ganze Reihe unpfändbarer Sachen (zB Ehering, optische Brillen, Nahrungsmittel, Haustiere sowie Sachen, die für die Berufsausübung nötig sind). Da aber viele Schuldner außer ihrem Arbeitseinkommen kaum Vermögen haben, sind die Vorschriften über die Exekution auf Geldforderungen (§§ 289 ff EO), vor allem über die sogenannte **Lohnpfändung**, von besonderer Bedeutung. Hier erfolgt die Pfändung dadurch, dass dem Arbeitgeber die Gehaltsauszahlung und zugleich dem Verpflichteten die Einziehung seines Gehalts verboten wird. Daraufhin wird der betreibende Gläubiger ermächtigt, das gepfändete Gehalt vom Arbeitgeber zu fordern. Weigert sich dieser, kann ihn der Gläubiger klagen. Auch hier werden aber zum Schutz des Verpflichteten die Pfändungsmöglichkeiten beschränkt, und zwar durch *Pfändungsgrenzen*: Das **„Existenzminimum"** von derzeit jedenfalls € 1.000,– im Monat (allgemeiner Grundbetrag) muss dem Verpflichteten grundsätzlich bleiben. 365

Insolvenzverfahren

Ein besonderes Verfahren sieht die Rechtsordnung dann vor, wenn das Vermögen des Schuldners nicht mehr ausreicht, um alle seine Gläubiger zu befriedigen. Ein solcherart *überschuldeter* oder *zahlungsunfähiger* Schuldner ist insolvent. Würde man jetzt noch die gesonderte Anspruchsdurchsetzung mittels Klage und Exekution zulassen, würden „langsamere" Gläubiger Gefahr laufen, überhaupt nichts mehr aus der schwindenden Vermögensmasse des Schuldners zu erlangen. Das **Insolvenzverfahren** soll dies verhindern. Es beruht auf dem Grundsatz der **Gläubigergleichbehandlung**: Gläubiger werden nicht nach dem Zuvorkommen (Priori- 366 tät), sondern quotenmäßig befriedigt. Bewerkstelligt wird dies durch ein Verteilungsverfahren, das in der **Insolvenzordnung (IO)** geregelt ist.

367 Das Insolvenzverfahren kann auf zwei Arten ablaufen: als *Konkurs-* oder als *Sanierungsverfahren*. Beim **Konkursverfahren** kommt es zur **Gesamtvollstreckung** in das Vermögen des Schuldners, die sogenannte Insolvenzmasse. Eingeleitet wird das Konkursverfahren auf Antrag des – meist antragspflichtigen – Schuldners oder eines Gläubigers (zB des Finanzamts) beim zuständigen Insolvenzgericht. Eröffnet wird das Verfahren aber nur, wenn das Vermögen des Schuldners ausreicht, um die Verfahrenskosten zu decken. Mit der Eröffnung des Konkursverfahrens ist das gesamte Vermögen des Schuldners seiner Verwaltung und Verfügung entzogen. Diese Angelegenheiten übernimmt der vom Insolvenzgericht bestellte **Insolvenzverwalter** – meist ein wirtschaftlich versierter Rechtsanwalt –, der sich im Interesse der Gläubiger vor allem um die Verwertung der verbleibenden Aktiva kümmert (zB Verkauf von Liegenschaften), Prozesse für die Insolvenzmasse führt und schließlich für deren Aufteilung unter den Gläubigern sorgt. Das zweite wichtige Organ im Konkursverfahren ist die vom Insolvenzgericht geleitete **Gläubigerversammlung**, in der gemeinschaftlich über wesentliche Fragen entschieden wird (zB über Fortführung oder Schließung des Unternehmens). Die Befriedigung der Gläubiger erfolgt grundsätzlich gleichmäßig nach – oft sehr geringen – **Quoten**. Zu beachten ist allerdings zum einen, dass auch ein Konkursverfahren mit nur einem Gläubiger durchgeführt werden kann, und zum anderen, dass gewisse Gläubiger – vor allem *dinglich gesicherte* (zB Pfandgläubiger) – bevorzugt befriedigt werden. Ist das gesamte Vermögen vom Insolvenzverwalter zu Geld gemacht und an die Gläubiger verteilt worden, wird das Konkursverfahren beendet. Soweit es zu keiner Befriedigung gekommen ist, bleiben die Verbindlichkeiten des Schuldners auch nach Verfahrensbeendigung aufrecht. Kommt dieser wieder zu Geld, können die Gläubiger also erneut ihr Glück versuchen.

368 Beim **Sanierungsverfahren** soll der (unternehmerische) Schuldner wirtschaftlich lebensfähig bleiben. Dabei verzichten die Gläubiger auf Teile ihrer Forderungen, sodass der Schuldner nach Zahlung einer bestimmten Quote schuldenfrei wird. Voraussetzung ist unter anderem der Abschluss eines **Sanierungsplans**, der eine Befriedigung von zumindest 20% aller offenen Forderungen (im Regelfall) binnen zwei Jahren vorsieht. Dieser Plan muss durch die Mehrheit der tangierten Gläubiger angenommen und vom Insolvenzgericht bestätigt werden. Mit Rechtskraft dieser Bestätigung wird der Schuldner von seinen restlichen Schulden befreit; und zwar auch gegenüber jenen Gläubigern, die gegen den Plan gestimmt haben. Dinglich gesicherte Gläubiger bleiben natürlich bevorrechtet. Sie können sich weiterhin aus ihren Sicherheiten befriedigen. Kann der Schuldner den Sanierungsplan später doch nicht erfüllen, leben seine Verbindlichkeiten wieder auf.

Auch natürliche Personen (Einzelunternehmer und Verbraucher) können insolvent werden. Ihnen wird die vollständige Entschuldung im Rahmen eines besonderen Insolvenz- bzw **Schuldenregulierungsverfahrens („Privatkonkurs")** ermöglicht. Anders als beim Sanierungsverfahren ist hier eine Schuldbefreiung auch gegen den Willen der Gläubigermehrheit erreichbar. Voraussetzung dafür ist allerdings, dass der redlich gescheiterte Schuldner während einer *Wohlverhaltensperiode von drei Jahren* den pfändbaren Teil seiner Einkünfte den Gläubigern zur Verfügung stellt. 369

Zur Abwendung einer wahrscheinlichen Insolvenz steht noch nicht zahlungsunfähigen unternehmerischen Schuldnern seit Kurzem ein **präventives Restrukturierungsverfahren** nach der Restrukturierungsordnung (ReO) zur Verfügung. Dieses dient der Ausarbeitung und dem Abschluss eines Restrukturierungsplans, der von einer qualifizierten Mehrheit der vom Plan betroffenen Gläubiger angenommen werden muss und konkrete Maßnahmen zur Sicherung der Bestandsfähigkeit des Unternehmens zu enthalten hat, darunter vor allem die Kürzung von Gläubigerforderungen. All das erfolgt im Rahmen eines gerichtlichen Verfahrens grundsätzlich in Eigenverwaltung des Schuldners, allerdings unter Einbindung eines Restrukturierungsbeauftragten. 369a

Rechtsschutz in Österreich und Europa

Im vorstehenden Verfahrensrechtskapitel wurde erläutert, dass in allen Arten von Verfahren gegen Entscheidungen der Verwaltungs- und Gerichtsbehörden Rechtsmittel zur Verfügung stehen, mit denen die Überprüfung dieser Entscheidungen durch übergeordnete Gerichte beantragt wird. Egal, ob Berufung, Beschwerde, Einspruch oder Rekurs, egal auch, ob gegen Bescheid, Urteil oder Beschluss gerichtet: In jedem Fall hat der von einer Entscheidung Betroffene in aller Regel die Möglichkeit, sich gegen die ihn betreffende Entscheidung mit rechtlichen Mitteln zu wehren. 370

Nach Erschöpfung eines allfälligen Instanzenzuges besteht freilich nur noch unter bestimmten Voraussetzungen Zugang zu einer weiteren Kontrolle, die mit außerordentlichen Rechtsmitteln in Gang gesetzt werden kann. Im zivilgerichtlichen Verfahren kommen dafür die Wiedereinsetzung in den vorigen Stand, die Nichtigkeits- und die Wiederaufnahmeklage in Betracht. Im strafgerichtlichen Verfahren sind es die ordentliche und außerordentliche Wiederaufnahme, die Erneuerung des Strafverfahrens, die Wiedereinsetzung in den vorigen Stand und die nachträgliche Strafmilderung sowie die Grundrechtsbeschwerde nach dem Grundrechtsbeschwerdegesetz, die gegen unzulässige Freiheitsentziehungen gerichtet ist. **Kein Rechtsmittel** ist die Nichtigkeitsbeschwerde zur Wahrung des Gesetzes, die vom Generalprokurator **von Amts wegen** erhoben werden und gegen jede strafgerichtliche Entscheidung gerichtet sein kann.

Im **Verwaltungs- und Verwaltungsstrafverfahren** stellt sich der Rechtsschutz grob skizziert wie folgt dar: 371

1. Instanzenzug in der Gemeindeselbstverwaltung

In den Angelegenheiten des eigenen Wirkungsbereiches entscheidet dasjenige Organ in erster Instanz, das nach dem jeweiligen Materiengesetz, subsidiär nach den Gemeindeordnungen bzw Stadtstatuten zuständig ist, idR der **Bürgermeister**. Verschiedentlich sind – etwa im Baurecht – **eigene Berufungsbehörden** eingerichtet. Subsidiär ist das in den Gemeindeordnungen bzw Stadtstatuen vorgesehene Organ als zweite Instanz anzurufen, idR ist dies der **Gemeinderat**, in Kärnten und Niederösterreich hingegen der **Gemeindevorstand**; manche Stadtstatute berufen den **Stadtsenat** zur Entscheidung in zweiter Instanz. 372

2. Beschwerden an die Verwaltungsgerichte des Bundes und der Länder

373 Im Übrigen aber entscheidet die Verwaltung nur in einer Instanz. In der mittelbaren Bundesverwaltung ist dies idR die **Bezirksverwaltungsbehörde**, es kommt aber auch eine Zuständigkeit des Landeshauptmanns in Betracht. In der unmittelbaren Bundesverwaltung ist dies idR jene Bundesbehörde, die der Bund nach Art 102 Abs 2 oder 4 B-VG zur Besorgung der jeweiligen dort genannten Angelegenheit eingerichtet hat. Ausnahmsweise kann aber auch ein Bundesminister zuständig sein. In der Landesverwaltung ist ebenfalls – wie in der mittelbaren Bundesverwaltung – idR die Bezirksverwaltungsbehörde zur Entscheidung zuständig. Es kommt aber auch eine Zuständigkeit der Landesregierung oder ihres jeweils zuständigen Mitgliedes in Betracht. Nicht territoriale Selbstverwaltungskörper oder Gemeindeverbände entscheiden durch ihre jeweils demokratisch bestellten, Beliehene durch ihre weisungsgebundenen Organe.

Eine weitere Berufung, Vorstellung oder sonstige sogenannte ordentliche Rechtsmittel sind nicht vorgesehen. Vielmehr entscheiden über Beschwerden gegen verwaltungsbehördliche Entscheidungen aller Art die Verwaltungsgerichte des Bundes und der Länder.

374 Es bestehen zwei Verwaltungsgerichte des Bundes. Eines davon ist als **Bundesfinanzgericht** für alle Abgabenangelegenheiten des Bundes zuständig, das andere als **Bundesverwaltungsgericht** für alle Angelegenheiten der unmittelbaren Bundesverwaltung. In diesen Angelegenheiten kann allerdings durch Bundesgesetz auch – mit Zustimmung der Länder – eine Zuständigkeit des jeweils örtlich zuständigen Landesverwaltungsgerichtes vorgesehen werden.

Jedes Bundesland verfügt über ein solches eigenes **Landesverwaltungsgericht**. Die Landesverwaltungsgerichte sind im Wesentlichen für die Angelegenheiten der Landesverwaltung und der mittelbaren Bundesverwaltung zuständig. Durch Bundesgesetz kann aber auch – mit Zustimmung der Länder – eine Zuständigkeit des Bundesverwaltungsgerichtes für Angelegenheiten der Bundesverwaltung vorgesehen werden, die nicht unmittelbar von Bundesbehörden wahrgenommen werden.

375 Gegen den Bescheid einer Verwaltungsbehörde kann – im eigenen Wirkungsbereich der Gemeinde nach Erschöpfung des Instanzenzuges – vor den Verwaltungsgerichten Beschwerde erheben, wer durch diesen Bescheid in seinen **Rechten verletzt** zu sein behauptet; außerdem sind diverse Amtsbeschwerden vorgesehen. Gegen die Ausübung unmittelbarer verwaltungsbehördlicher Befehls- und Zwangsgewalt kann vor den Verwaltungsgerichten Beschwerde erheben, wer durch sie in seinen Rechten verletzt zu sein behauptet. Wegen Verletzung der **Entscheidungspflicht** kann vor den Verwaltungsgerichten Beschwerde erheben, wer im

Verwaltungsverfahren zur Geltendmachung dieser Entscheidungspflicht berechtigt zu sein behauptet. Wer in den übrigen Fällen, insbesondere gegen sonstiges „Verhalten" „in Vollziehung der Gesetze" Beschwerde führen kann, bestimmen die einfachen Gesetze des Bundes und der Länder.

In Verwaltungsstrafsachen haben die Verwaltungsgerichte stets **in der Sache selbst** zu entscheiden. In allen anderen Fällen haben sie in der Sache selbst zu entscheiden, wenn der maßgebliche Sachverhalt feststeht oder im Interesse der Raschheit oder Kostenersparnis vom Verwaltungsgericht selbst festzustellen ist. Ist dies nicht der Fall, entscheidet das Verwaltungsgericht bloß kassatorisch, also durch Kassation (=Aufhebung) des angefochtenen Bescheids. Durch die Kassation tritt das Verwaltungsverfahren in jene Lage zurück, in der es vor Erlassung des aufgehobenen Bescheides war: Anträge sind etwa wieder offen; über sie muss neu entschieden werden. 376

3. Verwaltungsgerichtshof (VwGH)

Der **Verwaltungsgerichtshof** (VwGH) entscheidet über **Revisionen** gegen Entscheidungen der Verwaltungsgerichte. Eine solche Revision ist zulässig, wenn von ihr die Klärung einer grundlegenden Rechtsfrage abhängt, insbesondere weil das Erkenntnis des Verwaltungsgerichtes von der Rechtsprechung des VwGH abweicht, eine solche Rechtsprechung fehlt oder uneinheitlich ist. Über die Zulässigkeit der Revision entscheidet das Verwaltungsgericht bei Erlassung seines Erkenntnisses. Eine negative Entscheidung kann mit außerordentlicher Revision angefochten werden. 377

Der VwGH entscheidet außerdem über **Fristsetzungsanträge** wegen Verletzung der Entscheidungspflicht durch ein Verwaltungsgericht und über Kompetenzkonflikte zwischen Verwaltungsgerichten oder zwischen Verwaltungsgerichten und ihm selbst. Durch Bundes- oder Landesgesetz können weiters Zuständigkeiten des VwGH zur Entscheidung über Anträge der ordentlichen Gerichte betreffend Feststellung der Rechtswidrigkeit eines Bescheides oder eines verwaltungsgerichtlichen Erkenntnisses vorgesehen werden.

Gegen das Erkenntnis eines Verwaltungsgerichts kann vor dem VwGH Revision erheben, wer durch dieses Erkenntnis in seinen **Rechten verletzt** zu sein behauptet, weiters die vor dem Verwaltungsgericht belangte Verwaltungsbehörde des Ausgangsverfahrens, schließlich in den Angelegenheiten, in denen vor dem Verwaltungsgericht eine Amtsbeschwerde vorgesehen ist, der dafür jeweils zuständige Bundesminister. Wegen Verletzung der **Entscheidungspflicht** kann einen Antrag auf Fristsetzung stellen, wer im Verfahren vor dem Verwaltungsgericht zur Geltendmachung dieser Entscheidungspflicht berechtigt zu sein behauptet. Wer in allen anderen Fällen gegen ein verwaltungsgerichtliches Erkenntnis mit Revision beim VwGH vorgehen kann, bestimmen die einfachen Gesetze des Bundes und der Länder.

378 Der Verwaltungsgerichtshof entscheidet **in der Sache selbst**, wenn sie entscheidungsreif ist und die Entscheidung in der Sache selbst im Interesse der Einfachheit, Zweckmäßigkeit und Kostenersparnis liegt. Der VwGH kann aber selbst den Sachverhalt nicht ermitteln oder das Ermittlungsverfahren des Verwaltungsgerichts ergänzen; er ist vielmehr an die Tatsachenfeststellungen des Verwaltungsgerichts gebunden, soweit er dessen Entscheidung nicht gerade wegen Verletzung von Verfahrensvorschriften, insbesondere infolge Ergänzungsbedürftigkeit oder (Akten-) Widersprüchlichkeit des von ihm angenommenen Sachverhalts kassiert.

In diesen und anderen Fällen, in denen keine Sachentscheidung in Frage kommt, entscheidet (auch) der VwGH durch reine Aufhebung (**Kassation**). Auch diese Kassation versetzt das betroffene Verfahren (vor dem Verwaltungsgericht) in jene Lage zurück, in der es vor Erlassung der aufgehobenen Entscheidung war; die Beschwerde vor dem Verwaltungsgericht ist dann zB wieder offen; über sie muss neu entschieden werden.

4. Verfassungsgerichtshof (VfGH)

379 Zur Sicherung der **Verfassungsmäßigkeit** der Gesetzgebung und der Vollziehung ist der **Verfassungsgerichtshof** (VfGH) berufen. Der VfGH besteht aus dem Präsidenten, der Vizepräsidentin und 12 weiteren Mitgliedern sowie 6 Ersatzmitgliedern, die auf Vorschlag der Bundesregierung, des Bundesrates und des Nationalrates vom Bundespräsidenten ernannt werden. Die Mitglieder und Ersatzmitglieder des VfGH üben ihre Tätigkeit nebenamtlich aus, lediglich jene Mitglieder, die in ihrem Zivilberuf als Beamte der allgemeinen Verwaltung tätig waren, sind unter Entfall der Bezüge außer Dienst zu stellen. Der VfGH tagt nicht in Permanenz, sondern in vierteljährlichen **Sessionen**.

Dem VfGH kommen folgende – im B-VG abschließend geregelte – Kompetenzen zu:

- **Kausalgerichtsbarkeit:** Der VfGH entscheidet unter den Voraussetzungen des **Art 137 B-VG** über vermögensrechtliche Ansprüche gegen den Bund, die Länder, die Gemeinden sowie die Gemeindeverbände. Analog zu dieser Bestimmung ist der VfGH auch zuständig für unionsrechtlich begründete **Staatshaftungsansprüche** wegen legislativen Unrechtes oder wegen manifester Verkennung des Unionsrechtes durch die Höchstgerichte, einschließlich des Verfassungsgerichtshofes selbst.

- **Kompetenzgerichtsbarkeit:** Der VfGH ist nach **Art 138 B-VG** zur Lösung von Kompetenzkonflikten zwischen verschiedenen Behörden (einschließlich Gerichtsbehörden), zwischen Volksanwaltschaft und Rechnungshof sowie zwischen Bund und Ländern berufen. Eine Kompetenzgerichtsbarkeit ist es auch, wenn der VfGH über die Zuständigkeiten des Rechnungshofes oder der Volksanwaltschaft entscheidet (Art 126 f, 148 ff B-VG).
- **Prüfung von Vereinbarungen:** Der VfGH kann auf Antrag die Fragen prüfen, ob eine Vereinbarung gemäß Art 15a Abs 1 oder 2 B-VG vorliegt und bejahendenfalls, ob sie eingehalten wurde.
- **Prüfung von Verordnungen:** Der VfGH ist gemäß **Art 139 B-VG** dafür zuständig, die Übereinstimmung von Verordnungen einer Bundes- oder Landesbehörde mit dem ihr übergeordneten Gesetzesrecht zu prüfen. Es handelt sich dabei um einen Fall der sogenannten **Normenkontrolle**. Antragsberechtigt sind
  - Parteien, die durch die Verordnung ohne Fällung eines Urteils oder Erlassung eines Bescheides in ihren Rechtspositionen beeinträchtigt sind (**Individualantrag**), oder die aus Anlass der Erhebung eines Rechtsmittels gegen ein Gerichtsurteil die Gesetzwidrigkeit der darin zur Anwendung gebrachten Verordnung geltend machen (**Subsidiarantrag**).
  - Gerichte (einschließlich des VfGH selbst – **amtswegige Normenkontrolle**), die die Verordnung anzuwenden, gegen ihre Rechtmäßigkeit aber Bedenken haben,
  - sowie die Gemeinden in Bezug auf bestimmte Verordnungen der Gemeindeaufsichtsbehörde

  = **Konkrete Normenkontrolle**.

  Antragsberechtigt sind weiters
  - die **Bundesregierung** in Bezug auf Verordnungen einer Landesbehörde,
  - die **Landesregierungen** in Bezug auf Verordnungen einer Bundesbehörde, ohne dass es in diesen Fällen auf das Vorliegen eines konkreten Anlasses ankäme

  = **Abstrakte Normenkontrolle.**

Weitere Antragsrechte kommen dem **Bundesminister für Finanzen** in Angelegenheiten von Gemeindeabgaben sowie der **Volksanwaltschaft** zu.

- **Prüfung von Gesetzen und Wiederverlautbarungen:** Vor dem VfGH kann die Rechtswidrigkeit einer Wiederverlautbarung oder die Verfassungswidrigkeit eines Gesetzes geltend gemacht werden (**Art 139a, Art 140 B-VG**). Auch in der Gesetzes- und Wiederverlautbarungsprüfung wird wie bei der Verordnungskontrolle zwischen **abstrakter** und **konkreter** Normenkontrolle unterschieden; auch hier besteht die Möglichkeit eines **Individual- oder Subsidiarantrags**. Die Verfassungswidrigkeit eines Gesetzes kann aber auch und muss vorrangig im Wege einer **Beschwerde** gegen das Erkenntnis eines Verwaltungsgerichtes geltend gemacht werden, in der behauptet wird, dass sich dieses Erkenntnis auf ein verfassungswidriges Gesetz stützt.

- **Prüfung von Staatsverträgen:** In ähnlicher Weise ist der VfGH auch zur Prüfung von Staatsverträgen berufen.
- **Wahlgerichtsbarkeit:** Der VfGH ist laut **Art 141 B-VG** zuständig zur Überprüfung und gegebenenfalls auch zur Aufhebung von Wahlen zu allgemeinen Vertretungskörpern (Nationalrat, Landtag, Gemeinderat), zu Satzung gebenden Organen gesetzlicher Interessensvertretungen, zum Europäischen Parlament sowie der Wahl des Bundespräsidenten, der Landesregierung und der mit der Vollziehung beauftragen Organe einer Gemeinde. Der VfGH ist weiters zuständig zur Entscheidung über einen Antrag auf Aberkennung eines Mandates sowie über Anfechtungen von Volksabstimmungen, Volksbegehren und Volksbefragungen sowie von verschiedenen verwaltungsbehördlichen Entscheidungen im Wahlverfahren.
- **Staatsgerichtsbarkeit:** Der VfGH hat gemäß **Art 142 und 143 B-VG** über Anklagen zu entscheiden, mit denen „die verfassungsmäßige Verantwortlichkeit der obersten Bundes- und Landesorgane für die durch ihre Amtstätigkeit erfolgten schuldhaften Rechtsverletzungen geltend gemacht wird“. In ähnlicher Weise ist der VfGH für die Durchführung von Strafverfahren gegen bestimmte Organe und die Ahndung einfacher Gesetzesverstöße dieser Organe zuständig. Diese Kompetenz des VfGH gilt auch für die Tätigkeit der Vertreter Österreichs beim Rat der EU.
- Nach **Art 144 B-VG** ist der VfGH zur Entscheidung über Beschwerden gegen Erkenntnisse der Verwaltungsgerichte berufen, wenn der Beschwerdeführer behauptet,
  - durch dieses Erkenntnis in einem verfassungsgesetzlich gewährleisteten Recht oder
  - durch Anwendung einer rechtswidrigen generellen Norm in seinen Rechten verletzt worden zu sein.

Bei Zutreffen einer dieser Beschwerdebehauptungen ist das Erkenntnis des Verwaltungsgerichtes durch den VfGH – mit den gleichen Rechtsfolgen wie beim VwGH – **aufzuheben** (Kassation). Der **VfGH** ist damit parallel zum VwGH zur Überprüfung der Erkenntnisse der Verwaltungsgerichte zuständig. Allerdings prüft der VfGH diese Erkenntnisse ausschließlich am **Maßstab verfassungsgesetzlich gewährleisteter Rechte** bzw hinsichtlich einer **Verletzung in Rechten durch Anwendung einer rechtswidrigen generellen Norm**. Er kann aus Anlass eines solchen

Verfahrens auch eine Verordnung oder ein Gesetz in Prüfung ziehen (amtswegige, konkrete Normenkontrolle). Bei mangelnder Aussicht auf Erfolg oder bloß einfachgesetzlicher Frage kann der VfGH die Behandlung einer Beschwerde einstimmig ablehnen.

Gegen das Erkenntnis eines Verwaltungsgerichts kann sowohl vor dem VfGH Beschwerde als auch vor dem VwGH Revision geführt werden, oder aber es kann beim VfGH mit der Antragstellung oder nach Ablehnung oder Abweisung der Beschwerde der Antrag auf Abtretung an den VwGH gestellt werden (**nicht umgekehrt!**). 380

5. Europäischer Rechtsschutz (EuGH, EGMR)

Mit Erschöpfung der innerstaatlichen Instanzenzüge in Gerichtsbarkeit und Verwaltung ist der Rechtsschutz mitunter noch nicht vorbei. In manchen Konstellationen gewähren völker- und unionsrechtliche Regelungen Anspruch auf einen weiteren Rechtsschutz vor einer inter- oder supranationalen Instanz. 381

So ist im Unionsrecht neben dem EuGH auch ein **Europäisches Gericht** (**EuG**) eingerichtet, das für Direktklagen natürlicher und juristischer Personen in Nichtigkeits-, Untätigkeits-, Schadenersatz- und Dienstrechtsfragen sowie aufgrund von Schiedsklauseln zuständig ist (siehe dazu schon im Europakapitel). Gegen die Urteile des EuG ist ein – auf Rechtsfragen beschränktes – Rechtsmittel an den **Europäischen Gerichtshof (EuGH)** vorgesehen. Vor dem EuG kann man sich allerdings nur gegen europäische Rechtsakte wehren. Innerstaatliche Rechtsakte müssen vor den nationalen Gerichten bekämpft werden. Dabei kommt dem EuGH eine besondere Rolle zu: Er ist auch zuständig für die Klärung unionsrechtlicher Fragen im **Vorabentscheidungsverfahren**. 382

Im Anwendungsbereich der Grundrechte nach der **EMRK** und ihrer **Zusatzprotokolle**, die nicht nur österreichisches Verfassungsrecht, sondern auch traditionelles, die Republik Österreich verpflichtendes Völkerrecht sind, ist darüber hinaus ein Rechtsschutz vor dem **Europäischen Gerichtshof für Menschenrechte** (**EGMR**) mit Sitz in Straßburg eingeräumt. Innerhalb von sechs Monaten nach der Entscheidung der letzten möglichen nationalen Instanz können sich hier **natürliche** und – soweit das jeweilige Grundrecht dafür infrage kommt – **juristische Personen** über Verletzungen der EMRK und ihrer Zusatzprotokolle durch die Organe eines Mitgliedstaates **beschweren**; **daneben** sind auch sogenannte **Staatenbeschwerden** vorgesehen. 383

Ein **Individualbeschwerdeführer** muss substantiiert und schlüssig vortragen, durch den angegriffenen Hoheitsakt oder die angegriffene

Unterlassung des Konventionsstaates in einem bestimmten durch die Konvention garantierten Recht verletzt und dadurch **unmittelbar betroffen** zu sein. Die unmittelbare Betroffenheit entfällt bei Rechtsakten mit Verordnungscharakter, die keine Durchführungsmaßnahmen nach sich ziehen. Dass ein Vermögensschaden eingetreten ist, wird nicht verlangt. Beschwerden können sich auch gegen generelle Normen richten, wenn der Beschwerdeführer durch sie in seinen Rechten unmittelbar betroffen ist, oder durch mittelbar Betroffene erhoben werden, wenn zB der unmittelbar Betroffene durch die Konventionsverletzung getötet wurde: In seiner Rechtsprechung zu **Art 2 EMRK** hat der EGMR auch Beschwerden von Hinterbliebenen für zulässig gehalten und in der Sache behandelt, die sich über die Tötung ihrer nahen Verwandten beschweren wollten.

Der EGMR kann eine innerstaatliche Entscheidung nicht beseitigen oder ein innerstaatliches Gesetz aufheben; er kann bloß eine **Verletzung** der EMRK oder eines ZP **feststellen** und dem Betroffenen **Schadenersatz** zubilligen. Im österreichischen Strafverfahrensrecht stellt aber die Verurteilung Österreichs durch den EGMR eine Art **Wiederaufnahmsgrund** dar (Erneuerung des Strafverfahrens gemäß §§ 363a bis 363c StPO).

Stichworte

Die Fundstellenangaben beziehen sich auf Randzahlen, nicht auf Seitenzahlen.